DIREITO TRIBUTÁRIO

Diretora de Conteúdo e Operações Editoriais
Juliana Mayumi Ono

Gerente de Conteúdo
Milisa Cristine Romera

Editorial: Aline Marchesi da Silva, Diego Garcia Mendonça, Karolina de Albuquerque Araújo Martino e Quenia Becker

Gerente de Conteúdo Tax: Vanessa Miranda de M. Pereira

Direitos Autorais: Viviane M. C. Carmezim

Assistente de Conteúdo Editorial: Juliana Menezes Drumond

Analista de Operações Editoriais: Alana Fagundes Valério

Analista de Conteúdo Editorial Júnior: Bárbara Baraldi

Estagiárias: Ana Amalia Strojnowski, Bruna Mestriner e Mirna Adel Nasser

Produção Editorial
Coordenação
Andréia R. Schneider Nunes Carvalhaes

Especialistas Editoriais: Gabriele Lais Sant'Anna dos Santos e Maria Angélica Leite

Analista de Projetos: Larissa Gonçalves de Moura

Analistas de Operações Editoriais: Caroline Vieira, Damares Regina Felício, Danielle Castro de Morais, Mariana Plastino Andrade, Mayara Macioni Pinto, Patrícia Melhado Navarra e Vanessa Mafra

Analistas de Qualidade Editorial: Ana Paula Cavalcanti, Fernanda Lessa, Thaís Pereira e Victória Menezes Pereira

Designer Editorial: Lucas Kfouri

Estagiárias: Bianca Satie Abduch, Maria Carolina Ferreira, Sofia Mattos e Tainá Luz Carvalho

Capa: Linotec

Líder de Inovações de Conteúdo para Print
Camilla Furegato da Silva

Equipe de Conteúdo Digital
Coordenação
Marcello Antonio Mastrorosa Pedro

Analistas: Gabriel George Martins, Jonatan Souza, Maria Cristina Lopes Araujo e Rodrigo Araujo

Gerente de Operações e Produção Gráfica
Mauricio Alves Monte

Analistas de Produção Gráfica: Aline Ferrarezi Regis e Jéssica Maria Ferreira Bueno

Assistente de Produção Gráfica: Ana Paula de Araújo Evangelista

Dados Internacionais de Catalogação na Publicação (CIP)
(Câmara Brasileira do Livro, SP, Brasil)

Almeida, Rachel L. C. Ximenes de L.
Direito Tributário / Rachel L. C. Ximenes de L. Almeida, Tiago de Lima Almeida ; Alberto Gentil de Almeida Pedroso, coordenação. -- São Paulo : Thomson Reuters Brasil, 2021. -- (Coleção O Direito e o Extrajudicial ; volume 1)

Bibliografia.
ISBN 978-65-5991-859-1

1. Direito tributário 2. Direito tributário - Brasil 3. Notários e registradores - Brasil I. Almeida, Tiago de Lima. II. Pedroso, Alberto Gentil de Almeida. III. Título. IV. Série.

21-72758 CDU-34:336.2

Índices para catálogo sistemático:
1. Direito tributário 34:336.2
Cibele Maria Dias - Bibliotecária - CRB-8/9427

DIREITO TRIBUTÁRIO

Rachel Leticia Curcio **Ximenes** de Lima Almeida
Tiago de Lima **Almeida**

ALBERTO GENTIL DE ALMEIDA PEDROSO
Coordenação

EXTRAJUDICIAL

VOLUME
1

THOMSON REUTERS
REVISTA DOS TRIBUNAIS™

COLEÇÃO
O DIREITO E O EXTRAJUDICIAL

DIREITO TRIBUTÁRIO
VOLUME 1

Rachel Leticia Curcio Ximenes de Lima Almeida e Tiago de Lima Almeida
Autores

Alberto Gentil de Almeida Pedroso
Coordenação

Diagramação eletrônica: Linotec Fotocomposição e Fotolito Ltda., CNPJ 60.442.175/0001-80
Impressão e encadernação: Paym Gráfica e Editora Ltda., CNPJ 02.514.013/0001-04

THOMSON REUTERS BRASIL CONTEÚDO E TECNOLOGIA LTDA.

JULIANA MAYUMI ONO
Diretora Responsável

Av. Dr. Cardoso de Melo, 1855 – 13º andar – Vila Olímpia
CEP 04548-005, São Paulo, SP, Brasil

CENTRAL DE RELACIONAMENTO THOMSON REUTERS SELO REVISTA DOS TRIBUNAIS

(atendimento, em dias úteis, das 09h às 18h)

Tel. 0800-702-2433

e-mail de atendimento ao consumidor: sacrt@thomsonreuters.com

e-mail para submissão dos originais: aval.livro@thomsonreuters.com

Conheça mais sobre Thomson Reuters: www.thomsonreuters.com.br

Acesse o nosso *eComm*

www.livrariart.com.br

Impresso no Brasil [08-2021]

Profissional

Fechamento desta edição [16.06.2021]

ISBN 978-65-5991-859-1

PREFÁCIO DA COLEÇÃO

No início do século passado, Chiovenda, na Itália, e Roscoe Pound, nos Estados Unidos, provavam estar atentos às primeiras manifestações da grande metamorfose social que mais tarde alteraria irreversivelmente a feição do direito no mundo.

O primeiro, em clássica aula magna de 1901, anunciava que "o desenvolvimento da civilização, o crescimento dos domínios territoriais e do intercâmbio comercial, ao multiplicar as relações, multiplica as lides e as torna mais graves e complicadas", enquanto o segundo, em 1906, falando em um mundo atarefado que progressivamente intensifica a complexidade das relações sociais, observava que o direito, numa época de transformações rápidas, tem dificuldade de avançar com igual velocidade, deixando um sentimento geral no público de que os órgãos jurisdicionais não são eficientes.

De fato, suas afirmações, à época preambulares, hoje soam lugar-comum para nós, que nas últimas décadas nos habituamos a ouvir falar dos suplícios da judicialização de massa e do esforço empregado na sua contenção. Consequência da massificação das relações sociais e do sucesso na efetivação de um sistema de justiça mais acessível, a judicialização de massa se provou um desafio não apenas dos estudiosos daquele século que ainda despertava. Alcançou também este que parecia distante.

Em 1984, Owen Fiss, insurgindo-se contra o então recente movimento da justiça multiportas – que tomou por estandarte as então quase centenárias palavras de Roscoe Pound –, publicou *Against settlement*, um dos mais conhecidos de seus textos, e ali manifestava, quase sozinho, sua discordância com o entusiasmo das reformas, alegando não haver espaço onde as garantias mais são preservadas do que o Poder Judiciário.

O que fazia o professor emérito de Yale, talvez sem perceber, era lançar as bases para uma realidade que hoje vem angariando maior atenção da doutrina brasileira, sobretudo diante da dificuldade de o Poder Judiciário lidar com tantos conflitos, ou mesmo de sua adequação para fazê-lo: a ideia de um *devido processo legal extrajudicial*, gênero do qual participa o Direito Registral.

Nesse contexto, faz-se imprescindível ao processo registral a congregação de características mínimas que assegurem sua legitimação e confiabilidade conforme os parâmetros constitucionais. Nisto me refiro à imparcialidade e independência dos registradores, à publicidade de suas decisões, à previsibilidade do procedimento, à garantia do contraditório e ao controle externo de suas atividades, como anota Flávia Hill, fatores que assegurem que à desjudicialização e à ampliação do compartilhamento de competências entre a justiça estatal e a extrajudicial não se siga um *deficit* garantístico.

Se é verdade que o Direito Registral existe no Brasil desde a colonização portuguesa, também é verdade que ele não esteve imune às mudanças do tempo, e hoje os notários e registradores – que Carnelutti, já na década de 1950, reconhecia como julgadores, mas que julgam para prevenir a ocorrência de lides – são chamados a atuar com um protagonismo talvez antes jamais exigido para a pacificação das relações sociais.

A visão contemporânea do acesso à justiça e da jurisdição, o destaque dado à cooperação pelo CPC 2015 e a desjudicialização como diretriz do processo civil nesta época são marcos que nos permitem repensar a atuação das serventias extrajudiciais. Com base nesses elementos, já há quem sustente natureza jurisdicional à atividade que exerce. Concorde-se ou não com a tese, ela basta para expressar de que maneira e com que ênfase o sistema de justiça conclama a formação de uma verdadeira comunidade de trabalho que passa a depositar especial confiança nesses atores da esfera extrajudicial.

É essa confiança que se lê nas entrelinhas desta monumental obra, resultado de uma doutrina registral cônscia da missão que lhe foi dada no desenvolvimento do sistema de justiça e que, nessa esteira, vem se desenvolvendo de vento em popa.

Coordenada de forma competente por Alberto Gentil de Almeida Pedroso, que me concedeu a honra de lhe redigir o prefácio, a obra é um manancial no que diz respeito à doutrina registral brasileira. Por sua abrangência e pela envergadura intelectual de seus participantes, que hauriram na prática e na academia os conhecimentos ora transmitidos, não tenho dúvidas de que o leitor nela encontrará fonte abundante, da perspectiva procedimental à substancial, em matéria de registros públicos.

A construção de um registro consciente da posição que lhe outorga os desafios do século XXI deve refletir uma doutrina sólida, fruto de um ciclo virtuoso de retroalimentação entre a prática vivenciada e a teoria projetada. Os escritos que compõem esta coletânea foram concebidos neste contexto e comprovam o avanço na seara notarial e registral que se vem notando nos últimos anos.

Enfim, a obra é leitura obrigatória para os que atuam na área. Não me resta senão parabenizar a coordenação, os autores e a editora pelo belíssimo trabalho!

Brasília, 15 de junho de 2021.

Bruno Dantas

Ministro do Tribunal de Contas da União (TCU). Pós-Doutor em Direito pela UERJ, Doutor e Mestre em Direito pela PUC-SP. Professor da UERJ.

APRESENTAÇÃO DA COLEÇÃO

"No princípio tudo estava junto, então veio espírito, separou e criou ordem. Com este dito de *Anaxágoras* está descrita uma tarefa essencial de qualquer ciência e também da ciência do direito; também a ciência do direito é uma 'química'. Ela tem de decompor os complexos fenômenos da vida, se quiser alcançar o conhecimento científico, isto é, o conhecimento de seus elementos. O particular talento jurídico dos romanos bem cedo iniciou o uso dessa arte de separar. (...)" (*Princípios do Direito Romano*, Aulas de Fritz Schulz, Editora Filomática Sorocabana – tradução Dr. Josué Modesto Passos, p. 13).

Os registros públicos nunca receberam classificação autônoma de disciplina jurídica, apesar de sua íntima relação com as mais diversas áreas do Direito – mistura, interseção de institutos, encadeamento de atos e de consequências jurídicas.

Desde o nascimento de um ser humano, seu desenvolvimento (familiar, profissional, pessoal e de toda ordem) e até a sua morte, os registros públicos pontuaram as passagens mais marcantes – por meio das mais diversas especialidades: registro civil, notas, protesto, imóveis, títulos e documentos...

A Coleção *O Direito e o Extrajudicial* é um trabalho único, extraordinário – de verdadeiro fôlego e comprometimento acadêmico –, que contempla de maneira separada, mas misturada, os consagrados ramos do Direito e sua íntima relação com o extrajudicial, com os REGISTROS PÚBLICOS.

Ao longo de dez volumes – cada um deles produzido por autores especialistas na área de concentração afetada pelo extrajudicial –, foram desenvolvidos textos brilhantes relacionando os registros públicos com a disciplina regente do livro.

Autores de prestígio dentro da área notarial e registral – acadêmicos, magistrados, notários, registradores, advogados, membros do Ministério Público –, reunidos e empenhados em demonstrar que a mistura bem organizada dos registros públicos com os mais diversos ramos do Direito ocorre de maneira intensa, rica e interessante – e assim seguiremos!

Certo da grandeza da obra, desejo uma ótima leitura.

Cordialmente,

ALBERTO GENTIL DE ALMEIDA PEDROSO

ESTRUTURA DA COLEÇÃO

O DIREITO E O EXTRAJUDICIAL

Coordenação **Alberto Gentil de Almeida Pedroso**

Volume 1: Direito Tributário

Autores: Rachel Leticia Cursio Ximenes de Lima Almeida e Tiago de Lima Almeida

Volume 2: Direito Administrativo

Autores: Caleb Matheus Ribeiro de Miranda, Rafael Gil Cimino, Vitor Frederico Kümpel, Juliano S. A. Maranhão e Luís Paulo Aliende Ribeiro

Volume 3: Direito Constitucional

Autores: Carla Watanabe, Érica Trinca Caires, José Renato Nalini e Robson Passos Caires

Volume 4: Direito Penal

Autores: Fernando Gentil Gizzi de Almeida Pedroso, Rafael Brum Miron, João Santa Terra Júnior, Guilherme Guimarães Feliciano e Felipe Esmanhoto Mateo

Volume 5: Processo Civil: Ata notarial e outros instrumentos processuais

Autores: André Luiz Marcassa Filho e Fernando Domingos Carvalho Blasco

Volume 6: Direito Civil I: A pessoa natural

Autoras: Katia Cristina Silencio Possar, Eliana Lorenzato Marconi, Raquel Silva Cunha Brunetto, Milena Guerreiro e Raquel Borges Alves Toscano

Volume 7: Direito Civil II: Os novos direitos reais

Autores: Lorruane Matuszewski, Érica Trinca Caires, Robson Passos Caires e Caroline Feliz Sarraf Ferri

Volume 8: Direito Civil III: Os principais instrumentos do planejamento patrimonial familiar e sucessório

Autores: Andrea Elias da Costa, Andrea Santos Gigliotti, Kareen Zanotti De Munno, Alexsandro Silva Trindade e Letícia Araújo Faria

Volume 9: Direito Empresarial

Autores: Alison Cleber Francisco, Breno de Queiroz Paes e Silva, Mateus Travaioli Camargo, Mario de Carvalho Camargo Neto e Paulo Roberto Bastos Pedro

Volume 10: Direito Internacional

Autores: Fernando Alves Montanari, Gisele Calderari Cossi, Júlia Cláudia Rodrigues da Cunha Mota, Karine Maria Famer Rocha Boselli e Márcia Cristina de Souza Wrobel

SOBRE A COORDENAÇÃO

ALBERTO GENTIL DE ALMEIDA PEDROSO

Doutorando em Direito na Universidade Nove de Julho (Uninove). Especialista em Direito Civil e Mestre em Direito. Recebeu menção honrosa acadêmica no CONPEDI XXII. Professor da Escola Paulista da Magistratura (EPM) nos cursos de pós-graduação em Direito Civil, Direito Processual Civil e Registros Públicos. Professor e Coordenador do Curso Registrando com Gentil – CP IURIS em Direito Notarial e Registral. Juiz de Direito do Tribunal de Justiça do Estado de São Paulo. Juiz Assessor da Corregedoria-Geral da Justiça nos biênios 2012-2013 (gestão do Des. José Renato Nalini), 2014-2015 (Des. Hamilton Akel), 2016-2017 (Des. Manoel Pereira Calças) e 2020-2021 (Des. Ricardo Anafe). Juiz de Direito Titular da 8ª Vara Cível da Comarca de Santo André/SP. Juiz Corregedor Permanente dos Registros de Imóveis da Comarca de Santo André/SP. Autor de diversas obras jurídicas especializadas em Registros Públicos, notadamente da coleção *Direito Imobiliário* da Editora Thomson Reuters Revista dos Tribunais.

SOBRE OS AUTORES DA COLEÇÃO

Volume 1

RACHEL LETICIA CURCIO XIMENES DE LIMA ALMEIDA

Bacharela em Direito pela Pontifícia Universidade Católica de São Paulo (PUC-SP). Doutora e Mestre em Direito Constitucional pela PUC-SP. Pós-Graduada em Direito Notarial e Registral pela Escola Paulista da Magistratura (EPM). Especialista em Privacidade e Lei Geral de Proteção de Dados pela PUC-SP. Especialista em Privacidade e Lei Geral de Proteção de Dados pelo INSPER. Presidente da Comissão Especial de Direito Notarial e Registros Públicos da Ordem dos Advogados do Brasil, Seção São Paulo (OAB-SP). Advogada.

TIAGO DE LIMA ALMEIDA

Bacharel em Direito pela Pontifícia Universidade Católica de Minas Gerais (PUC-MG). Pós-Graduado em Direito Tributário pelo Instituto Brasileiro de Estudos Tributários (IBET). MBA em Gestão Tributária pela FUNDACE – Universidade do Estado de São Paulo (USP). Doutorando em Direito e Mestre em Direito Constitucional pela Pontifícia Universidade Católica de São Paulo (PUC-SP). Vice-Presidente da Comissão Especial de Direito Notarial e Registros Públicos da Ordem dos Advogados do Brasil, Seção São Paulo (OAB-SP). Advogado.

Volume 2

CALEB MATHEUS RIBEIRO DE MIRANDA

Oficial do Registro de Imóveis, Títulos e Documentos e Civil de Pessoa Jurídicas de São Vicente/SP. Especialista em Direito Civil e Direito Notarial e Registral. Mestrando do Programa de Pós-Graduação *stricto sensu* em Direito da Saúde da Universidade Santa Cecília (Unisanta). Doutorando em Direito Civil pela Universidade de Buenos Aires. Associado fundador da Associação NEAR – Núcleo de Estudos Avançados do Registro Eletrônico de Imóveis. Membro da Comissão de Pensamento Registral Imobiliário do IRIB. Membro da comissão de Inovação e Tecnologia do Instituto Brasileiro de Direito Imobiliário (IBRADIM).

RAFAEL GIL CIMINO

Mestre em Direito pela Escola Paulista de Direito – EPD. Pós-Graduado em Direito Notarial e Registral pela Universidade de São Paulo – USP – Ribeirão Preto. Graduado em Direito pela Universidade de São Paulo – USP. Professor de pós-graduação em Direito Notarial e Registral na Unyleya, professor convidado de graduação nas disciplinas de Direito Notarial e Registral na Faculdade de Direito da Universidade de São Paulo – Ribeirão Preto – FDRP e em cursos preparatórios voltados para a atividade notarial e registral. Participante do grupo de estudos de tabelionato de protestos da ENNOR – Escola Superior de Notários e Registradores – 2020/2021. 3º Tabelião de Notas e Protesto de títulos e documentos de São Vicente/SP. Autor do blog @tecnicanotarial no Instagram.

VITOR FREDERICO KÜMPEL

1º Livre-Docente em Direito Notarial e Registral pela USP. Doutor e graduado em Direito Civil pela USP e coautor da coleção *Tratado Notarial e Registral*.

JULIANO S. A. MARANHÃO

Professor Associado da Faculdade de Direito da Universidade de São Paulo. Pesquisador da Fundação Alexander von Humboldt e Pesquisador Associado do Centro de Inteligência Artificial da USP – CAI/USP. Membro do Comitê Diretor da Associação Internacional de Inteligência Artificial e Direito. Diretor dos Institutos Legal Grounds e Lawgorithm. Advogado.

LUÍS PAULO ALIENDE RIBEIRO

Desembargador do Tribunal de Justiça de São Paulo. Doutor em Direito do Estado pela Universidade de São Paulo. Professor na Escola Paulista da Magistratura. Autor de *Regulação da Função Pública Notarial e de Registros*, pela editora Saraiva. Membro Titular da Câmara de Regulação do Agente Regulador do Operador Nacional do Sistema de Registro Eletrônico de Imóveis (ONR).

VOLUME 3

CARLA WATANABE

Engenheira de Mecânica-Aeronáutica pelo Instituto Tecnológico de Aeronáutica (ITA), onde recebeu o prêmio "Prof. Richard Otto Weinbaum" pelo melhor desempenho acadêmico do curso. Bacharela em Direito, aprovada em 32 vestibulares e concursos públicos. Membro examinadora do concurso de outorga de delegações do Estado de São Paulo por duas vezes. Mestranda em Direito Constitucional. Titular concursada do 28º Tabelião de Notas da Capital/SP.

ÉRICA TRINCA CAIRES

Bacharel em Direito. Pós-graduada em Direito Notarial e Registral. Mestre e doutoranda em Desenvolvimento Territorial e Meio Ambiente pela Universidade de Araraquara-SP. Substituta do Oficial de Registro Civil das Pessoas Naturais da sede da comarca de Olímpia-SP.

JOSÉ RENATO NALINI

Doutor e mestre em Direito Constitucional pela Universidade de São Paulo. Foi Desembargador do Tribunal de Justiça do Estado de São Paulo. Reitor da Uniregistral e docente da pós-graduação da UNINOVE. Foi Corregedor-Geral da Justiça em São Paulo (2012-2013).

ROBSON PASSOS CAIRES

Bacharel em Direito. Pós-graduado em Direito Administrativo Municipal e em Direito Notarial e Registral. Mestre e doutorando em Desenvolvimento Territorial e Meio Ambiente pela Universidade de Araraquara-SP. Professor universitário. Oficial de Registro Civil das Pessoas Naturais da sede da comarca de Olímpia-SP. Oficial designado no Registro de Imóveis, Títulos e Documentos e Civil das Pessoas Jurídicas da comarca de Olímpia-SP.

VOLUME 4

FERNANDO GENTIL GIZZI DE ALMEIDA PEDROSO

Doutorando e Mestre em Direito Penal pela Pontifícia Universidade Católica de São Paulo (PUC-SP). Membro do Instituto Brasileiro de Direito

Processual Penal (IBRASPP), do Instituto Brasileiro de Direitos Humanos (IBDH), da Fundación Internacional de Ciencias Penales (FICP – Madrid) e do International Center of Economic Penal Studies (ICEPS – New York). Advogado e professor.

RAFAEL BRUM MIRON

Procurador da República no Paraná. Diploma do Mérito COAF 2021. Coordenador da Assessoria de Pesquisa e Análise Descentralizada do MPF/PR. Mestre em Direito pela Universidade Católica de Brasília (UCB) e doutorando em Direito com dupla titulação: pela Universidade do Vale do Itajaí (Univali-SC) e pela Universidade de Alicante, Espanha. No âmbito da temática objeto deste estudo, publicou o livro *Notários e Registradores no Combate à Lavagem de Dinheiro*, atualmente em sua segunda edição (Rio de Janeiro: Lumen Juris, 2020).

JOÃO SANTA TERRA JÚNIOR

Doutorando em Direito Penal na Universidade de Salamanca, Espanha. Mestre em Direito Penal, Medicina Forense e Criminologia pela Universidade de São Paulo (USP – Largo São Francisco). Pós-graduado em Direito Penal pela Escola Paulista da Magistratura (TJ/SP). Professor de Direito Penal e Processual Penal em graduações e pós-graduações. Promotor de Justiça na área criminal no Ministério Público do Estado de São Paulo (MP/SP). Membro do GAECO – Grupo de Atuação Especial de Combate ao Crime Organizado (MP/SP) de 2007 a 2017. Membro colaborador do Conselho Nacional do Ministério Público (CNMP) de 2017 a 2021.

GUILHERME GUIMARÃES FELICIANO

Professor Associado II do Departamento de Direito do Trabalho e da Seguridade Social da Faculdade de Direito da Universidade de São Paulo. Juiz Titular da 1ª Vara do Trabalho de Taubaté/SP. Livre-Docente em Direito do Trabalho e Doutor em Direito Penal pela FDUSP. Doutor em Ciências Jurídicas pela Faculdade de Direito de Lisboa. Titular da Cadeira n. 53 da Academia Brasileira de Direito do Trabalho.

FELIPE ESMANHOTO MATEO

Mestre em Direito pela USP. Pós-graduado em direito pela EPD. Foi advogado e Oficial de Registro Civil e Tabelião de Notas do Município de

Alambari – Comarca de Itapetininga. Atualmente é Juiz de Direito da Vara do Júri, Execuções Criminais e da Infância e da Juventude da Comarca de Praia Grande. Está convocado como Juiz Assessor da Corregedoria Geral da Justiça de São Paulo para o biênio 2020/2021.

VOLUME 5

ANDRÉ LUIZ MARCASSA FILHO

Advogado sênior do escritório Pinheiro Neto Advogados. Mestre em Processo Civil e graduado pela Universidade de São de São Paulo (USP). LLM na Northwestern School of Law – Chicago. Experiência de 1 (um) ano como *International Lawyer* no escritório norte-americano Kobre & Kim, em Nova Iorque, entre 2018/2019. Concentra sua prática em contencioso cível com foco nas áreas consultiva e contenciosa envolvendo direito do consumidor, recuperação de crédito envolvendo fraudes patrimoniais, disputas societárias e investigações anticorrupção. Integrante do Comitê de Compliance & Investigações do Instituto Brasileiro de Estudos de Concorrência, Consumo e Comércio (IBRAC).

FERNANDO DOMINGOS CARVALHO BLASCO

Tabelião de Notas na cidade de São Paulo/SP. Formado em Direito pela Universidade de São Paulo. Diretor de Tecnologia no Colégio Notarial do Brasil – Seção São Paulo.

VOLUME 6

KATIA CRISTINA SILENCIO POSSAR

Oficial de Registro Civil das Pessoas Naturais do 28º Subdistrito – Jardim Paulista da Capital do Estado de São Paulo. Ex-Tabeliã de Notas e de Protesto no Estado de São Paulo. Graduada em Direito pela Faculdade de Direito da Universidade de São Paulo. Pós-graduada em direito notarial, registral e imobiliário.

ELIANA LORENZATO MARCONI

Graduada em Direito pela Universidade de Ribeirão Preto – SP. Pós-Graduada em Direito Notarial e Registral. Especialista em Direito Público com ênfase em Direito Administrativo. Mediadora e Conciliadora do Tribunal de Justiça do Estado de São Paulo. Registradora Civil das Pessoas Naturais da sede da comarca de Guariba – SP.

RAQUEL SILVA CUNHA BRUNETTO

Oficial de Registro Civil das Pessoas Naturais e de Interdições e Tutelas da Sede da Comarca de Ribeirão Pires-SP. Graduada em Direito pela Universidade Paulista, São Paulo. Mestre em Direito pela FIEO-UNIFIEO. Especialista em Direito Notarial e Registral pela Escola Paulista da Magistratura. Mestranda em Ciências Jurídicas pela Universidade Autónoma de Lisboa (UAL).

MILENA GUERREIRO

Oficial de Registro Civil e Tabeliã de Notas do Município de Lourdes/SP. Mestranda em Direito, Mercado, Compliance e Segurança Humana pelo Centro de Estudos Jurídicos Renato Saraiva. Pós-Graduada em Direito Civil e Registros Públicos. Graduada em Direito pela Universidade Federal de Pelotas.

RAQUEL BORGES ALVES TOSCANO

Oficial de Registro Civil das Pessoas Naturais e Tabelião de Notas do distrito de Aldeia, Comarca de Barueri-SP. Ex-Oficial de Registro Civil, Pessoas Jurídicas, Títulos e Documentos e Registro de Imóveis da Comarca de Chavantes-SP. Ex-Tabelião de Protesto da Comarca de Ibiporã-PR. Graduada em Direito pela Faculdade de Direito da Universidade de São Paulo. Especialista em Direito Notarial e Registral pela Escola Paulista da Magistratura. Mestre em Ciências Jurídico-Forenses pela Universidade de Coimbra, Portugal.

Volume 7

LORRUANE MATUSZEWSKI

Doutoranda em Direito. Mestre em Direito pela Universidade de Marilia (Unimar). Especialista em Direito Civil e Direito Notarial e Registral. Oficial de Registro de Imóveis no Estado de São Paulo. Membro da comissão de Direito Notarial e Registral do Instituto Brasileiro de Direito Imobiliário (IBRADIM). Membro da Comissão de Pensamento Registral Imobiliário do Instituto de Registro Imobiliário do Brasil (IRIB).

ÉRICA TRINCA CAIRES

Bacharel em Direito. Pós-graduada em Direito Notarial e Registral. Mestre e doutoranda em Desenvolvimento Territorial e Meio Ambiente pela Universidade de Araraquara-SP. Substituta do Oficial de Registro Civil das Pessoas Naturais da sede da comarca de Olímpia-SP.

ROBSON PASSOS CAIRES

Bacharel em Direito. Pós-graduado em Direito Administrativo Municipal e em Direito Notarial e Registral. Mestre e doutorando em Desenvolvimento Territorial e Meio Ambiente pela Universidade de Araraquara-SP. Professor universitário. Oficial de Registro Civil das Pessoas Naturais da sede da comarca de Olímpia-SP. Oficial designado no Registro de Imóveis, Títulos e Documentos e Civil das Pessoas Jurídicas da comarca de Olímpia-SP.

CAROLINE FELIZ SARRAF FERRI

Doutoranda em Direito. Mestre em Direito pela Universidade Federal do Paraná. Especialista em Direito Civil, Direito Notarial e Registral e Direito Registral Imobiliário. Oficial do 1º Registro de Imóveis de Londrina-PR. Membro da Comissão de Pensamento Registral Imobiliário do Instituto de Registro Imobiliário do Brasil (IRIB). Vice-presidente pelo Estado do Paraná do IRIB.

VOLUME 8

ANDREA ELIAS DA COSTA

Tabeliã de Notas e Protesto da cidade e Comarca de Itanhaém/SP. Mestre em Direito na Sociedade da Informação. Especialista em Direito Constitucional e Político. Professora.

ANDREA SANTOS GIGLIOTTI

Tabeliã de Notas e Oficial de Registro Civil no Distrito de São Miguel Paulista-SP. Mestre em Função Social do Direito pela FADISP. Especialista em Direito Notarial e Registral e em Direito Civil, Negocial e Imobiliário pela Faculdade Anhanguera (Uniderp). Membro da Comissão de Direitos Humanos da União Internacional do Notariado Latino (UINL). Professora de cursos preparatórios para concursos e de pós-graduação em Direito Notarial e Registral.

KAREEN ZANOTTI DE MUNNO

Registradora Civil e Tabeliã de Notas da Comarca de Bebedouro-SP. Mestre em Direitos Humanos. Pós-graduada em Direito Notarial e Registral pela Escola Paulista da Magistratura. Professora de cursos de pós-graduação.

ALEXSANDRO SILVA TRINDADE

5º Tabelião de Notas da Comarca da Capital/SP. Foi Oficial de Registro Civil das Pessoas Naturais da sede da Comarca de Ibiúna/SP. Analista Judiciário no Tribunal Regional Eleitoral do Estado de São Paulo e no Estado do Paraná. Atuou como advogado no escritório Trindade & Ferreira Advogados. Graduado pela Universidade Metodista de Piracicaba (UNIMEP), com especialização *lato sensu* em Direito Constitucional Aplicado (Faculdade Damásio de Jesus), Direitos Notarial (LFG-Uniderp) e Direito Notarial e Registral (EPM – Escola Paulista da Magistratura).

LETÍCIA ARAÚJO FARIA

Oficial de Registro Civil das Pessoas Naturais e Tabeliã de Notas de Rifaina/SP. Diretora da Arpen/SP – Regional de Franca/SP. Mestranda em Direito pela UNESP. Pós-graduada em Direito Imobiliário Aplicado e Direito Processual Civil pela Escola Paulista de Direito – EPD/SP. Professora.

Volume 9

ALISON CLEBER FRANCISCO

Doutor e Mestre em Direito Comercial pela Universidade de São Paulo. Especialista em Direito Tributário pelo Instituto Brasileiro de Estudos Tributários (IBET). Oficial de Registro Civil e Tabelião de Notas no Distrito de Maresias – São Sebastião.

BRENO DE QUEIROZ PAES E SILVA

Breno Dores é o pseudônimo de Breno de Queiroz Paes e Silva. Tabelião. Professor de Direito Empresarial. Mestre. Radialista. Palestrante.

Autor dos livros *Manual de Oratória, Carisma e Persuasão* e *Usucapião Extrajudicial:* Aspectos Práticos sob a ótica Notarial e Registral.

MATEUS TRAVAIOLI CAMARGO

Tabelião de Protesto Substituto. Bacharel em Direito pela Universidade Metodista de São Paulo (UMESP). Especialista em Direito Notarial e Registral pela Faculdade Anhanguera (UNIDERP). Pós-graduado em Direito Empresarial pela Escola Paulista de Direito (EPD).

MARIO DE CARVALHO CAMARGO NETO

Mestre em Direito Político e Econômico pela Universidade Presbiteriana Mackenzie. Bacharel em Direito pela Universidade de São Paulo (USP). Tabelião de Protesto. Secretário-Geral do Instituto de Estudos de Protesto de Títulos do Brasil, Seção São Paulo – IEPTB-SP. Ex-Presidente da Associação dos Notários e Registradores do Estado de São Paulo – Anoreg-SP.

PAULO ROBERTO BASTOS PEDRO

Advogado. Administrador Judicial de Recuperações e Falências. Doutorando em Direito Desportivo pela PUC-SP. Mestre em Direito pela FMU/SP. Professor de Direito Empresarial da FMU/SP e do Curso Forem/RJ.

Volume 10

FERNANDO ALVES MONTANARI

Mestrando em Direito pela Universidade Estadual Paulista "Júlio de Mesquita Filho" (UNESP) FCHS/Franca – SP, concentração em Direito Internacional Privado. Especialista em Direito Tributário, Empresarial, Notarial e Registral. Registrador civil das pessoas naturais e Tabelião de notas do Distrito de Cândia, Comarca de Pontal, Estado de São Paulo.

GISELE CALDERARI COSSI

Mestranda em Direito das Relações Internacionais e da Integração da América Latina na Universidad de la Empresa de Montevideo, Uruguai (ingresso em 2018). Especialista em Direito Público (2009) e Direito de Família e Sucessões (2015). Bacharel em Ciências Jurídicas e Sociais pela UNIFEOB – Fundação de Ensino Octávio Bastos, São João da Boa Vista,

Estado de São Paulo (2005). Registradora Civil das Pessoas Naturais da Comarca de Santa Rosa de Viterbo, Estado de São Paulo.

JÚLIA CLÁUDIA RODRIGUES DA CUNHA MOTA

Doutora pela Pontifícia Universidade Católica de São Paulo (PUC-SP). Mestre pela Faculdade Autônoma de Direito (FADISP). Oficial de Registro Civil das Pessoas Naturais do 42º Subdistrito (Jabaquara) da Comarca da Capital do Estado de São Paulo. Ex-Oficial do 14º Ofício de Registro de Imóveis e Tabelionato de Notas da Comarca de Niterói-RJ.

KARINE MARIA FAMER ROCHA BOSELLI

Doutoranda em Direito Internacional Privado pela Faculdade de Direito da Universidade de São Paulo (ingresso em 2020), Mestre em Direito Internacional pela Universidade de São Paulo (2003), Especialista em Direito Notarial e Registral pela Pontifícia Universidade Católica de São Paulo (2011) e Bacharel em Direito pela Universidade de São Paulo (1996). Pós-graduada em Derecho Comunitario pela Universidad de Salamanca (2000). Oficial de Registro Civil de Pessoas Naturais do 18º Subdistrito (Ipiranga) da Capital do Estado de São Paulo.

MÁRCIA CRISTINA DE SOUZA WROBEL

Advogada. Mestranda em Direito Internacional Privado pela Faculdade de Direito da Universidade de São Paulo (USP). Master em contencioso, arbitragem e modos alternativos de resolução de conflitos pela Universidade Paris II, Panthéon-Assas.

PREFÁCIO DO VOLUME

Como a ninguém é dado desconhecer, as serventias extrajudiciais, no âmbito do direito brasileiro, são oficinas de segurança jurídica onde são ofertados os denominados serviços "notariais e de registro".

Não é recente a discussão acerca da natureza desses serviços, nem a que se apresenta em sede doutrinária acerca do regime jurídico que a eles deveria ser aplicado. Embora muito já se tenha escrito a respeito, os doutrinadores ainda parecem estar muito longe de uma posição unânime ou mesmo tendente a uma pacificação acerca dessa matéria.

Um fator, a nosso ver, tem negativamente influenciado a elaboração doutrinária e científica acerca dessa questão. Não raras vezes, tem se buscado encontrar a ontologia jurídica desses serviços, e a própria definição do regime jurídico que deve discipliná-los, desprezando-se a análise objetiva dos ordenamentos normativos que os regram. Busca-se, em vão, encontrar-se uma essência "*a-histórica*" ou "*a-temporal*" para o conceito de serviços públicos. E com isso, se comete um clamoroso e grave equívoco.

A natureza jurídica de uma atividade, serviço, ente ou instituto, e o próprio regime jurídico que deve regê-los, jamais poderão ser definidos *a priori*, como se pudessem existir à margem dos sistemas de direito positivo que os definem. Tem sido muito comum buscar-se a *essência* de realidades jurídicas, como se elas não fossem fruto do próprio desenvolvimento cultural humano materializado pelas regras do direito positivo.

O dano epistemológico produzido por uma postura como essa é inestimável. De há muito já foi superada a ideia de que o direito seria o fruto emanado diretamente de um "ser" ou de "seres transcendentes", ou ainda que seria uma realidade apenas desvelada pela "razão humana", a partir das regras ditadas pela própria natureza. Ressalvada a opinião dos que ainda hoje parecem estar enredados em um arraigado misoneísmo, fruto de uma visão de mundo já superada na sua própria dimensão ideológica, hoje se parte do suposto de que o direito não preexiste ao ser humano ou dele independe. Reconhece-se que o fenômeno jurídico, ao longo da história, é fruto de uma produção decorrente da *práxis* das diferentes sociedades humanas, a partir do desenvolvimento dinâmico das suas diferentes formas organizativas, do seu modo de produção de bens, do *modus* de exercício do seu poder político, e, naturalmente, dos seus próprios valores e ideologia[1] que lastreiam a compreensão dominante dos fatos da vida e justificam as relações intersubjetivas mantidas pelos seus integrantes.

Desse modo, causa espécie, que ainda hoje não pareça óbvio aos olhos de todos que qualquer análise que se diga jurídica, ao menos no sentido próprio da expressão, jamais poderá prescindir do exame concreto do direito positivo em que a realidade analisada se insere. Afinal, o direito é uma realidade cultural, histórica e espacialmente variável, construído a partir da interação dialética que mantém com as concepções dominantes e o *modus* de vida social, na busca de afirmar as condutas que são "devidas" ou "aceitas", e de sujeitar infratores a sanções institucionalizadas.

Supor que uma dada atividade, serviço, ente ou instituto possa ter uma essência, uma natureza ou um regime jurídico passível de existir *a priori* de uma dada experiência normativa concreta, será seguir sempre um caminho voltado a um conhecimento fantasioso e distante de qualquer resultado científico real. O conhecimento jurídico se forja a partir de experiências normativas concretas, e ao delas se apropriar na sua compreensão, faz com que a sua teoria produza novas realidades normativas e resultados decisórios diante dos fatos da vida. Mas isso não quer dizer que o direito possua uma realidade "metafísica", transcendente, invariável e "a-temporal", que exista independentemente da experiência humana e tenha vida inconfundível com as experiências normativas concretas de cada ordem jurídica.

São, assim, inteiramente equivocadas todas e quaisquer tentativas de análise doutrinárias que busquem encontrar a natureza jurídica do serviço notarial ou de registro, ou o regime jurídico que deve regê-los, a partir de uma "essência" que paire acima das experiências jurídicas concretas de cada sociedade historicamente determinada. Nada a respeito desses serviços está definido *a priori*, ou existe independentemente da experiência normativa histórica e concreta que pode ser verificada em um determinado país ou em relação a um determinado povo. São as sociedades, e as diferentes

---

1. Aqui, a palavra ideologia vem utilizada no sentido de visão de mundo dominante em uma sociedade historicamente determinada, construída e alimentada, consciente ou inconscientemente, pelas classes ou grupos que detêm o poder, em quaisquer das suas dimensões, de modo a legitimar e a justificar as relações e as regras existentes.

ordens jurídicas que as regem, que definem a maneira pela qual devem ser exercidas essas atividades.

Por isso, podemos afirmar que é somente a partir do estudo concreto do direito positivo vigente em um dado país que poderemos encontrar a *essência* jurídica e, naturalmente, o próprio *regime jurídico* dos serviços notariais e de registro.

Desse modo, na doutrina pátria, toda e qualquer discussão acerca da natureza e do regime jurídico desses serviços deve ter como ponto de partida a forma pela qual nossa ordem jurídico-positiva tratou e trata da questão.

Tratando de forma unificada a atividade notarial e de registro, e divergindo em vários aspectos do tratamento jurídico que emprestaram ao tema as nossas antigas Constituições, a nossa vigente Carta Constitucional estabeleceu, de forma expressa, a viga mestra que deve orientar todo e qualquer pensamento ou discussão jurídica que possa ser feita sobre a matéria. É da sua análise cuidadosa que se poderá extrair qualquer conclusão acerca da ontologia e do regime jurídico que deve ser atribuído a esses serviços.

Essa viga mestra está estabelecida no artigo 236 da Constituição Federal. A leitura cuidadosa do precitado artigo 236 da nossa Lei Maior, deixa claro que o direito brasileiro estabelece que a atividade notarial e de registro são atividades de *titularidade estatal*. E sendo assim, naturalmente, devem ser conceituadas como *funções públicas*, no sentido jurídico amplo da expressão[2].

Desse modo, ao dizer que o Poder Público deve "*delegar*" o serviço notarial e de registro, a nossa Constituição estabeleceu de forma clara e induvidosa que é o Estado o seu titular, e que essas atividades *deverão sempre ser realizadas por um delegado que faça as suas vezes*[3].

2. Estamos utilizando aqui, a expressão "*função pública*", em seu sentido jurídico amplo. Nesse sentido, *função pública* é toda e qualquer função atribuída juridicamente à titularidade do Estado. As pessoas que a exercem devem ser chamadas de "*agentes públicos*".

3. A ninguém deve causar surpresa a possibilidade de uma atividade de titularidade estatal ser delegada a terceiros, no âmbito da moderna Administração Pública. Trata-se realidade relativamente comum, como bem ensina Celso Antônio Bandeira de Mello. Diz o mestre, de forma didática e clara, que "não se deve confundir a titularidade do serviço com a titularidade da prestação do serviço. Uma e outra são realidades jurídicas visceralmente distintas". Com efeito, pondera, "o fato de o Estado (União, Estados, Distrito Federal e Municípios) ser titular de serviços públicos, ou seja, de ser o sujeito que detém ´senhoria´ sobre eles (a qual, de resto é, antes de tudo, um dever em relação aos serviços que a Constituição ou as leis

Fundado nos antecedentes históricos da prestação desses serviços no país, entendeu o legislador constitucional que os serviços notariais e de registros, embora de titularidade do Poder Público, devem ser delegados a particulares. Retirou, com isso, qualquer possibilidade de que o Estado, diretamente, ou por entes da própria Administração Pública descentralizada, indiretamente, pudesse vir a prestá-lo.

Em síntese: os serviços notariais e de registro, por força de expressos mandamentos constitucionais, têm a natureza de função pública. Todavia, a sua prestação deverá ser obrigatoriamente delegada a particulares, ressalvados apenas aqueles serviços que já estavam sendo prestados por órgãos públicos, na data da entrada em vigor da Constituição Federal.

Sob essa perspectiva é que devemos analisar a aplicação do direito tributário, em suas várias facetas, nas atribuições constitucionalmente reservadas aos delegatários da função extrajudicial.

Nessa direção, exsurge a presente obra, *Direito Tributário aplicado nas atividades Notariais e de Registros Públicos*, coordenada pelo Douto Magistrado e Professor de Direito Notarial e Registral Alberto Gentil de Almeida Pedroso, e de autoria dos Doutos Advogados e Professores Rachel L. C. Ximenes de L. Almeida e Tiago de Lima Almeida, especialistas na área e, mais do que isso, entusiastas na difusão do conhecimento do direito notarial e registral, bem como suas interligações com os demais ramos do direito.

A obra produzida colaborará de forma ímpar com a apresentação de reflexões e abordagens práticas sobre as principais discussões que envolvem a tributação da atividade extrajudicial, bem como a responsabilidade tributária dos agentes públicos delegatários frente aos atos notariais e registrais que lhes incumbem.

São Paulo, 03 de maio de 2021.

José Eduardo Martins Cardozo

Advogado. Ex-ministro da Justiça e da Advocacia Geral da União.
Ex-procurador e ex-secretário do Município de São Paulo

---

puseram ou venham a por seu cargo) não significa que deva obrigatoriamente prestá-los por si ou por criatura sua quando detenha a titularidade exclusiva do serviço". Donde concluir que, desse modo, o Estado "tanto poderá prestá-los por si mesmo como poderá promover-lhes a prestação conferindo a entidades estranhas ao seu aparelhamento administrativo (particulares e outras pessoas de direito público interno ou da administração indireta delas) titulação para que os desempenhem, isto é para que os prestem segundo os termos e condições que fixe." (*Curso de Direito Administrativo*, Malheiros, 31ª. Ed., 2013, p. 699).

SOBRE OS AUTORES DO VOLUME

RACHEL LETICIA CURCIO XIMENES DE LIMA ALMEIDA

Bacharela em Direito pela Pontifícia Universidade Católica de São Paulo (PUC-SP). Doutora e Mestre em Direito Constitucional pela PUC-SP. Pós-Graduada em Direito Notarial e Registral pela Escola Paulista da Magistratura (EPM). Especialista em Privacidade e Lei Geral de Proteção de Dados pela PUC-SP. Especialista em Privacidade e Lei Geral de Proteção de Dados pelo INSPER. Presidente da Comissão Especial de Direito Notarial e Registros Públicos da Ordem dos Advogados do Brasil, Seção São Paulo (OAB-SP). Advogada.

TIAGO DE LIMA ALMEIDA

Bacharel em Direito pela Pontifícia Universidade Católica de Minas Gerais (PUC-MG). Pós-Graduado em Direito Tributário pelo Instituto Brasileiro de Estudos Tributários (IBET). MBA em Gestão Tributária pela FUNDACE – Universidade do Estado de São Paulo (USP). Doutorando em Direito e Mestre em Direito Constitucional pela Pontifícia Universidade Católica de São Paulo (PUC-SP). Vice-Presidente da Comissão Especial de Direito Notarial e Registros Públicos da Ordem dos Advogados do Brasil, Seção São Paulo (OAB-SP). Advogado.

SUMÁRIO

INTRODUÇÃO

No Estado o poder é inerente à natureza do seu objeto, se mostrando como o meio para realização dos fins que se propõe a comunidade.

Tal poder é exercido sobre a comunidade, com clara interferência na liberdade do indivíduo. No âmbito do Estado, não pode o indivíduo fazer tudo o que pretende. Há de observar os comportamentos autorizados ou não proibidos pela ordem jurídica.

Pode-se dizer que o poder se refere ao domínio, faculdade ou jurisdição que se tem para mandar ou para executar uma ação que afeta aos demais, mesmo contra sua vontade, utilizando-se da força, caso seja necessário.

O poder do Estado assume a coordenação e a supremacia de todos os outros tipos de poder, constituindo-se no núcleo da ação política, com a submissão de todos os indivíduos à sua coercibilidade em virtude da crença em sua legitimidade. Nesse diapasão, no que se refere à legitimidade do poder do Estado, ela deve derivar da necessidade de estabelecer-se a necessária convivência social.

A noção de legitimidade é uma das chaves do centro do poder. Podemos afirmar que a noção de legitimidade nas sociedades democráticas traduz-se como "consenso", ou seja, a conformidade que existe em uma dada sociedade sobre suas estruturas, hierarquia, orientação, autoridade, governo etc.

Percebe-se que a existência do direito positivo pressupõe a existência de regras para organização do poder, além da existência de órgãos capazes de garantir a aplicabilidade de tais regras.

O Estado adota como fim a administração da justiça em sociedade, com o objetivo precípuo de manter a paz social.

A garantia da paz interna e externa e a administração da justiça implicaram na instituição de diversos serviços públicos, dentre os quais os jurisdicionais, que possuem como extensão os serviços notariais e de registros, e, ainda e compreensivelmente, os fiscais, campo este em que implica no dever fundamental de pagar tributo. Os tributos, dessa forma, são fontes necessárias pelas quais o Estado se utiliza para servir instrumentos de política econômica; atender as exigências de progresso sociais; e promover uma melhor distribuição de renda nacional.

O Estado, embora existindo prioritariamente para organizar o exercício do poder político, acaba por receber, por força do direito positivo, em determinadas atividades, a missão de realizá-las.

No contexto social do Estado Democrático de Direito, foram outorgados deveres e poderes ao Estado para que ele deixasse de ser um mero gestor da *res pública*, se tornando em um modelo de transformação do *status quo*[1].

Como um princípio norteador, a constitucionalidade está fortemente presente no Estado Democrático de Direito, surgindo a Constituição como instrumento básico de garantia jurídica. O constitucionalismo e a democracia são elementos estruturais do Estado Democrático de Direito.

O constitucionalismo se baseia em um instrumento fundamental para oferecer três elementos essenciais ao modelo adotado pelo Estado Democrático de Direito, quais sejam: a legitimidade, que decorre da formação da vontade nacional, por intermédio de meios e instrumentos estabelecidos pelo poder constituinte; limitação do poder, que ocorre a partir da separação dos poderes, dos respeitos aos direitos individuais e dos processos adequados para tomada de decisões; e valores, os quais são incorporados à Constituição após triunfos sociais e políticos conquistados ao longo da história[2].

Nesse contexto, destaca-se o papel exercido pela Constituição. Nela delineiam-se os limites e as regras para o exercício do poder estatal (onde se inscrevem os chamados "Direitos e Garantias fundamentais"), e, a partir dela, e sempre a tendo como baliza, redige-se o restante do chamado "ordenamento jurídico", isto é, o conjunto das leis que regem uma sociedade.

A titularidade do exercício de atividades em dimensão mais ampla (*Estado social*) está diretamente ligada ao interesse público, que sempre prevalecerá sobre o interesse privado. Assim, tomando por base o interesse público, o texto constitucional optou por retirar da livre-iniciativa de

---

1. GRECO, Marco Aurélio. *Planejamento Tributário*. 2ª edição. São Paulo Dialética. 2008. Pág. 309.
2. BARROSO, Luís Roberto. Fundamentos Teóricos e Filosóficos do Novo Direito Constitucional Brasileiro: Pós-modernidade, teoria crítica e pós-positivismo. Revista da EMERJ, Rio de Janeiro, v. 4, n. 15, jan. de 2001. p. 18.

"mercado" a possibilidade de exercício do serviço notarial e de registro, vindo a atribuí-lo à titularidade estatal.

Há atividades administrativas que tradicionalmente são entendidas como indelegáveis, em regra, pelo Poder Público. Nesses casos, somente dispositivos constitucionais ou legais expressos podem dispor em sentido contrário, admitindo de forma excepcional a sua delegação a particulares.

A simples e literal leitura do caput do artigo 236 da Constituição Federal, deixa claro que, embora os serviços notariais e de registro devam ser prestados por pessoas privadas (a expressão constitucional é "exercidos em caráter privado"), esta prestação deverá ser feita por meio de delegação do Poder Público.

Só o titular (Estado) de um serviço, ou seja, aquele que possui o dever maior de prestá-lo e por ele é responsável em última instância, é que pode determinar que alguém (particular), por delegação, o preste em seu nome. O Estado jamais poderia delegar a quem quer que seja o exercício de uma atividade que não lhe pertence.

Assim, nos parece de clareza solar que o serviço notarial e de registro, de acordo com a nossa Constituição, possui uma clara natureza de função pública. Uma função pública que deve ser prestada não pelo Poder Público, seu titular, mas por pessoas privadas delegadas.

Vê-se, pois, que a sistemática do texto constitucional, ao mesmo tempo que traz a previsão de que os serviços notariais e de registro são de titularidade do Estado, estabeleceu e trouxe limitações a não possibilidade da "estatização da sua prestação", o que implica na máxima de que os serviços notariais e de registros, no Brasil, sempre deverão ser prestados por particulares, sob fiscalização do poder delegante[3].

Em síntese, como viga mestra para se entender os serviços notariais e de registro, por força de expressos mandamentos constitucionais, estes possuem natureza de função pública. Todavia, a sua prestação deverá ser obrigatoriamente delegada a particulares, ressalvados apenas aqueles serviços que já estavam sendo prestados por órgãos públicos, na data da entrada em vigor da Constituição Federal.

3. A única exceção seriam os serviços notariais e de registros que, em 5 de outubro de 1988, já estavam sendo realizados pelo Poder Público. Nesse caso, a "*privatização*" da prestação não seria obrigatória, ficando facultada a continuidade da sua prestação pelos órgãos estatais.

Dentro da perspectiva de função pública, os serviços notariais e de registros, apesar de serem prestados diretamente por pessoas privadas (pessoas físicas), sempre estarão sujeitos ao regime próprio do direito público, pois que, conforme já frisado, estão englobados na titularidade do Estado e, como tal, se sujeitam a um regime de limitações inerentes a este campo do direito.

Os serviços notariais e de registro são autênticos serviços públicos de prestação obrigatória e exclusiva do Estado, sendo que os particulares jamais terão a sua titularidade, enquanto perdurar a vigência do artigo 236 da Constituição Federal, podendo, apenas, prestá-los, mediante delegação.

Importante chamar a atenção para o fato de que, no âmbito da organização e da estruturação das atividades notariais e de registros, na medida em que os agentes públicos delegatários são pessoas privadas, com exceção ao quanto previsto na lei, eles acabam estabelecendo vínculos próprios do mundo privado e submetidos, nestes específicos atos, ao direito privado e não ao direito público. A título ilustrativo sobre a premissa exposta, podemos citar os contratos que tenham de celebrar, enquanto pessoas físicas, para que consigam prestar serviços para os quais foram delegados, não possuindo tais contratos a natureza de contratos administrativos, submetidos ao regime próprio do direito público, mas sim contratos privados, com regime idêntico aos vínculos que todas as pessoas privadas celebram. Todavia, o exercício do serviço notarial e de registro, nos atos que integram a sua prestação, sempre estarão submetidos ao regime do direito público.

Essa dicotomia entre público e privado levou o Supremo Tribunal Federal a analisar a natureza jurídica da atividade, o que o fez por meio das Ações Direitas de Inconstitucionalidade n. 2.602[4] e 3.151[5]. Quando do julgamento destes writs, a Corte Suprema ressaltou o caráter estatal da atividade notarial e registral, temperado pelos contornos privados, entendendo, assim, pela existência de uma excepcionalidade, uma delegação *sui generis*, concedida somente a pessoa natural, por habilitação em concurso público de provas e títulos.

Delimitado o caráter estatal da atividade notarial e registral, é de fundamental valia que não abandonemos a ideia de que, apesar dos atos que

---

4. https://redir.stf.jus.br/paginadorpub/paginador.jsp?docTP=AC&docID=266859.
5. https://redir.stf.jus.br/paginadorpub/paginador.jsp?docTP=AC&docID=363325.

integram a prestação dos serviços extrajudiciais serem regidos pelo direito público, o particular que recebe tal mister por delegação está sujeito, em relação às riquezas percebidas no desempenho de sua delegação, a um tratamento tributário específico de um ente privado, não se sujeitando portanto, das regras tributárias aos entes públicos.

É nessa perspectiva que a presente obra abordará a aplicação do direito tributário nas atividades notariais e de registros, a começar pela delimitação do conceito de tributos, dentro de uma conceituação de dever fundamental, e suas espécies.

Importante delimitar que os notários e registradores possuem três intersecções com o direito tributário, quais sejam: cobram tributos, no desempenho de suas funções públicas; recolhem tributos, na figura de contribuintes, em relação à parcela de riqueza que lhes cabe; e fiscalizam o recolhimento de tributos devidos por terceiros, quando da ocorrência de incidência tributária dos atos praticados perante eles.

Trataremos sobre a personalidade (ou ausência) jurídica das serventias extrajudiciais, passando pela natureza dos valores cobrados na prestação dos serviços notariais e de registros, para então analisar os principais tributos que incidem sobre a atividade e a responsabilidade tributária dos notários e registradores, frente aos atos que são praticados nas serventias.

Capítulo 1
CONCEITO DE TRIBUTO E SUAS ESPÉCIES TRIBUTÁRIAS

SUMÁRIO: 1. Conceito de tributo e sua função no estado democrático de direito. 2. Das espécies tributárias. 2.1. Impostos. 2.2. Taxas. 2.3. Contribuições de melhoria. 2.4. Empréstimo compulsório. 2.5. Contribuições especiais.

1. Conceito de tributo e sua função no estado democrático de direito

Em termos genéricos tributo, do latim *tributum*, consiste na contribuição (*lato sensu*), devida por todo cidadão, estabelecido ou residente num Estado, ou que dele tire proveitos pecuniários, para a formação da receita pública, destinada a suprir os encargos públicos do mesmo Estado.

Conforme expresso no artigo 3.º do Código Tributário Nacional que traz o conceito legal, "*tributo é toda prestação pecuniária compulsória, em moeda ou cujo valor nela se possa exprimir, que não constitua sanção de ato ilícito, instituída em lei e cobrada mediante atividade administrativa plenamente vinculada*".

No que se refere à definição de tributo, o Professor Geraldo Ataliba cirurgicamente traz o seguinte conceito:

> "*(...) obrigação jurídica pecuniária, ex-lege, que se não constitui em sanção de ato ilícito, cujo sujeito ativo é uma pessoa pública, e cujo sujeito passivo é alguém nessa situação posto pela vontade da lei, obedecidos os desígnios constitucionais*"[1].

Considerando que a norma jurídica é composta de três partes, quais sejam, hipótese, mandamento e sanção, o tributo se materializa na obrigação

---

1. ATALIBA, Geraldo. Hipótese de Incidência Tributária, 6ª ed., 7ª Tiragem. São Paulo: Malheiros, 2005. P. 34.

de pagar dinheiro ao estado prevista no mandamento e não na obrigação prevista na sanção.

A partir da redação do artigo 3º, do Código Tributário Nacional, devemos conceituar o tributo como: (1) toda prestação pecuniária (2) compulsória, (3) em moeda ou cujo valor nela se possa exprimir, (4) que não constitua sanção por ato ilícito, (5) instituída em lei e (6) cobrada mediante atividade administrativa plenamente vinculada.

É uma prestação pecuniária, assim entendida como uma obrigação do cidadão de prestar dinheiro ao Estado, sendo a pecúnia representada pela prestação em dinheiro, em moeda corrente no país.

O tributo é prestação compulsória por ser uma obrigação que não possui um caráter de voluntariedade ou facultatividade em relação ao seu cumprimento, perfazendo-se em um comportamento obrigatório de uma prestação em dinheiro.

Conforme já pontuado, o tributo é uma prestação expressa em moeda, não sendo admitido a instituição de tributo como obrigação a ser quitada com bens diversos de dinheiro.

O tributo não deve se confundir com a penalidade pecuniária decorrente do inadimplemento da obrigação tributária, sendo que o próprio artigo 3º do CTN, ao se definir tributo, exclui do seu conceito a prestação que constitua sanção por ato ilícito.

Somente a lei pode estabelecer a instituição de um tributo, sendo que o princípio da legalidade é um dos corolários do Estado de Direito e, em matéria tributária encontra amparo no artigo 150, inciso I, da Constituição Federal[2] que assevera que "*nenhum tributo será exigido sem que lei o estabeleça*".

A exigência legal é um imperativo da segurança jurídica do contribuinte, além de prestar legitimidade à cobrança do tributo. Assim, sendo, somente os legisladores, representantes do povo, possuem legitimidade para instituírem tributo, e é esta legitimidade que garante a verificação do bem comum que deve orientar a tributação, de forma que a prestação pecuniária compulsória cobrada pelo Estado, que não tenha sido instituída por lei, não consubstancia tributo.

---

2. *Art. 150. Sem prejuízo de outras garantias asseguradas ao contribuinte, é vedado à União, aos Estados, ao Distrito Federal e aos Municípios:*

I – exigir ou aumentar tributo sem lei que o estabeleça; (...).

Lado outro, a exigência do tributo mediante atividade plenamente vinculada é outra garantia que reforça a segurança jurídica do contribuinte e evita os arbítrios e excessos do ente tributante.

Exigi-lo por meio de atividade vinculada não deixa margem para a administração apreciar a conveniência e a oportunidade na sua instituição, estando ele inteiramente vinculada ao comando legal.

Destarte, entendemos fundamentais na definição do tributo a sua exigência por meio de lei e mediante atividade administrativa plenamente vinculada.

Cumpre destacar que, mais do que arrecadar, cumpre ao Estado a correta aplicação dos valores pagos a título de tributo, visando, dessa forma, reverter em benefícios do interesse público tudo o que ele arrecada.

Mesmo quem ignora ou relativiza a existência e alcance dos deveres fundamentais, em especial do dever fundamental de pagar tributos, não discorda do fato de que uma sociedade precisa de recursos econômicos para se organizar, isto é, de que há a necessidade da existência de fontes econômicas suficientes para financiar a subsistência digna das pessoas que nela vivem e desenvolvem suas relações sociais.

O tributo se manifesta como um dever fundamental. Dever, enquanto necessidade de conduta compatível com a realização de valores; e fundamental, enquanto que o seu cumprimento é condição de existência, efetividade e continuidade do Estado, tornando-se o tributo uma contribuição necessária para a existência da comunidade, na qual o indivíduo encontra ampla possibilidade de realização de sua condição humana.

As políticas sociais são financiadas, em grande parte, por meio da arrecadação de tributos, tributos estes que são exigidos dos membros da sociedade, como cumprimento de um dever ético e solidário de contribuir para o desenvolvimento da coletividade em que fazem parte. É através do cumprimento do dever de pagar tributo que se viabiliza a condição da possibilidade de concretização das expectativas contidas nos direitos fundamentais, especialmente nos direitos de cunho social.

O Estado Democrático de Direito assume a função de promover o bem comum a partir de políticas públicas, estas, por sua vez, financiadas pelos cidadãos, em grande parte, pelo dever fundamental de pagar tributos.

A exaltação constitucional, característica do Estado Democrático de Direito, no sentido de que todos os membros da comunidade possuem a obrigação de dispor de parcela de sua riqueza em prol do sustento dos gastos públicos, com a finalidade de desenvolvimento material e moral do indivíduo e da sociedade como um todo, materializa a imposição tributária como um dever fundamental.[3]

O tributo não pode ser encarado nem como um simples poder para o Estado, nem como um simples sacrifício para quem contribui, devendo ser entendido, antes de mais nada, como um contributo indispensável a uma vida organizada que depende da autorresponsabilidade do contribuinte para com a coletividade.

Os tributos, dessa forma, são fontes necessárias pelas quais o Estado se utiliza para servir instrumentos de política econômica; atender às exigências de progresso sociais; e promover uma melhor distribuição de renda nacional.

O Estado Democrático de Direito no exercício da sua formatação finalística de viabilizador de políticas transformadoras da sociedade, alavanca o dever de pagar tributos como um instrumento que está a serviço de uma política social e econômica que garanta a liberdade e promova a justiça social.

Diante disso, nota-se que o sistema tributário tem muito a contribuir, a partir do financiamento de políticas sociais, na realização dos direitos da sociedade, existindo no dever fundamental de pagar tributo o comprometimento dos cidadãos em honrar com a sua cota de contribuição para a sociedade.

O dever fundamental de pagar tributo no Estado Democrático de Direito garante a existência dos direitos de liberdade, além de fomentar e obrigar o exercício da solidariedade para a construção de uma sociedade cada vez mais justa e igualitária.

A influência que o custo dos direitos e sua respectiva fonte de custeio possuem na formação de uma sociedade democrática, impõe ao poder público a necessidade de sempre desenvolver políticas que visem concretizar mais direitos, sem, contudo, exigir dos cidadãos ônus tributários desproporcionais.

Em busca deste propósito, o Estado deve sempre adotar o uso adequado dos tributos arrecadados, priorizando, sempre que possível, efetivar direitos capazes de melhorar as condições de vida dos cidadãos e atender as suas necessidades básicas.

---

3. CHULVI, Cristina Pauner. *El déber constitucional de contribuir al sostenimiento de los gastos públicos*. Madrid: Centro de Estudios Políticos y Constitucionales, 2001, p. 87.

Mais necessário, ainda, se torna a consciência do ente tributante, no momento de exigir o tributo, para que não onere o contribuinte para além dos benefícios que lhe são revertidos através dos tributos exigidos.

2. Das espécies tributárias

De acordo com o artigo 145 da Constituição Federal, acompanhado do que prevê o artigo 5º, do Código Tributário Nacional, existem no ordenamento jurídico brasileiro 3 (três) espécies de tributos, quais sejam, os impostos, as taxas e as contribuições de melhoria, senão veja-se:

> Constituição Federal – *"Art. 145. A União, os Estados, o Distrito Federal e os Municípios poderão instituir os seguintes tributos:*
>
> *I – impostos;*
>
> *II – taxas, em razão do exercício do poder de polícia ou pela utilização, efetiva ou potencial, de serviços públicos específicos e divisíveis, prestados ao contribuinte ou postos a sua disposição;*
>
> *III – contribuição de melhoria, decorrente de obras públicas. (...)."*
>
> Código Tributário – *"Art. 5º Os tributos são impostos, taxas e contribuições de melhoria."*

Uma quarta espécie tributária – o empréstimo compulsório – está prevista no artigo 148 da Constituição Federal, que dispõe que União poderá instituir tal tributo de acordo com determinadas despesas extraordinárias. Vejamos:

> *"Art. 148. A União, mediante lei complementar, poderá instituir empréstimos compulsórios:*
>
> *I – para atender a despesas extraordinárias, decorrentes de calamidade pública, de guerra externa ou sua iminência;*
>
> *II – no caso de investimento público de caráter urgente e de relevante interesse nacional, observado o disposto no art. 150, III, b. (...)".*

Por fim, uma quinta espécie tributária – as contribuições especiais – está prevista no artigo 149 da Constituição Federal, que dispõe que a União poderá instituir contribuições sociais, de intervenção no domínio econômico e de interesse das categorias profissionais ou econômicas, como instrumento de sua atuação nas respectivas áreas. Vejamos:

> *"Art. 149. Compete exclusivamente à União instituir contribuições sociais, de intervenção no domínio econômico e de interesse das categorias profissionais ou econômicas, como instrumento de sua atuação nas respectivas* áreas, *observado o disposto nos arts. 146, III, e 150, I e III, e sem prejuízo do previsto no art. 195, § 6º, relativamente às contribuições a que alude o dispositivo. (...)".*

Os autores não ignoram que parte da doutrina defende que os comandos normativos contidos nas normas supratranscritas materializam o entendimento de que o ordenamento jurídico brasileiro adota uma divisão tricotômica das espécies tributárias, de modo que, embora a Constituição traga em seu texto outras espécies tributárias, quais sejam as contribuições sociais, as contribuições de intervenção no domínio econômico, e as contribuições de interesse de categorias profissionais ou econômicas, bem como os empréstimos compulsórios, estas últimas não seriam espécies autônomas de tributos.

Contudo, para fins didáticos, os autores adotarão a teoria quinquipartida, a qual, em nosso Sistema Tributário Nacional, encontram-se cinco espécies tributárias, a saber: os impostos, as taxas, as contribuições de melhoria, os empréstimos compulsórios e as contribuições especiais. Vejamos cada um.

2.1. *Impostos*

Conforme previsto no artigo 145, I, da Constituição Federal[4], a União, os Estados, o Distrito Federal e os Municípios poderão instituir impostos, de acordo com a repartição de competências estabelecida pela Carta Magna. Por meio do Código Tributário Nacional, artigo 16, conseguimos abstrair o conceito de imposto. Vejamos:

> "*Art. 16. Imposto é o tributo cuja obrigação tem por fato gerador uma situação independente de qualquer atividade estatal específica, relativa ao contribuinte.*"

Pela inteligência do artigo 16 do Código Tributário, podemos abstrair que o imposto tem por principal característica a previsão de uma situação

---

4. *Art. 145. A União, os Estados, o Distrito Federal e os Municípios poderão instituir os seguintes tributos:*

I – impostos; (...).

desvinculada de qualquer atividade do Estado como fato gerador, ou seja, para a incidência desse tributo, não é preciso que o Estado oferte algo determinado ao contribuinte.

Dessa forma, o fato gerador do imposto não será um ato a ser praticado pelo Estado, bastando, para sua incidência, que o contribuinte pratique determinado ato previsto em lei.

Outra característica dos impostos é o fato de sua arrecadação, em regra, não ser vinculado a uma destinação específica, possuindo, ainda, a característica de ter o caráter pessoal e graduado segundo a capacidade econômica do contribuinte. Nos impostos, a administração tributária pode identificar, preservando os direitos individuais, o patrimônio, os rendimentos e as atividades econômicas do contribuinte.

Lado outro, os impostos podem ser diretos ou indiretos. Direto é aquele em que o contribuinte de direito não tem a faculdade de transferir de forma individualizada o ônus financeiro da carga fiscal, como o Imposto de Renda. Indireto, por sua vez, é aquele em que o contribuinte de direito consegue transferir de forma individualizada o ônus econômico da carga tributária, por exemplo, o ISS.

Outra classificação é referente à finalidade do imposto, podendo a finalidade ser fiscal, quando tem como objetivo exclusivo a arrecadação de recursos ao Estado, como o imposto de renda (IR) e o imposto sobre serviços de qualquer natureza (ISS); ou extrafiscal, quando tem como objetivo, além de arrecadar, também estimular ou desestimular comportamentos ou ramo de atividades desenvolvidas pelos contribuintes, como o imposto sobre produtos industrializados (IPI) ou o imposto sobre importação (II).

Os impostos podem ser pessoais e reais. Os impostos pessoais possuem base em características pessoais dos contribuintes, como o imposto de renda (IR); enquanto os reais, estão ligados ao fato do contribuinte possuir ou ter a propriedade de um bem, não levando em consideração as características pessoais dos contribuintes, como o imposto predial e territorial urbano (IPTU).

Os impostos classificam-se, também, em seletivos e não seletivos. Os seletivos são aqueles em que a alíquota é maior ou menor, dependendo da essencialidade do bem, como o imposto sobre circulação de mercadorias e serviços (ICMS); já os impostos não seletivos são aqueles em que não existe a diferença entre alíquotas, não havendo uma identificação sobre a essencialidade do bem ou serviço, como o imposto de renda (IR).

Os impostos podem, ainda, ser cumulativos ou não cumulativos. Um imposto cumulativo incide em todas as etapas da cadeia de circulação do bem ou prestação do serviço, como o imposto sobre serviços de qualquer natureza (ISS); já os impostos não cumulativos são aqueles em que o valor pago na etapa anterior pode ser abatido na etapa subsequente, como o imposto sobre circulação de mercadorias e serviços (ICMS).

Por fim, os impostos podem se classificar em federais, estaduais ou municipais, de acordo com o ente com competência para sua instituição.

2.2. *Taxas*

Conforme previsto no artigo 145, II, da Constituição Federal[5], a União, os Estados, o Distrito Federal e os Municípios poderão instituir taxas. Por meio do Código Tributário Nacional, artigo 77, conseguimos abstrair o conceito de taxa. Vejamos:

> *"Art. 77. As taxas cobradas pela União, pelos Estados, pelo Distrito Federal ou pelos Municípios, no âmbito de suas respectivas atribuições, têm como fato gerador o exercício regular do poder de polícia, ou a utilização, efetiva ou potencial, de serviço público específico e divisível, prestado ao contribuinte ou posto à sua disposição."*

De pronto percebe-se que, diferentemente dos impostos, as taxas são tributos que tem como fato gerador uma atividade estatal específica, diretamente ligada ao contribuinte. São, por isso, tributos vinculados a uma atividade estatal, atividade esta que poderá se consubstanciar no exercício regular do poder de polícia ou na prestação de serviço público específico e divisível, ou colocação deste à disposição do contribuinte.

Quanto ao exercício regular do poder de polícia, coube ao artigo 78, do Código Tributário Nacional, defini-lo, o fazendo da seguinte forma:

> *"Art. 78. Considera-se poder de polícia a atividade da administração pública que, limitando ou disciplinando direito, interesse ou liberdade, regula*

---

5. *Art. 145. A União, os Estados, o Distrito Federal e os Municípios poderão instituir os seguintes tributos: (...)*

II – taxas, em razão do exercício do poder de polícia ou pela utilização, efetiva ou potencial, de serviços públicos específicos e divisíveis, prestados ao contribuinte ou postos a sua disposição; (...).

a prática de ato ou abstenção de fato, em razão de interesse público concernente à segurança, à higiene, à ordem, aos costumes, à disciplina da produção e do mercado, ao exercício de atividades econômicas dependentes de concessão ou autorização do Poder Público, à tranquilidade pública ou ao respeito à propriedade e aos direitos individuais ou coletivos.

Parágrafo único. Considera-se regular o exercício do poder de polícia quando desempenhado pelo órgão competente nos limites da lei aplicável, com observância do processo legal e, tratando-se de atividade que a lei tenha como discricionária, sem abuso ou desvio de poder."

De acordo com o teor do artigo supratranscrito, o poder de polícia se exerce pela atividade de fiscalização, verificação e controle do Estado, se materializando por meio da concessão de alvarás, licenças, autorizações, entre outros.

Para que a taxa em razão do poder de polícia possa ser cobrada, o seu exercício deve ser regular, ou seja, por órgão competente e estrita observância da lei, e só podem ser cobradas mediante o efetivo exercício deste poder, ou seja, somente quando há a efetiva fiscalização, verificação e controle por parte do poder público.

Quanto à prestação de serviço público específico e divisível, ou colocação deste à disposição do contribuinte, coube ao parágrafo primeiro do artigo 79, do Código Tributário Nacional, defini-lo, o fazendo da seguinte forma:

"Art. 79. Os serviços públicos a que se refere o artigo 77 consideram-se:

I – utilizados pelo contribuinte:

a) efetivamente, quando por ele usufruídos a qualquer título;

b) potencialmente, quando, sendo de utilização compulsória, sejam postos à sua disposição mediante atividade administrativa em efetivo funcionamento;

II – específicos, quando possam ser destacados em unidades autônomas de intervenção, de utilidade, ou de necessidades públicas;

III – divisíveis, quando suscetíveis de utilização, separadamente, por parte de cada um dos seus usuários."

Por força do artigo 79 do CTN, para que haja a incidência de taxa na prestação de um serviço público, necessário que este seja específico e divisível, bem como deve ser efetivamente prestado ou posto à disposição do contribuinte. Assim, sem a presença destes requisitos, não é possível ao Poder Público instituir e cobrar taxas em razão da prestação de serviço público.

Entende-se como específico e divisível o serviço público onde se pode individualizar a ação do Estado em relação ao particular, sendo suscetível de ser utilizado separadamente por cada usuário. O destinatário do serviço é, portanto, perfeitamente identificável.

Por fim, mas não menos importante, a taxa em razão da prestação de serviço público poderá ser cobrada não somente quando o contribuinte usufruir do serviço público, mas também quando a ele é disponibilizado pela administração pública.

2.3. *Contribuições de melhoria*

Conforme previsto no artigo 145, III, da Constituição Federal[6], a União, os Estados, o Distrito Federal e os Municípios poderão instituir contribuições de melhoria, sendo que as suas hipóteses encontram-se delineadas no Código Tributário Nacional, artigo 81. Vejamos:

> "*Art. 81. A contribuição de melhoria cobrada pela União, pelos Estados, pelo Distrito Federal ou pelos Municípios, no âmbito de suas respectivas atribuições, é instituída para fazer face ao custo de obras públicas de que decorra valorização imobiliária, tendo como limite total a despesa realizada e como limite individual o acréscimo de valor que da obra resultar para cada imóvel beneficiado.*"

Segundo disciplinado no dispositivo supra, o fato gerador da contribuição de melhoria é a realização de obra pública da qual decorra uma valorização imobiliária, ou seja, assim como as taxas, essa espécie tributária demanda uma atividade estatal específica relativa ao contribuinte, somente podendo ser instituída e exigida quando o poder público realizar uma obra que tenha traga uma valorização do imóvel do contribuinte.

Sobre a competência para exigir o tributo em questão, vale o registro de que trata-se de um tributo de competência comum, podendo ser instituído pelo ente que realizou a obra da qual decorreu a valorização imobiliária.

---

6. *Art. 145. A União, os Estados, o Distrito Federal e os Municípios poderão instituir os seguintes tributos: (...)*

III – contribuição de melhoria, decorrente de obras públicas (...).

No que diz respeito aos requisitos para a cobrança, o art. 82 do Código Tributário Nacional dispõe que:

> *"Art. 82. A lei relativa à contribuição de melhoria observará os seguintes requisitos mínimos:*
>
> *I – publicação prévia dos seguintes elementos:*
>
> *a) memorial descritivo do projeto;*
>
> *b) orçamento do custo da obra;*
>
> *c) determinação da parcela do custo da obra a ser financiada pela contribuição;*
>
> *d) delimitação da zona beneficiada;*
>
> *e) determinação do fator de absorção do benefício da valorização para toda a zona ou para cada uma das áreas diferenciadas, nela contidas;*
>
> *II – fixação de prazo não inferior a 30 (trinta) dias, para impugnação, pelos interessados, de qualquer dos elementos referidos no inciso anterior;*
>
> *III – regulamentação do processo administrativo de instrução e julgamento da impugnação a que se refere o inciso anterior, sem prejuízo da sua apreciação judicial.*
>
> *§ 1º A contribuição relativa a cada imóvel será determinada pelo rateio da parcela do custo da obra a que se refere a alínea c, do inciso I, pelos imóveis situados na zona beneficiada em função dos respectivos fatores individuais de valorização.*
>
> *§ 2º Por ocasião do respectivo lançamento, cada contribuinte deverá ser notificado do montante da contribuição, da forma e dos prazos de seu pagamento e dos elementos que integraram o respectivo cálculo."*

Dessa forma, a lei relativa à contribuição de melhoria observará os seguintes requisitos mínimos:

- publicação prévia dos seguintes elementos: a) memorial descritivo do projeto; b) orçamento do custo da obra; c) determinação da parcela do custo da obra a ser financiada pela contribuição; d) delimitação da zona beneficiada; e) determinação do fator de absorção do benefício da valorização para toda a zona ou para cada uma das áreas diferenciadas, nela contidas;
- fixação de prazo não inferior a 30 (trinta) dias, para impugnação pelos interessados, de qualquer dos elementos referidos no inciso anterior; e

– regulamentação do processo administrativo de instrução e julgamento da impugnação a que se refere o inciso anterior, sem prejuízo da sua apreciação judicial.

Quanto ao cálculo da contribuição de melhoria, este será apurado mediante a divisão do custo da obra a ser financiada pela contribuição pelo número de imóveis situados na zona beneficiada, em função dos respectivos fatores individuais de valorização, sendo que o valor a ser pago por cada contribuinte não poderá ultrapassar o acréscimo verificado do valor do imóvel, existindo, outrossim, um limite no qual o total das contribuições não poderá ser superior ao custo total da obra.

2.4. *Empréstimo compulsório*

O empréstimo compulsório encontra sua previsão no artigo 148 da Constituição Federal[7], fincando a cargo do artigo 15 do Código Tributário Nacional reiterar e, por meio de seu inciso III, até ampliar as hipóteses elencadas no texto constitucional. Vejamos:

> *"Art. 15. Somente a União, nos seguintes casos excepcionais, pode instituir empréstimos compulsórios:*
>
> *I – guerra externa, ou sua iminência;*
>
> *II – calamidade pública que exija auxílio federal impossível de atender com os recursos orçamentários disponíveis;*
>
> *III – conjuntura que exija a absorção temporária de poder aquisitivo.*
>
> *Parágrafo único. A lei fixará obrigatoriamente o prazo do empréstimo e as condições de seu resgate, observando, no que for aplicável, o disposto nesta Lei."*

De pronto verifica-se que estamos diante de um tributo de competência exclusiva da União, tributo este que somente poderá ser instituído por

---

7. *Art. 148. A União, mediante lei complementar, poderá instituir empréstimos compulsórios:*

I – para atender a despesas extraordinárias, decorrentes de calamidade pública, de guerra externa ou sua iminência;

II – no caso de investimento público de caráter urgente e de relevante interesse nacional, observado o disposto no art. 150, III, "b".

Parágrafo único. A aplicação dos recursos provenientes de empréstimo compulsório será vinculada à despesa que fundamentou sua instituição.

lei complementar e em casos excepcionais, quais sejam, guerra, calamidade pública e investimento público de caráter urgente.

Lado outro, conforme o parágrafo único do art. 148 da Constituição Federal, a aplicação dos recursos provenientes do tributo em comento obrigatoriamente estará vinculada à despesa que o motivou, não sendo possível que o valor arrecadado seja utilizado para outra finalidade.

Por fim, mas não menos importante, o empréstimo compulsório será temporário, ou seja, a União estará obrigada a restituir o contribuinte, após finda a situação excepcional que o motivou.

2.5. *Contribuições especiais*

Concluindo a apresentação das espécies de tributos, as contribuições especiais estão previstas no artigo 149 da Constituição Federal, restando ao artigo 217 do Código Tributário Nacional complementar a previsão constitucional. Vejamos:

> <u>Constituição Federal</u>: "*Art. 149. Compete exclusivamente à União instituir contribuições sociais, de intervenção no domínio econômico e de interesse das categorias profissionais ou econômicas, como instrumento de sua atuação nas respectivas* áreas, *observado o disposto nos arts. 146, III, e 150, I e III, e sem prejuízo do previsto no art. 195, § 6º*, *relativamente* às *contribuições a que alude o dispositivo.*
>
> *§ 1º A União, os Estados, o Distrito Federal e os Municípios instituirão, por meio de lei, contribuições para custeio de regime próprio de previdência social, cobradas dos servidores ativos, dos aposentados e dos pensionistas, que poderão ter alíquotas progressivas de acordo com o valor da base de contribuição ou dos proventos de aposentadoria e de pensões.*
>
> *§ 1º-A. Quando houver déficit atuarial, a contribuição ordinária dos aposentados e pensionistas poderá incidir sobre o valor dos proventos de aposentadoria e de pensões que supere o salário-mínimo.*
>
> *§ 1º-B. Demonstrada a insuficiência da medida prevista no § 1º-A para equacionar o déficit atuarial, é facultada a instituição de contribuição extraordinária, no âmbito da União, dos servidores públicos ativos, dos aposentados e dos pensionistas.*
>
> *§ 1º-C. A contribuição extraordinária de que trata o § 1º-B deverá ser instituída simultaneamente com outras medidas para equacionamento do déficit e vigorará por período determinado, contado da data de sua instituição.*

§ 2º As contribuições sociais e de intervenção no domínio econômico de que trata o caput deste artigo:

I – não incidirão sobre as receitas decorrentes de exportação;

II – incidirão também sobre a importação de produtos estrangeiros ou serviços;

III – poderão ter alíquotas:

a) ad valorem, tendo por base o faturamento, a receita bruta ou o valor da operação e, no caso de importação, o valor aduaneiro;

b) específica, tendo por base a unidade de medida adotada.

§ 3º A pessoa natural destinatária das operações de importação poderá ser equiparada a pessoa jurídica, na forma da lei.

§ 4º A lei definirá as hipóteses em que as contribuições incidirão uma única vez."

Código Tributário Nacional: *"Art. 217. As disposições desta Lei, notadamente as dos arts. 17, 74, § 2º, e 77, parágrafo único, bem como a do art. 54 da Lei 5.025, de 10 de junho de 1966, não excluem a incidência e a exigibilidade:*

I – da 'contribuição sindical', denominação que passa a ter o imposto sindical de que tratam os arts. 578 e seguintes da Consolidação das Leis do Trabalho, sem prejuízo do disposto no art. 16 da Lei 4.589, de 11 de dezembro de 1964;

II – das denominadas 'quotas de previdência' a que aludem os arts. 71 e 74 da Lei 3.807, de 26 de agosto de 1960 com as alterações determinadas pelo art. 34 da Lei 4.863, de 29 de novembro de 1965, que integram a contribuição da União para a previdência social, de que trata o art. 157, item XVI, da Constituição Federal; (Vide Ato Complementar nº 27, de 1966)

III – da contribuição destinada a constituir o 'Fundo de Assistência' e 'Previdência do Trabalhador Rural', de que trata o art. 158 da Lei 4.214, de 2 de março de 1963;

IV – da contribuição destinada ao Fundo de Garantia do Tempo de Serviço, criada pelo art. 2º da Lei 5.107, de 13 de setembro de 1966;

V – das contribuições enumeradas no § 2º do art. 34 da Lei 4.863, de 29 de novembro de 1965, com as alterações decorrentes do disposto nos arts 22 e 23 da Lei 5.107, de 13 de setembro de 1966, e outras de fins sociais criadas por lei."

De proêmio, por força da previsão constitucional, verificamos a competência exclusiva da União instituir contribuições especiais, com exceção das contribuições sociais, onde, por força do parágrafo primeiro do artigo 149, da Constituição Federal, ficou reservada aos Estados, ao Distrito Federal e aos Municípios a competência concorrente para instituir contribuição para o custeio do regime previdenciário de seus servidores.

O complemento "como instrumento de sua atuação nas respectivas áreas" trazido pela norma constitucional vincula o exercício da competência para a instituição das contribuições em comento, existindo, assim, a exigência de atuação do ente tributante em determinada finalidade, sendo que a arrecadação decorrente da incidência do tributo possuiu uma destinação específica, tal qual acontece com os empréstimos compulsórios.

Importante ressaltar também que a destinação da contribuição será determinante para se delimitar a espécie de contribuição especial, podendo ser: a) social; b) de intervenção no domínio econômico; c) de interesse das categorias profissionais ou econômicas; e d) para o custeio do serviço de iluminação pública.

O inciso primeiro, parágrafo segundo, do artigo 149 da Constituição Federal, traz a previsão de que as contribuições especiais não incidirão sobre as receitas decorrentes de exportação, cabendo ao inciso segundo, parágrafo segundo, do artigo em comento a previsão de incidência do tributo sobre a importação de produtos estrangeiros ou serviços. O inciso terceiro, do mesmo parágrafo segundo, estabelece diferentes alíquotas (ad valorem ou específicas).

O dispositivo constitucional em análise, por meio do seu artigo terceiro, equipara a pessoa natural destinatária das operações de importação a pessoa jurídica, e, por fim, o parágrafo quarto prevê que a lei definirá as hipóteses em que as contribuições incidirão uma única vez.

Apresentado o conceito de tributo, bem como identificadas, segundo a teoria quinquipartida, as espécies de tributos, passemos a tratar no próximo capítulo sobre os emolumentos percebidos pelos delegatários da função extrajudicial, quando do exercício de seu mister.

Capítulo 2
DOS EMOLUMENTOS

SUMÁRIO: 1. Da natureza jurídica dos emolumentos. 2. Da possibilidade de se requerer isenção de emolumentos.

1. Da natureza jurídica dos emolumentos

Os emolumentos podem ser conceituados como a contraprestação devida pelos atos praticados pelos serviços notariais e de registro. A própria Constituição Federal entende que os emolumentos são percebidos pelos cartórios diante da atividade desempenhada, vejamos o que diz o artigo 236, § 2º, da Lei Maior, *in verbis*:

> *"Art. 236: (...)*
>
> *(...)*
>
> *§ 2º: Lei federal estabelecerá normas gerais para fixação de emolumentos relativos aos atos praticados pelos serviços notariais e de registro."*

Nesse mesmo sentido o art. 28, da Lei nº 8.935/94:

> *"Art. 28: Os notários e oficiais de registro gozam de independência no exercício de suas atribuições, têm direito à percepção dos emolumentos integrais pelos atos praticados na serventia e só perderão a delegação nas hipóteses previstas em lei."*

Quanto à fixação dos emolumentos, coube à Lei nº 10.169/2000, em seu artigo 1º, prever a competência para tanto, o fazendo nos seguintes termos:

> *"Art. 1º Os Estados e o Distrito Federal fixarão o valor dos emolumentos relativos aos atos praticados pelos respectivos serviços notariais e de registro, observadas as normas desta Lei.*
>
> *Parágrafo único. O valor fixado para os emolumentos deverá corresponder ao efetivo custo e à adequada e suficiente remuneração dos serviços prestados."*

Das previsões normativas supraindicadas, percebe-se que os emolumentos, fixados pelos Estados e Distrito Federal, se perfazem como a contrapartida pelo serviço notarial e de registro público prestado pelo particular, em caráter pessoal, no desempenho de sua função pública delegada por lei.

O jurista De Plácido e Silva conceituou os emolumentos como sendo a remuneração dos notários e registradores[1].

De fato, a Constituição Federal contempla os emolumentos como algo vinculado somente às atividades das serventias extrajudiciais. No entanto, com as devidas escusas da doutrina contrária, conceituar os emolumentos como "remuneração" conduz à interpretação equivocada de que os mesmos são utilizados somente para o proveito pessoal do titular do cartório, quando na verdade possuem uma função que vai além da remuneratória.

Isso porque, uma parcela dos emolumentos é destinada a terceiros, conforme previsto em lei, além de um bom montante do valor arrecadado se destinar à cobertura integral dos serviços notariais e de registro, ou seja, servem para cobrir todos os custos da serventia como funcionários, materiais, energia, água e etc.

Para Walter Ceneviva:

> *"A expressão "a título de remuneração" afronta a realidade cartorária brasileira, quanto aos ofícios privados. A reposição de custas não remunera o oficial. Remuneração é a palavra que tem definição legal conhecida: além do salário pago pelo empregador, como contraprestação de serviço, as gorjetas que o empregado receber. Em direito administrativo designa retribuição que o funcionário recebe pelo efetivo exercício de seu cargo, compreendendo uma parte fixa e uma variável. Isto é, o núcleo de seu significado se relaciona com a contraprestação proporcional ao valor do serviço prestado."*[2]

Corroborando o pensamento de Ceneviva, o autor Diogenes Gasparini acrescenta que a expressão remuneração "*significa a somatória de todos os valores percebidos pelo servidor, quer sejam pecuniários, quer não. Assim, abrange o vencimento, as vantagens e as quotas de produtividade*"[3].

---

1. SILVA, De Plácido e, Dicionário do Advogado, Revisão e atualização Nagib Slaibi Filho e Gláucia Carvalho, 25ª edição, editora Forense, Rio de Janeiro, 2004, p. 519.
2. CENEVIVA, Walter, Lei dos Registros Públicos Comentada, 17ª edição, editora Saraiva, São Paulo, 2006, p. 33/34.
3. GASPARINI, Diogenes, Direito Administrativo, 4ª edição, editora Saraiva, São Paulo, 1995, p. 126.

Portanto, os emolumentos não se enquadram no conceito restrito de remuneração, já que se prezam para além de remunerar o delegatário da função pública, sendo utilizados para remunerar terceiros e manter as condições necessárias para a prestação dos atos notariais e de registro.

É possível deduzir que o valor dos emolumentos deve ser suficiente para custear todas as despesas do cartório e ainda remunerar os terceiros designados por lei e o titular delegado, já que este último aufere o valor líquido resultante da dedução das despesas da atividade, conforme se tratará com maior especificidade no capítulo dedicado ao Imposto de Renda.

Segundo ensinamentos de Narciso Orlandi Neto:

> *"A remuneração dos serviços notariais e de registro é paga com as custas, ou emolumentos, tabelados por lei ou decreto estadual. Com os emolumentos recebidos, o delegado cobre todas as despesas do serviço, investe em equipamentos e paga os empregados."*[4]

No que se refere à natureza jurídica dos valores cobrados pelos delegatários dos serviços extrajudiciais, uma longa discussão doutrinária e jurisprudencial permeia a classificação, em especial se os mesmos seriam taxas ou preços públicos, sendo que a doutrina e jurisprudência majoritária enquadram os emolumentos cartorários como taxas.

Não obstante, inafastável o questionamento: Por que taxa e não preço público?

Para responder à pergunta em apreço, faz se necessário diferenciar a taxa do preço público.

A taxa, conforme já delineado no capítulo anterior, é um tributo cobrado do particular pelo exercício do poder de polícia, bem como pela utilização, efetiva ou potencial, de um serviço público.

Contudo, para a obtenção de recursos necessários para a manutenção e custeio dos serviços públicos, o Estado não é obrigado a fazer uso do poder tributário, através do recolhimento de taxas, podendo, para tanto, utilizar meios semelhantes aos particulares, por meio da cobrança do chamado preço público, quando o serviço tem caráter comercial ou industrial (ex.: telecomunicações).

---

4. ORLANDI NETO, Narciso, Introdução ao Direito Notarial e Registral, editora Sergio Antonio Fabris Editor – safE, Porto Alegre, 2004, p. 26.

O jurista Theodoro Nascimento esclarece que:

> *"Preço é a quantia que representa pagamento pela utilização e consumo de serviço ou produto, de natureza comercial ou industrial, que o Estado fornece, ou que representa pagamento pela aquisição do direito de propriedade ou de uso e gozo de bem público dominial."*[5]

O preço público é uma tarifa remuneratória do uso ou consumo de bens ou de serviços públicos, seu regime é contratual, isto é, não é imposto compulsoriamente, como ocorre nas obrigações de caráter tributário, considerando que o usuário não é obrigado a fazer uso do bem ou serviço.

Nesse sentido é o entendimento do Supremo Tribunal Federal, consoante relatório do Ministro Moreira Alves no julgamento do Recurso Extraordinário nº 89.876, *in verbis*:

> *"Preço público é o preço contratual, que constitui contraprestação de serviços de natureza comercial ou industrial – e que, por isso mesmo, podem ser objeto de concessão para particulares -, serviços esses prestados por meio de contrato de adesão. Para haver preço público é necessário existir contrato, ainda que tacitamente celebrado, e o contrato ainda que de adesão, dá a quem pretende celebrá-lo, se aderir às condições dele, a liberdade de não contratar, atendendo a sua necessidade por outro meio lícito. Quem não quiser tomar* ônibus, *e aderir, portanto, ao contrato de transporte, poderá ir, licitamente, por outros meios, ao lugar de destino. O que não tem sentido é pretender-se a existência de contrato quando o que deve aderir não tem sequer a liberdade de não contratar, porque, licitamente, não tem meio algum para obter o resultado de que necessita."*[6]

Nos serviços públicos que ensejam o pagamento de taxa, o contribuinte não manifesta sua vontade de contratar ou não aquela prestação, pois a obrigação decorre da lei, enquanto o preço público decorre de pacto contratual.

Essa distinção é, inclusive, tema da Súmula nº 545 do Supremo Tribunal Federal, vejamos:

---

5. NASCIMENTO, Theodoro, Tratado de Direito Tributário brasileiro, vol. 7, editora Forense, 1977, p. 8.
6. RE 89.876/RJ, Tribunal Pleno/STF, Ministro Relator MOREIRA ALVES, j. 04/09/1980.

"Súmula nº 545: Preços de serviços públicos e taxas não se confundem, porque estas, diferentemente daqueles, são compulsórias e têm sua cobrança condicionada à prévia autorização orçamentária, em relação à lei que as instituiu."

No que se refere ao preço público, o Poder Público tem liberdade para a sua fixação, que independe de lei, bastando um ato administrativo. O usuário, por sua vez, é também livre para utilizar ou não o serviço, a depender de suas conveniências (ex.: transporte público).

Quando o indivíduo não tem essa liberdade, sendo compulsória a utilização do serviço, estaremos diante do pagamento de uma taxa, sendo que o Poder Público estará igualmente limitado no que diz respeito à fixação do valor cobrado, já que este será um tributo, dependente de previsão legal e não apenas contratual.

Em ambos os casos, indispensável que a atividade estatal esteja em efetivo funcionamento, ou seja, tanto para a cobrança de taxa como para a cobrança de preço público, é necessário que o serviço esteja ao menos à disposição do usuário.

Partindo desse princípio, é que se consolidou a tese de que os emolumentos possuem natureza jurídica de taxa, visto a obrigatoriedade dos serviços de notas e registro. Por exemplo, para a transferência de propriedade de um bem imóvel, necessário que ocorra o registro de tal negócio jurídico junto ao cartório de registro de imóveis, sem o qual a titularidade do bem não é transpassada. Tendo em vista que tal obrigação foge da mera faculdade das partes envolvidas no negócio jurídico citado, as serventias extrajudiciais cobram taxas e não preço público, já que prestam serviços essenciais e compulsórios.

A taxa é um tributo que se caracteriza por revelar em seu fato gerador a prestação de um serviço público diretamente dirigido ao contribuinte como as atividades notarias e de registro, as quais possuem natureza pública, sendo que sua delegação ao particular não altera essa natureza.

Como cediço, os serviços prestados pelos delegatários, à frente das serventias extrajudiciais, consistem em atividade administrativa com a finalidade de "*garantir a publicidade, autenticidade, segurança e eficácia dos atos jurídicos*" (art. 1º da Lei Federal nº 8.935 de 1994) e que, com fulcro no art. 236, da Constituição Federal, deve ser delegada ao particular, através de concurso público de provas e títulos.

De acordo com o Supremo Tribunal Federal:

> *"O art. 145 admite a cobrança de 'taxas, em razão do exercício do poder de polícia ou pela utilização, efetiva ou potencial, de serviços públicos específicos e divisíveis, prestados ao contribuinte ou postos a sua disposição'. Tal conceito abrange não só custas judiciais, mas, também, as extrajudiciais (emolumentos), pois estas resultam, igualmente, de serviço público, ainda que prestado em caráter particular (art. 236)."*[7]

Vejamos novamente o que diz o referido dispositivo constitucional:

> *"Art. 145: A União, os Estados, o Distrito Federal e os Municípios poderão instituir os seguintes tributos:*
>
> *(...)*
>
> *II – taxas, em razão do exercício do poder de polícia ou pela utilização, efetiva ou potencial, de serviços públicos específicos e divisíveis, prestados ao contribuinte ou postos a sua disposição; (...)"*

Através do dispositivo ora transcrito, depreende-se que a espécie tributária taxa está vinculada a uma atividade do Estado diretamente relacionada ao contribuinte, o qual deverá recolher o valor cobrado pelo Poder Público, diante do exercício do poder de polícia ou pela prestação, efetiva ou potencial, de um serviço público.

Nas palavras de Celso Antônio Bandeira de Mello:

> "(...) *serviço público é toda atividade de oferecimento de utilidade ou comodidade material fruível diretamente pelos administrados, prestado pelo Estado ou por quem lhe faça as vezes, sob um regime de Direito Público – portanto, consagrador de prerrogativas de supremacia e de restrições especiais – instituído pelo Estado em favor dos interesses que houver definido como próprios no sistema normativo*"[8].

Salienta-se que nem todo serviço público enseja no pagamento de taxa. Para a imposição do tributo é necessário que o serviço seja efetivo ou

7. ADI nº 1.444/PR, Tribunal Pleno/STF, Ministro Relator SYDNEY SANCHES, j. 12/02/2003.

8. MELLO, Celso Antônio Bandeira de. Curso de direito administrativo, 17ª edição, editora Malheiros, São Paulo, 2004, p. 399.

potencial, específico e divisível, consoante os artigos 77[9] e 79[10], do Código Tributário Nacional.

Aliomar Baleeiro ensina com maestria peculiar que:

> *"O serviço é efetivo, quando ministrado ao contribuinte a qualquer título, isto é, porque lhe interesse ou porque deva sujeitar-se a ele por sua atividade em relação a terceiros.*
>
> *– É potencial, quando compulsório, funcione efetivamente à disposição do contribuinte. Compulsório o pagamento, não o uso.*
>
> *– É específico, quando possa ser separado em unidades autônomas de intervenção da autoridade ou de sua utilidade, ou de necessidade pública, que o justificou: – por exemplo, a existência do corpo de bombeiros para o risco potencial de fogo.*
>
> *– É divisível, quando possa funcionar em condições tais que se apure a utilização individual pelo usuário – a expedição de certidões, a concessão de porte de armas, a aferição dos pesos e medidas, etc."*[11].

Ou seja, o serviço público pode ser remunerado por taxa quando for efetivamente utilizado pelo contribuinte, mas também, quando apenas posto à sua disposição (uso potencial). Em ambas as hipóteses o serviço deve ser específico e divisível, isto é, individualizado e mensurável para cada contribuinte.

---

9. *Art. 77: As taxas cobradas pela União, pelos Estados, pelo Distrito Federal ou pelos Municípios, no âmbito de suas respectivas atribuições, têm como fato gerador o exercício regular do poder de polícia, ou a utilização, efetiva ou potencial, de serviço público específico e divisível, prestado ao contribuinte ou posto à sua disposição. (...)*

10. *Art. 79: Os serviços públicos a que se refere o artigo 77 consideram-se:*
    I – utilizados pelo contribuinte:
    a) efetivamente, quando por ele usufruídos a qualquer título;
    b) potencialmente, quando, sendo de utilização compulsória, sejam postos à sua disposição mediante atividade administrativa em efetivo funcionamento;
    II – específicos, quando possam ser destacados em unidades autônomas de intervenção, de utilidade ou de necessidades públicas;
    III – divisíveis, quando suscetíveis de utilização, separadamente, por parte de cada um dos seus usuários.

11. BALEEIRO, Aliomar, Direito Tributário brasileiro. 8ª edição, editora Forense, 1976. p. 321.

Para mais, cada ato cartorário é efetivamente utilizado pelo contribuinte, sendo específico e divisível para cada usuário, por isso, os emolumentos podem ser sim considerados como taxa.

Tendo isso em vista, apesar do serviço notarial e de registro ser prestado pelo particular, por meio de delegação do Estado, a atividade é efetivada sob o regime de Direito Público. Vejamos elucidativo julgado:

> *"AÇÃO DIRETA DE INCONSTITUCIONALIDADE – CUSTAS JUDICIAIS E EMOLUMENTOS EXTRAJUDICIAIS – NATUREZA TRIBUTÁRIA (TAXA) – DESTINAÇÃO PARCIAL DOS RECURSOS ORIUNDOS DA ARRECADAÇÃO DESSES VALORES A INSTITUIÇÕES PRIVADAS – INADMISSIBILIDADE VINCULAÇÃO DESSES MESMOS RECURSOS AO CUSTEIO DE ATIVIDADES DIVERSAS DAQUELAS CUJO EXERCÍCIO JUSTIFICOU A INSTITUIÇÃO DAS ESPÉCIES TRIBUTÁRIAS EM REFERÊNCIA – DESCARACTERIZAÇÃO DA FUNÇÃO CONSTITUCIONAL DA TAXA – RELEVÂNCIA JURÍDICA DO PEDIDO – MEDIDA LIMINAR DEFERIDA*[12].
>
> (...)
>
> *A jurisprudência do Supremo Tribunal Federal firmou orientação no sentido de que as custas judiciais e os emolumentos concernentes aos serviços notariais e registrais possuem natureza tributária, qualificando-se como taxas remuneratórias de serviços públicos, sujeitando-se, em conseqüência, quer no que concerne à sua instituição e majoração, quer no que se refere a sua exigibilidade, ao regime jurídico-constitucional pertinente a essa especial modalidade de tributo vinculado, notadamente aos princípios fundamentais que proclamam, dentre outras, as garantias essenciais (a) da reserva de competência impositiva, (b) da legalidade, (c) da isonomia e (d) da anterioridade. Precedentes. Doutrina."*

Por todo exposto, concluímos que os emolumentos têm natureza jurídica de taxa, que é um tributo vinculado ao exercício do poder de polícia ou à utilização, efetiva ou potencial, de um serviço público específico e divisível como, por exemplo, os serviços notarias e de registro que são prestados sob o regime de Direito Público, sendo efetivamente utilizado pelo contribuinte, ademais, são individualizados e mensuráveis para cada usuário, por isso, os emolumentos são considerados como taxa.

---

12. ADI nº 1.378/ES, Tribunal Pleno/STF, Ministro Relator CELSO DE MELLO, j. 30/11/1995.

Aqui, vale somente uma pontual observação a título de registro histórico. Tendo os emolumentos a natureza de tributo, especificamente taxa, muito se discutiu se os serviços de registros, cartorários e notariais, enquanto serviços públicos, seriam imunes da incidência de outros impostos, por força do artigo 150, VI, a e §§ 2º e 3º[13] da Constituição Federal.

Como não poderia ser diferente, a celeuma bateu às portas do judiciário e, através da ADI 3.089[14] a Suprema Corte se posicionou, em específico em relação ao Imposto sobre Serviços de Qualquer Natureza, mas cuja leitura se aplica a todos os demais impostos, e firmou o entendimento de que as pessoas que exercem as atividades notarial e registral não são imunes à tributação, sendo que a imunidade recíproca, normatizada através do artigo 150 da Constituição Federal é uma prerrogativa dos entes federados, não se aplicando a particulares que executem serviços públicos mediante concessão ou delegação, como é o caso dos titulares das serventias extrajudiciais. Vejamos a ementa do acórdão em comento:

> *"EMENTA: AÇÃO DIRETA DE INCONSTITUCIONALIDADE. CONSTITUCIONAL. TRIBUTÁRIO. ITENS 21 E 21.1. DA LISTA ANEXA À LEI COMPLEMENTAR 116/2003. INCIDÊNCIA DO IMPOSTO SOBRE SERVIÇOS DE QUALQUER NATUREZA – ISSQN SOBRE SERVIÇOS*

---

13. *Art. 150. Sem prejuízo de outras garantias asseguradas ao contribuinte,* é vedado à *União, aos Estados, ao Distrito Federal e aos Municípios:*

    (...)

    VI – instituir impostos sobre:

    a) patrimônio, renda ou serviços, uns dos outros;

    (...)

    § 2º – A vedação do inciso VI, "a", é extensiva às autarquias e às fundações instituídas e mantidas pelo Poder Público, no que se refere ao patrimônio, à renda e aos serviços, vinculados a suas finalidades essenciais ou às delas decorrentes.

    § 3º – As vedações do inciso VI, "a", e do parágrafo anterior não se aplicam ao patrimônio, à renda e aos serviços, relacionados com exploração de atividades econômicas regidas pelas normas aplicáveis a empreendimentos privados, ou em que haja contraprestação ou pagamento de preços ou tarifas pelo usuário, nem exonera o promitente comprador da obrigação de pagar imposto relativamente ao bem imóvel.

    (...).

14. ADI nº 3.089/DF, Tribunal Pleno/STF, Ministro Relator Originário CARLOS BRITTO. Ministro Relator para o Acórdão JOAQUIM BARBOSA, j. 13/02/2008.

DE REGISTROS PÚBLICOS, CARTORÁRIOS E NOTARIAIS. CONSTITUCIONALIDADE.

Ação Direta de Inconstitucionalidade ajuizada contra os itens 21 e 21.1 da Lista Anexa à Lei Complementar 116/2003, que permitem a tributação dos serviços de registros públicos, cartorários e notariais pelo Imposto sobre Serviços de Qualquer Natureza – ISSQN.

Alegada violação dos arts. 145, II, 156, III, e 236, caput, da Constituição, porquanto a matriz constitucional do Imposto sobre Serviços de Qualquer Natureza permitiria a incidência do tributo tão-somente sobre a prestação de serviços de índole privada. Ademais, a tributação da prestação dos serviços notariais também ofenderia o art. 150, VI, a e §§ 2º e 3º da Constituição, na medida em que tais serviços públicos são imunes à tributação recíproca pelos entes federados.

As pessoas que exercem atividade notarial não são imunes à tributação, porquanto a circunstância de desenvolverem os respectivos serviços com intuito lucrativo invoca a exceção prevista no art. 150, § 3º da Constituição. O recebimento de remuneração pela prestação dos serviços confirma, ainda, capacidade contributiva.

A imunidade recíproca é uma garantia ou prerrogativa imediata de entidades políticas federativas, e não de particulares que executem, com inequívoco intuito lucrativo, serviços públicos mediante concessão ou delegação, devidamente remunerados.

Não há diferenciação que justifique a tributação dos serviços públicos concedidos e a não tributação das atividades delegadas.

Ação Direta de Inconstitucionalidade conhecida, mas julgada improcedente."

Delimitada a natureza jurídica dos emolumentos como taxa, bem como esclarecida que a garantia da imunidade constitucional à tributação não se aplica a atividade notarial e de registros públicos, passemos a tratar sobre a possibilidade do usuário requerer a isenção dos emolumentos, nas hipóteses previstas em lei.

2. Da possibilidade de se requerer isenção de emolumentos

Possuindo os emolumentos a natureza de tributos, no caso, taxas, conforme explicitado logo acima, quando tratamos sobre a possibilidade de se requerer a sua gratuidade, na verdade precisamos verificar se a legislação traz o comando expresso de isenção para essas hipóteses.

Trataremos, especificamente, aqui, da isenção, instituto que promove a exclusão do crédito tributário, conforme previsão contida no artigo 175, inciso I e parágrafo único do Código Tributário Nacional, cuja redação assim se perfaz:

> *"Art. 175. Excluem o crédito tributário:*
>
> *I – a isenção;*
>
> (...)
>
> *Parágrafo* único. *A exclusão do crédito tributário não dispensa o cumprimento das obrigações acessórias, dependentes da obrigação principal cujo crédito seja excluído, ou dela consequente."*

Para que se conceda a isenção de determinado tributo, necessário que tal benesse seja precedida de uma lei específica que, de forma exauriente e expressa[15], enumere as condições e requisitos para sua fruição, podendo, caso não concedida por prazo determinado, ser revogada ou modificada a qualquer tempo por lei, com respeito ao princípio da anterioridade[16]. Vale a ressalva que a lei que concede a isenção é exclusivamente aplicável no território da entidade tributante, cuja legislação se dirige. Vejamos as inteligências dos artigos 176 e 178, ambos do Código Tributário Nacional:

> *"Art. 176. A isenção, ainda quando prevista em contrato, é sempre decorrente de lei que especifique as condições e requisitos exigidos para a sua concessão, os tributos a que se aplica e, sendo caso, o prazo de sua duração.*

15. *Código Tributário Nacional*

"Art. 111. Interpreta-se literalmente a legislação tributária que disponha sobre:

I – suspensão ou exclusão do crédito tributário;

II – outorga de isenção;

III – dispensa do cumprimento de obrigações tributárias acessórias."

16. *Código Tributário Nacional*

"Art. 104. Entram em vigor no primeiro dia do exercício seguinte àquele em que ocorra a sua publicação os dispositivos de lei, referentes a impostos sobre o patrimônio ou a renda:

(...)

III – que extinguem ou reduzem isenções, salvo se a lei dispuser de maneira mais favorável ao contribuinte, e observado o disposto no artigo 178."

Parágrafo único. A isenção pode ser restrita a determinada região do território da entidade tributante, em função de condições a ela peculiares."

"Art. 178 – A isenção, salvo se concedida por prazo certo e em função de determinadas condições, pode ser revogada ou modificada por lei, a qualquer tempo, observado o disposto no inciso III do art. 104."

Em regra, as isenções não são extensivas às taxas, cuja natureza abarca os emolumentos, dependendo, para que tal benefício ocorra, de previsão legal que, em grau de exceção, especifique as condições e requisitos exigidos para a sua concessão. Para confirmar o quanto aqui afirmado, segue a redação do artigo 177 do Código Tributário Nacional:

> *"Art. 177. Salvo disposição de lei em contrário, a isenção não é extensiva:*
>
> *I – às taxas e às contribuições de melhoria;*
>
> *II – aos tributos instituídos posteriormente à sua concessão."*

Sobre as condições e os requisitos exigidos para a concessão da isenção, caso esta não seja concedia em caráter geral, necessário se faz a confirmação da subsunção do fato à norma, por meio de avaliação de uma autoridade competente. Nesse sentido, o artigo 179 do Código Tributário Nacional aduz que:

> *"Art. 179. A isenção, quando não concedida em caráter geral, é efetivada, em cada caso, por despacho da autoridade administrativa, em requerimento com o qual o interessado faça prova do preenchimento das condições e do cumprimento dos requisitos previstos em lei ou contrato para sua concessão.*
>
> *§ 1º Tratando-se de tributo lançado por período certo de tempo, o despacho referido neste artigo será renovado antes da expiração de cada período, cessando automaticamente os seus efeitos a partir do primeiro dia do período para o qual o interessado deixar de promover a continuidade do reconhecimento da isenção.*
>
> *§ 2º O despacho referido neste artigo não gera direito adquirido, aplicando-se, quando cabível, o disposto no artigo 155."*

Dessa forma, a isenção, quando não concedida em caráter geral, é efetivada, em cada caso, por despacho da autoridade competente, em requerimento com o qual o interessado faça prova do preenchimento das condições e do cumprimento dos requisitos previstos em lei. Abre-se, pois, neste cenário de interpretação estrita, outro atributo inerente aos emolumentos, qual seja, o de matéria de ordem pública, porquanto transcende o interesse e a vontade da parte e ingressa no âmbito da sujeição de direito indisponível.

Pois bem, realizadas as pontuações pertinentes sobre o instituto jurídico da isenção tributária, fato é que, sendo tributo, na espécie "taxa", os emolumentos estão submetidos ao princípio da legalidade. Portanto, seja para a incidência, seja para a isenção, é necessária expressa previsão legal.

Em observância ao princípio da legalidade, a gratuidade dos emolumentos notariais e registrais encontra-se prevista no Código de Processo Civil, especificamente no artigo 98, § 1º, inciso IX, cuja redação assim se expressa:

> *"Art. 98. A pessoa natural ou jurídica, brasileira ou estrangeira, com insuficiência de recursos para pagar as custas, as despesas processuais e os honorários advocatícios tem direito à gratuidade da justiça, na forma da lei.*
>
> *§ 1º A gratuidade da justiça compreende:*
>
> *(...)*
>
> *IX – os emolumentos devidos a notários ou registradores em decorrência de prática de registro, averbação ou qualquer outro ato notarial necessário à efetivação de decisão judicial ou à continuidade de processo judicial no qual o benefício tenha sido concedido. (...)."*

Conforme previsto na hipótese específica e expressa de isenção dos emolumentos devidos aos notários e registradores, tal benesse contempla somente os atos necessários à efetivação de decisão judicial ou à continuidade do processo judicial, não se aplicando de forma indiscriminada para todo e qualquer caso em que a pessoa natural ou jurídica brasileira ou estrangeira ostente insuficiência de recursos para pagar pelos serviços.

Em que pese tal premissa, em razão da Resolução n. 35/2007[17], do Conselho Nacional de Justiça (CNJ), surgiram severas controvérsias acerca da extensão do benefício da justiça gratuita aos serviços extrajudiciais cartorários, existindo uma corrente que defende que os cartórios devem prestar serviços gratuitamente, quando houver alegação de hipossuficiência.

---

17. *"Art. 6º A gratuidade prevista na norma adjetiva compreende as escrituras de inventário, partilha, separação e divórcio consensuais.*

Art. 7º Para a obtenção da gratuidade pontuada nesta norma, basta a simples declaração dos interessados de que não possuem condições de arcar com os emolumentos, ainda que as partes estejam assistidas por advogado constituído."

Com as devidas escusas aos que entendem de forma diversa, no Código de Processo Civil de 2015, não há qualquer referência à gratuidade dos emolumentos devidos pelos serviços facultativos de lavratura de escritura consensual de separação, divórcio, inventário e partilha. Muito pelo contrário, o artigo 98, § 1º, IX é de clareza solar ao dispor que "*os emolumentos devidos a notários ou registradores em decorrência da prática de registro, averbação ou qualquer outro ato notarial necessário à efetivação de decisão judicial ou à continuidade de processo judicial no qual o benefício tenha sido concedido*".

De acordo com a passagem do dispositivo transcrito, a isenção, materializada através da gratuidade, se estende aos atos que sejam necessários ao cumprimento de decisão judicial proferida, de modo que, em observância à necessidade de se cumprir os exatos termos da norma isentiva tributária, o que está previsto é que sempre que houver necessidade de pagamento de emolumentos para efetivação de uma decisão judicial, ou para que se dê continuidade ao processo, cujo pedido do benefício da justiça gratuita já tenha sido apreciado pela autoridade competente e deferido, haverá a dispensa do pagamento pelos serviços notariais e/ou registrais, não existindo, em contrapartida, qualquer outra hipótese de isenção.

Ao contrário do que sugere a norma administrativa do Conselho Nacional de Justiça (CNJ), supramencionada, o Código de Processo Civil não consagra o direito à gratuidade dos emolumentos devidos pelos atos práticos pelas serventias extrajudiciais, nos casos em que houver alegação de hipossuficiência por parte do usuário do serviço, mas sim garante a isenção quando o benefício já tiver sido contemplado judicialmente, agraciando com tal benefício somente os atos que sejam necessários ao cumprimento de decisão judicial proferida no processo, ou para que se dê continuidade ao mesmo, onde a isenção das taxas judiciárias tenha sido previamente deferida. E nem poderia ser de outra forma.

Assim, por força da lei que prevê a hipótese de isenção dos emolumentos, cabe exclusivamente ao juiz o deferimento ou não do pedido de justiça gratuita, extensivo aos atos notariais e de registro, nas condições[18] previstas no artigo 98, § 1º, IX do Código de Processo Civil.

Tal conclusão está em consonância com a jurisprudência do Superior Tribunal de Justiça. Vejamos:

---

18. "*necessário à efetivação de decisão judicial ou à continuidade de processo judicial no qual o benefício tenha sido concedido*".

> *"(...) A gratuidade de justiça concedida em processo judicial deve ser estendida, para efeito de viabilizar o cumprimento de decisão do Poder Judiciário e garantir a prestação jurisdicional plena, aos atos extrajudiciais de notários e de registradores respectivos, indispensáveis à materialização do julgado. Essa orientação é a que melhor se ajusta ao conjunto de princípios e normas constitucionais voltados a garantir ao cidadão a possibilidade de requerer aos poderes públicos, além do reconhecimento, a indispensável efetividade dos seus direitos (art. 5º, XXXIV, XXXV, LXXIV, LXXVI e LXXVII, da CF/88), cabendo ressaltar que a abstrata declaração judicial do direito nada valerá sem a viabilidade da sua execução, do seu cumprimento." (STJ, Segunda Turma, AgRg no RMS n. 24.557/MT, Relator Ministro Castro Meira, publicado no DJE de 15.02.2013)*

> *"(...) No que concerne às despesas processuais ocorridas no curso da execução extrajudicial, tem-se que a orientação adotada pela Corte de origem encontra harmonia com a jurisprudência do Superior Tribunal de Justiça acerca do tema. Nesse sentido, correta a interpretação atribuída aos arts. 3º e 12 da Lei n. 1.060/50, no tocante à extensão da assistência judiciária gratuita aos atos extrajudiciais necessários à satisfação da pretensão deduzida em juízo". (STJ, Terceira Turma, Resp n. 1.482.183, Relator Ministro Marco Aurélio Bellizze, publicado no DJE de 05.03.2015).*

Importante pontuar que, havendo dúvida, por parte do notário ou do registrador, quanto ao preenchimento dos pressupostos para a concessão da gratuidade da justiça, após praticar o ato de sua competência, este poderá impugná-la em caráter jurisdicional, caso em que o beneficiário da isenção será citado para, em 15 (quinze) dias, manifestar-se sobre esse requerimento. Sendo o pedido acolhido, haverá a revogação da gratuidade, no âmbito do ato notarial ou de registro praticado, podendo, assim, o delegatário cobrar o valor devido de emolumentos. Vejamos a redação do § 8º do art. 98 do Código de Processo Civil:

> *"Art. 98. A pessoa natural ou jurídica, brasileira ou estrangeira, com insuficiência de recursos para pagar as custas, as despesas processuais e os honorários advocatícios tem direito à gratuidade da justiça, na forma da lei.*
>
> *(...)*
>
> *§ 8º Na hipótese do § 1º, inciso IX, havendo dúvida fundada quanto ao preenchimento atual dos pressupostos para a concessão de gratuidade, o notário ou registrador, após praticar o ato, pode requerer, ao juízo competente para decidir questões notariais ou registrais, a revogação total ou parcial do benefício ou a sua substituição pelo parcelamento de que trata o § 6º deste*

> *artigo, caso em que o beneficiário será citado para, em 15 (quinze) dias, manifestar-se sobre esse requerimento. (...).”*

Não podemos deixar de tratar que, na hipótese de a lei trazer a previsão de isenção de uma taxa, como é o caso dos emolumentos, para que não haja um desequilíbrio econômico e financeiro dos delegatários que prestam os serviços extrajudiciais, necessária a criação de um fundo de ressarcimento ou compensação destes atos gratuitos, como acontece, por exemplo, com o fundo do registro civil[19] que visa compensar atos gratuitos prestados em prol da população e da cidadania[20], sob pena de se impor um prejuízo ao notário e ao registrador que pode, inclusive, comprometer a eficiência dos serviços prestados por ele.

Entende-se, mais do que conveniente a criação do fundo de ressarcimento de atos praticados por força de ordem emanada em processo, cuja parte goze do direito de justiça gratuita, constituindo um verdadeiro dever do Estado, sendo que a ausência da criação do citado fundo pode comprometer o equilíbrio econômico e financeiro do serviço notarial e registral.

Com uma visão muito apurada sobre o risco aqui indicado, José Renato Nalini pontua que:

> *“Não é possível que o Estado forneça um serviço de sua obrigação, transferindo a integralidade deste ônus desse benefício. Se a prestação atende ao interesse público, legítimo que o poder público remunere o delegado pelos serviços. Não é justo, nem razoável, que os serviços extrajudiciais sejam penalizados quando se trata de atender uma política pública se há interesse coletivo a ser prestigiado, a responsabilidade é do próprio Estado.*[21]

---

19. Lei Federal nº 10.169/2000

    “Art. 8º Os Estados e o Distrito Federal, no âmbito de sua competência, respeitado o prazo estabelecido no art. 9º desta Lei, estabelecerão forma de compensação aos registradores civis das pessoas naturais pelos atos gratuitos, por eles praticados, conforme estabelecido em lei federal.

    Parágrafo único. *O disposto no caput não poderá gerar* ônus *para o Poder Público.”*

20. Lei Federal nº 8.935/1994

    “*Art. 45. São gratuitos os assentos do registro civil de nascimento e o de* óbito, *bem como a primeira certidão respectiva.*

    § 1º Para os reconhecidamente pobres não serão cobrados emolumentos pelas certidões a que se refere este artigo. (...)”

21. NALINI, José Renato. Se há interesse coletivo, a responsabilidade em remunerar os serviços é do Estado. São Paulo: Revista Anoreg SP, 2009, v. 1. p. 5.

Do exposto, não há como se conceber que o notário e o registrador seja obrigado a arcar pessoalmente, com suas próprias expensas, o custo da isenção prevista na lei em relação aos atos que pratiquem, fato que, aliás é diametralmente oposto com o quanto dispõe a Lei nº 8.935/94, onde em seu artigo 28[22], garante aos notários e aos registradores o direito à percepção dos emolumentos integrais pelos atos praticados na serventia.

Tecidas as considerações sobre a hipótese de isenção dos emolumentos, passemos a tratar sobre a ausência de personalidade jurídica e judiciária dos cartórios.

22. "*Art. 28. Os notários e oficiais de registro gozam de independência no exercício de suas atribuições, têm direito à percepção dos emolumentos integrais pelos atos praticados na serventia e só perderão a delegação nas hipóteses previstas em lei.*"

Capítulo 3

CONTRIBUINTE DO TRIBUTO – DA AUSÊNCIA DE PERSONALIDADE JURÍDICA E JUDICIÁRIA DAS SERVENTIAS / CARTÓRIOS

Importante pontuarmos que a atividade notarial e de registros públicos é desempenhada em caráter pessoal, inclusive no tocante à necessidade de que o delegatário da função pública preencha, pessoalmente, certos requisitos técnicos, verificados mediante concurso público de provas e títulos.

Para reforçar a premissa adotada, importa abordar a questão da responsabilidade pessoal dos registradores e notários, sendo que tal entendimento decorre da própria natureza da delegação dos serviços extrajudiciais, que é exercida em caráter pessoal pelo Delegatário, nos termos do artigo 236 da Constituição Federal. Vejamos:

> "*Art. 236. Os serviços notariais e de registro são exercidos em caráter privado, por delegação do Poder Público.*
>
> *§ 1º Lei regulará as atividades, disciplinará a responsabilidade civil e criminal dos notários, dos oficiais de registro e de seus prepostos, e definirá a fiscalização de seus atos pelo Poder Judiciário. (...)*"

Ora, não é por outro motivo que o artigo 3º da Lei 8.935/94 registra que o notário e o oficial de registro são profissionais de direito, indicando assim que a atividade, inafastavelmente, deverá ser exercida por pessoa física devidamente graduada em direito, ou seja, por um Bacharel em Direito, tratando-se, portanto, de atividade cujo desempenho demanda formação intelectual específica, intrinsecamente presente no trabalho pessoal.

> "*Art. 3º Notário, ou tabelião, e oficial de registro, ou registrador, são profissionais do direito, dotados de fé pública, a quem é delegado o exercício da atividade notarial e de registro.*"

Nesse sentido, ensina Walter Ceneviva[1]:

> *"As atribuições do notário decorrem da necessidade de investir uma pessoa de fé pública, para que os atos praticados por ela ou com a sanção dela se revistam de tais características, que passem a ter aptidão plena para a produção de efeitos jurídicos, provando efetivamente a existência do direito a que se refiram".*

Não se pode deixar de registrar que é em virtude do caráter pessoal dos serviços, ora em comento, que o artigo 14 da Lei nº 8.935/94 impõe diversos requisitos pessoais para o desempenho da atividade notarial e de registro:

> *"Art.14. A delegação para o exercício da atividade notarial e de registro depende dos seguintes requisitos:*
>
> *I – habilitação em concurso público de provas e títulos;*
>
> *II – nacionalidade brasileira;*
>
> *III – capacidade civil;*
>
> *IV – quitação com as obrigações eleitorais e militares;*
>
> *V– diploma de bacharel em direito;*
>
> *VI– verificação de conduta condigna para o exercício da profissão."*

Assim, estabelece o diploma em exame um rigoroso critério de qualidade e aptidão para habilitação ao exercício da função notarial e registral.

De acordo com o estabelecido nos precitados dispositivos constitucional e legal, o exercício da delegação do serviço notarial e de registro dependerá sempre de concurso público de provas e títulos, e ensejará para os notários e registradores a responsabilidade civil e criminal pelos atos que porventura possam vir a praticar. Ora, tratando-se a expressão concurso público, tradicionalmente entre nós, de uma referência a um procedimento administrativo destinado a investiduras de pessoas físicas em unidades de competência (cargos públicos) ou para exercício de atividade pública em relação de vínculo contratual (emprego público), parece claro que a investidura na delegação para exercício da função pública ou notarial é voltada

---

1. CENEVIVA, Walter. *Lei dos Notários e dos Registradores Comentada (Lei nº. 8.935/94)*. São Paulo. Saraiva. 2000. p. 22.

exclusivamente para pessoas físicas[2]. A utilização da expressão notários e oficiais de registro confirmam claramente este entendimento.

Dessa forma, o caráter pessoal com que os serviços de notas e de registro são prestados decorre, dentre outros, de conhecimento intelectual específico, uma vez que o ingresso nas serventias extrajudiciais se dá de forma originária via concurso público de provas e títulos ou por designação, no caso de vacância provisória, e, ainda, da forma pela qual se opera a delegação de tais atividades, em caráter pessoal, de modo que apenas os respectivos titulares possuem habilitação para praticar tais atos, dotados de fé pública.

Não poderia ser diferente, uma vez que a delegação é, induvidosamente, outorgada em caráter pessoal, não podendo, inclusive, ser alienada ou transferida.

Se não bastasse, cabe ainda exaltarmos que tanto é pessoal o caráter que os serviços de notas e de registro são prestados, que tais prestadores respondem, por força constitucional e legal, pelos atos praticados na serventia da qual são titulares, responsabilizando-se por qualquer prejuízo decorrente de seus atos ou de seus propostos, conforme ditames pontuados pelo já transcrito artigo 236, § 1º, da CF, que dispõe expressamente que "*lei regulará as atividades, disciplinará a responsabilidade civil e criminal dos notários, dos oficiais de registro e de seus prepostos, e definirá a fiscalização de seus atos pelo Poder Judiciário*".

Nessa esteira, a Lei nº 8.935/94, em seu artigo 21, disciplina que a responsabilidade dos notários e registradores é pessoal e exclusiva, conforme redação que segue:

> "*Art. 21. O gerenciamento administrativo e financeiro dos serviços notariais e de registro é da responsabilidade exclusiva do respectivo titular, inclusive no que diz respeito às despesas de custeio, investimento e pessoal, cabendo-lhe estabelecer normas, condições e obrigações relativas à atribuição de funções e de remuneração de seus prepostos de modo a obter a melhor qualidade na prestação dos serviços*".

Assim, da mesma forma em que advogados, médicos, contadores, entre outros profissionais que prestam serviços em caráter pessoal, podem

---

2. Se pessoas jurídicas pudessem ser investidas nessa delegação, a expressão que deveria ser utilizada, a partir da linguagem corrente do direito brasileiro, seria "licitação", e não "concurso público".

contratar estagiários e assistentes sem que fique descaracterizada a prestação de seu serviço em caráter pessoal, os serviços dos notários e oficiais de registro, no mesmo sentido, são executados com a mesma pessoalidade.

Não há como se afastar o caráter pessoal com que o delegatário dos serviços extrajudiciais exerce sua função sob a singela argumentação de que este pode contratar prepostos, pois somente estes possuem a habilitação específica exigida por lei para prática de seu mister, sendo estes responsáveis pessoalmente, inclusive, pelos atos de seus prepostos, responsabilidade esta devidamente prevista no artigo 22 da Lei 8.935/94, o qual prevê que os notários e registradores respondem pessoalmente pelos danos que eles e seus prepostos causem a terceiros, na prática dos atos próprios da serventia, reiterando, com isso, sua responsabilidade pessoal:

> *"Art. 22. Os notários e oficiais de registro são civilmente responsáveis por todos os prejuízos que causarem a terceiros, por culpa ou dolo, pessoalmente, pelos substitutos que designarem ou escreventes que autorizarem, assegurado o direito de regresso (...)".*

A responsabilidade que confirma o aludido caráter pessoal ainda resta prevista no artigo 28 da Lei de Registro Públicos (Lei nº 6.015/73):

> *"Art. 28. Além dos casos expressamente consignados, os oficiais são civilmente responsáveis por todos os prejuízos que, pessoalmente, ou pelos prepostos ou substitutos que indicarem, causarem, por culpa ou dolo, aos interessados no registro.*
>
> *Parágrafo único. A responsabilidade civil independe da criminal pelos delitos que cometerem".*

Lado outro, importante repisar a inexistência de personalidade jurídica da serventia, não só pelos mandamentos dos textos constitucionais e legais transcritos, mas também pelo disposto nos artigos 44[3] e 45[4] do

---

3. *Art. 44. São pessoas jurídicas de direito privado:*

I – as associações;

II – as sociedades;

III – as fundações;

IV – as organizações religiosas;

V – os partidos políticos;

VI – as empresas individuais de responsabilidade limitada.

Código Civil de 2002 que demonstram que: a) a serventia não se encaixa em nenhuma das modalidades de pessoas jurídicas previstas nos incisos do art. 44 e; b) inexiste ato constitutivo que pudesse ensejar a existência da serventia como pessoa jurídica – art. 45.

É o que também afirma a ilustre professora Sonia Marilda Peres Alves:

> *"Ora, Serventia não é pessoa jurídica – não é empresa. A afirmação torna-se inequívoca pela análise da relação jurídica existente entre o titular da Serventia e o Estado ou mesmo porque a organização é regulada por lei e os serviços prestados ficam sujeitos ao controle e fiscalização do Poder Judiciário. Ainda, Serventia não tem capacidade processual, não tem patrimônio, não tem personalidade jurídica, a qual só se adquire com o registro dos atos constitutivos na Junta Comercial ou no Registro Civil das Pessoas Jurídicas, de acordo com o Código Civil em vigor [1916] (arts. 16 e 18) e o novo [2002] (arts. 44 e 45)."*[5]

Esclareça-se que, muito embora as serventias extrajudiciais estejam obrigadas a se inscreverem no CNPJ, as mesmas não possuem personalidade jurídica. Na verdade, referida inscrição se faz obrigatória e necessária para o cumprimento de algumas obrigações tributárias, v.g., entrega da DOI – Declaração sobre Operações Imobiliárias, recolhimento do Imposto de Renda Retido na Fonte sobre folha de salários, ambas junto à Secretaria da Receita

---

§ 1º São livres a criação, a organização, a estruturação interna e o funcionamento das organizações religiosas, sendo vedado ao poder público negar-lhes reconhecimento ou registro dos atos constitutivos e necessários ao seu funcionamento.

§ 2º As disposições concernentes às associações aplicam-se subsidiariamente às sociedades que são objeto do Livro II da Parte Especial deste Código.

§ 3º Os partidos políticos serão organizados e funcionarão conforme o disposto em lei específica.

4. *Art. 45. Começa a existência legal das pessoas jurídicas de direito privado com a inscrição do ato constitutivo no respectivo registro, precedida, quando necessário, de autorização ou aprovação do Poder Executivo, averbando-se no registro todas as alterações por que passar o ato constitutivo.*

   Parágrafo único. Decai em três anos o direito de anular a constituição das pessoas jurídicas de direito privado, por defeito do ato respectivo, contado o prazo da publicação de sua inscrição no registro.

5. PERES ALVES, Sonia Marilda. *Responsabilidade civil de notários e registradores: a aplicação do Código de Defesa do Consumidor em suas atividades e a sucessão trabalhista na delegação. In Revista de Direito Imobiliário,* n. 53, Ano 25, jul.-dez./2002. p. 97.

Federal, recolhimento do Fundo de Garantia por Tempo de Serviço sobre folha de salários, dentre outras.

Nesse sentido, a Receita Federal do Brasil disciplina através da Instrução Normativa RFB 1.863, de 27/12/18, art. 3º[6], *caput*, que as pessoas jurídicas e a ela equiparadas estão obrigadas a se inscreverem no CNPJ:

> *"Art. 3º Todas as entidades domiciliadas no Brasil, inclusive as pessoas jurídicas equiparadas pela legislação do Imposto sobre a Renda, estão obrigadas a se inscrever no CNPJ e a cada um de seus estabelecimentos localizados no Brasil ou no exterior, antes do início de suas atividades."*

Já no art. 4º[7], a mesma Instrução Normativa relaciona os entes despersonalizados que também se sujeitam à referida inscrição, incluindo nestes casos os serviços notariais e de registro, *verbis*:

> *"Art. 4º. São também obrigados a se inscrever no CNPJ: (...)*
>
> *IX – serviços notariais e de registro, de que trata a Lei nº 8.935, de 18 de novembro de 1994, inclusive aqueles que ainda não foram objeto de delegação do Poder Público; (...)"*

Pela análise dos enunciados prescritivos citados, conclui-se que as serventias extrajudiciais não possuem personalidade jurídica, pois se assim não fosse, os notários e registradores não estariam mencionados em apartado do artigo 4º que relaciona todos os entes, também obrigados a se inscreverem no CNPJ, mas que não se subsumem ao conceito de pessoa jurídica ou a ela equiparada. Noutro falar, os notários e registradores não se subsumem à regra geral do art. 3º, que alcançam apenas as pessoas jurídicas ou equiparadas.

São induvidosos, pois, os elementos que comprovam o exercício das atividades delegadas em caráter pessoal, bem como os que afastam a personalidade jurídica dos cartórios.

Com efeito, como não poderia ser diferente, o Superior Tribunal de Justiça já se posicionou sobre a questão no seguinte sentido:

> *"(...) os tabelionatos são desprovidos de personalidade jurídica, pois são instituições administrativas, entes sem personalidade e desprovidos e*

---

6. http://normas.receita.fazenda.gov.br/sijut2consulta/link.action?visao=anotado&idAto=97729.

7. Idem.

> *patrimônio próprio, razão pela qual não se caracterizam como empresa ou entidade, sendo pessoal a responsabilidade do oficial de registros públicos por seus atos e omissões" (AgRg no REsp 1.526.266 / CE, T4, Quarta Turma, Relator Ministro Marco Buzzi, j. em 25.08.2015).*

Aliás, somente a título de registro histórico, na ocasião do julgamento do precedente supraindicado, o STJ rechaçou a tese de que as serventias possuiriam, ao menos, personalidade judiciária, isto é, seriam competentes para figurar no polo passivo de demandas judiciais.

Nesse mesmo sentido é a jurisprudência do Supremo Tribunal Federal, que na Ação Direta de Inconstitucionalidade nº 3.151 de 2005, sedimentou o entendimento de que a delegação para o titular do cartório é sui generis, isto é, única e original, visto que concedida somente à pessoa natural, através de concurso público, vejamos trecho da ementa:

> *(...) II – Regime jurídico dos serviços notariais e de registro: a) trata-se de atividades jurídicas próprias do Estado, e não simplesmente de atividades materiais, cuja prestação é traspassada para os particulares mediante delegação. Traspassada, não por conduto dos mecanismos da concessão ou da permissão, normados pelo caput do art. 175 da Constituição como instrumentos contratuais de privatização do exercício dessa atividade material (não jurídica) em que se constituem os serviços públicos; b) a delegação que lhes timbra a funcionalidade não se traduz, por nenhuma forma, em cláusulas contratuais; c) a sua delegação somente pode recair sobre pessoa natural, e não sobre uma empresa ou pessoa mercantil, visto que de empresa ou pessoa mercantil é que versa a Magna Carta Federal em tema de concessão ou permissão de serviço público; d) para se tornar delegatária do Poder Público, tal pessoa natural há de ganhar habilitação em concurso público de provas e títulos, não por adjudicação em processo licitatório, regrado pela Constituição como antecedente necessário do contrato de concessão ou de permissão para o desempenho de serviço público; e) são atividades estatais cujo exercício privado jaz sob a exclusiva fiscalização do Poder Judiciário, e não sob órgão ou entidade do Poder Executivo, sabido que por órgão ou entidade do Poder Executivo é que se dá a imediata fiscalização das empresas concessionárias ou permissionárias de serviços públicos. Por órgãos do Poder Judiciário é que se marca a presença do Estado para conferir certeza e liquidez jurídica às relações inter-partes, com esta conhecida diferença: o modo usual de atuação do Poder Judiciário se dá sob o signo da contenciosidade, enquanto o invariável modo de atuação das serventias extra-forenses não adentra essa delicada esfera da litigiosidade entre sujeitos de direito; f) as atividades notariais e de registro não se inscrevem no âmbito das remuneráveis por tarifa ou preço público, mas no círculo das que se pautam por*

> *uma tabela de emolumentos, jungidos estes a normas gerais que se editam por lei necessariamente federal.(...)*[8].

Para reforçar o posicionamento, o Tribunal de Justiça do Estado de São Paulo, na linha sólida da orientação do Superior Tribunal de Justiça, adota o entendimento no sentido da ilegitimidade da serventia extrajudicial, conforme jurisprudência a seguir:

> *"ISS – Serviços de registros públicos, cartorários e notariais – Município de Poá – Embargos à execução julgados procedentes – Auto de Infração lavrado em face do Tabelionato – Ilegitimidade reconhecida, por ausência de personalidade jurídica – Precedentes jurisprudenciais – Recurso não provido. (TJ-SP – AC: 10002105320178260191 SP 1000210-53.2017.8.26.0191, Relator: Erbetta Filho, Data de Julgamento: 18/02/2021, 15ª Câmara de Direito Público, Data de Publicação: 18/02/2021)".*

Conclui-se que a serventia extrajudicial ("o cartório") não detém personalidade jurídica ou judiciária, sendo a responsabilidade pessoal do delegatário para atribuir eventual obrigação tributária pelo pagamento do tributo decorrente do exercício de suas funções junto da serventia extrajudicial, nos termos do no artigo 236 da Constituição Federal e artigo 22, da Lei Federal nº 8.935/94.

Assim, o quadro normativo e jurisprudencial supraexposto não deixa dúvidas que o contribuinte das obrigações tributárias decorrentes da atividade notarial e registral é a pessoa física do Notário e do Registrador, nunca a serventia, que não possui qualquer personalidade jurídica ou judiciária.

Por sua vez, o lançamento tributário e a emissão da respectiva Certidão de Dívida Ativa (CDA) deverão ser realizados em nome do Notário/Registrador, sendo que a expedição da CDA em face da serventia não é considerada um mero erro formal ou material, mas sim indicação equivocada do sujeito passivo da execução.

À vista do exposto, a consequência para demandas intentadas em face das serventias, inclusive execuções fiscais lastreadas em CDAs que as elencam como sujeito passivo, deve ser a extinção, diante da sua ilegitimidade *ad causam*.

Findas as considerações sobre quem figura como contribuinte, para fins de incidência tributária, passemos nos próximos capítulos a tratar sobre os principais tributos devidos pelos delegatários no exercício da função extrajudicial.

---

8. ADI nº 3.151/05, Tribunal Pleno/STF, Ministro Relator CARLOS BRITTO, j. 08/06/2005.

Capítulo 4
DO IMPOSTO DE RENDA

Sumário: 1. Imposto de renda pessoa física. 1.1. Despesas de custeio pagas, necessárias à percepção da receita e à manutenção da fonte produtora. 1.2. Da possibilidade de retificação da declaração de imposto de renda pessoa física. 2. Imposto de renda retido na fonte.

1. Imposto de renda pessoa física

De acordo com artigo 153, inciso III, da Constituição Federal[1], compete à União instituir impostos sobre a renda e proventos de qualquer natureza. Em complemento ao texto constitucional, o artigo 43, do Código Tributário Nacional descreve melhor "o fato gerador" do imposto de renda e regulamenta o conceito constitucional de renda para fins de tributação:

> *"Art. 43. O imposto, de competência da União, sobre a renda e proventos de qualquer natureza, tem como fato gerador a aquisição da disponibilidade econômica ou jurídica:*
>
> *I – de renda, assim entendido o produto do capital, do trabalho ou da combinação de ambos;*
>
> *II – de proventos de qualquer natureza, assim entendidos os acréscimos patrimoniais não compreendidos no inciso anterior."*

Sem prejuízo do exposto no Código Tributário Nacional, o artigo 3º, da Lei nº 7.713/88 estabelece os critérios utilizados para identificar a incidência do imposto de renda da pessoa física:

---

1. *Art. 153. Compete à União instituir impostos sobre:*
(...)
III – renda e proventos de qualquer natureza.

> *"Art. 3º O imposto incidirá sobre o rendimento bruto, sem qualquer dedução, ressalvado o disposto nos arts. 9º a 14 desta Lei.*
>
> *§ 1º Constituem rendimento bruto todo o produto do capital, do trabalho ou da combinação de ambos, os alimentos e pensões percebidos em dinheiro, e ainda os proventos de qualquer natureza, assim também entendidos os acréscimos patrimoniais não correspondentes aos rendimentos declarados. (...)".*

Da análise dos dispositivos anteriormente expostos, depreende-se que para a incidência do Imposto de Renda Pessoa Física é imprescindível a aquisição de renda (disponibilidade financeira).

É em virtude do caráter pessoal dos serviços que a legislação tributária atribui aos notários e registradores tratamento como pessoas físicas, incluindo-os no rol de contribuintes que se sujeitam ao recolhimento mensal do imposto[2].

Em Solução de Consulta nº 54, de 09 de abril de 2009[3], a Receita Federal muito bem sintetiza o tratamento tributário dos notários e registradores para fins de Imposto de Renda:

> *"SOLUÇÃO DE CONSULTA Nº 54 de 09 de Abril de 2009*
>
> *ASSUNTO: Imposto sobre a Renda de Pessoa Física – IRPF*
>
> *EMENTA: IRPF. NOTÁRIOS e REGISTRADORES. Os rendimentos oriundos dos serviços notariais e cartoriais serão tributados mensalmente pelo imposto de renda na pessoa física do titular do cartório, sujeitando-se ao recolhimento do carnê-leão na forma da legislação em vigor. A tributação dos rendimentos auferidos pelos notários e oficiais de registro opera-se na*

---

2. *Lei nº 7.713/88: Art. 8º Fica sujeito ao pagamento do imposto de renda, calculado de acordo com o disposto no art. 25 desta Lei [mensal], a pessoa física que receber de outra pessoa física, ou de fontes situadas no exterior, rendimentos e ganhos de capital que não tenham sido tributados na fonte, no País.*

   § 1º O disposto neste artigo se aplica, também, aos emolumentos e custas dos serventuários da justiça, como tabeliães, notários, oficiais públicos e outros, quando não forem remunerados exclusivamente pelos cofres públicos. (...). (grifos nossos)

3. Disponível em: http://decisoes.fazenda.gov.br/netacgi/nph-brs?s10=&s9=NAO+DRJ/$.SIGL.&n=DTPE&d=DECW&p=6&u=/netahtml/decisoes/decw/pesquisaSOL.htm&r=101&f=G&l=20&s1=&s3=&s4=&s5=irpf&s8=&s7=. Acesso em: 28/06/2021.

> *pessoa física do titular ainda que o cartório esteja obrigado à inscrição no Cadastro Nacional da Pessoa Jurídica (CNPJ).*"

Enquanto pessoas físicas, para apuração do imposto devido deve-se aplicar a tabela de alíquotas progressivas, cujo teto atinge a alíquota de 27,5% (vinte e sete e meio por cento)[4]. Nessa sistemática de apuração, quanto maior for o rendimento, maior será a alíquota. Levando em consideração que a maior fonte de rendimentos dos brasileiros é o salário, a Receita prepara essa tabela com base nas faixas salariais.

Na apuração do tributo em comento, caso não optem pela declaração no modelo simplificado, os notários e registradores podem deduzir, da receita decorrente do exercício da atividade, as despesas com pagamentos de terceiros com vínculo empregatício, com encargos trabalhistas e previdenciários, com emolumentos pagos a terceiros e outras despesas de custeio, desde que necessárias à percepção da receita e à manutenção da fonte produtora.

Quanto à base de cálculo, o artigo 4º da Lei nº 9.250/95 e o artigo 6º da Lei nº 8.134/90 dispõem que a apuração da base de cálculo do Imposto de Renda das pessoas físicas que se sujeitam à incidência mensal do imposto deverá considerar as deduções comentadas:

> Lei nº 9.250/95 "*Art. 4º. Na determinação da base de cálculo sujeita à incidência mensal do imposto de renda poderão ser deduzidas:*
>
> *I – a soma dos valores referidos no art. 6º da Lei nº 8.134, de 27 de dezembro de 1990;*
>
> *(...).*"
>
> Lei nº 8.134/90 "*Art. 6º O contribuinte que perceber rendimentos do trabalho não assalariado, inclusive os titulares dos serviços notariais e de registro, a que se refere o art. 236 da Constituição, e os leiloeiros, poderão deduzir, da receita decorrente do exercício da respectiva atividade:*
>
> *I – a remuneração paga a terceiros, desde que com vínculo empregatício, e os encargos trabalhistas e previdenciários;*
>
> *II – os emolumentos pagos a terceiros;*
>
> *III – as despesas de custeio pagas, necessárias à percepção da receita e à manutenção da fonte produtora.*

4. https://www.gov.br/receitafederal/pt-br/assuntos/orientacao-tributaria/tributos/irpf-imposto-de-renda-pessoa-fisica.

§ 1º O disposto neste artigo não se aplica:

a) a quotas de depreciação de instalações, máquinas, equipamentos, bem como a despesas de arrendamento; (Redação dada pela Lei nº 9.250, de 1995)

b) a despesas de locomoção e transporte, salvo no caso de representante comercial autônomo; (Redação dada pela Lei nº 9.250, de 1995)

c) em relação aos rendimentos a que se referem os arts. 9º e 10 da Lei nº 7.713, de 1988.

§ 2º O contribuinte deverá comprovar a veracidade das receitas e das despesas, mediante documentação idônea, escrituradas em livro-caixa, que serão mantidos em seu poder, a disposição da fiscalização, enquanto não ocorrer a prescrição ou decadência.

§ 3º As deduções de que trata este artigo não poderão exceder à receita mensal da respectiva atividade, permitido o cômputo do excesso de deduções nos meses seguintes, até dezembro, mas o excedente de deduções, porventura existente no final do ano-base, não será transposto para o ano seguinte. (...)".

Idêntica redação dada pelo artigo 6º supratranscrito pode ser extraída do artigo 68 do Regulamento de Imposto de Renda, aprovado pelo Decreto nº 9.580/2018:

*"**Art. 68.** O contribuinte que perceber rendimentos do trabalho não assalariado, inclusive os titulares dos serviços notariais e de registro, a que se refere o art. 236 da Constituição, e os leiloeiros, poderão deduzir da receita decorrente do exercício da atividade (Lei nº 8.134, de 1990, art. 6º; e Lei nº 9.250, de 1995, art. 4º, caput, inciso I):*

I – a remuneração paga a terceiros, desde que haja vínculo empregatício, e os encargos trabalhistas e previdenciários correspondentes;

II – os emolumentos pagos a terceiros; e

III – as despesas de custeio pagas, necessárias à percepção da receita e à manutenção da fonte produtora.

Parágrafo único. O disposto neste artigo não se aplica (Lei nº 8.134, de 1990, art. 6º, § 1º):

I – a quotas de depreciação de instalações, máquinas e equipamentos e a despesas de arrendamento;

II – a despesas com locomoção e transporte, exceto na hipótese de representante comercial autônomo; e

III – em relação aos rendimentos a que se referem os art. 39 e art. 40."

Pois bem, no que se refere à dedutibilidade das despesas, devidamente escrituradas no livro-caixa, necessário que estas cumpram no mínimo os seguintes requisitos: 1) devem estar comprovadas mediante documentação idônea, 2) registradas em livro-caixa, e 3) devem corresponder à remuneração paga a terceiros, desde que com vínculo empregatício, ou a encargos trabalhistas e previdenciários; a emolumentos pagos a terceiros; ou a despesas de custeio pagas, necessárias à percepção da receita e à manutenção da fonte produtora.

De fácil percepção que, por força do artigo 6º da Lei nº 8.134/90, encontramos três categorias de despesas passíveis de dedução, sendo duas bem definidas e uma última de alcance aberto, quais sejam: *I – a remuneração paga a terceiros, desde que com vínculo empregatício, e os encargos trabalhistas e previdenciários,* correspondendo tais despesas aos salários e encargos devidos aos empregados contratados para trabalharem nas serventias extrajudiciais; *II – os emolumentos pagos a terceiros*, correspondendo à parcela dos emolumentos arrecadados pelos delegatários e remetidos a terceiros, por força de lei; *III – as despesas de custeio pagas, necessárias à percepção da receita e à manutenção da fonte produtora,* ou seja, toda e qualquer despesa necessária para a adequada prestação dos serviços notariais e de registro.

Não nos parece muito desafiador o entendimento sobre o que seria remuneração empregatícia paga a terceiros e os emolumentos pagos a terceiros, contudo, no que se referem às despesas necessárias à percepção da receita e à manutenção da fonte pagadora, o subjetivismo ofusca a clareza encontrada nas duas primeiras hipóteses de deduções.

Diante da pouca precisão do que seriam despesas de custeio necessárias à percepção da receita e à manutenção da atividade, em reiteradas oportunidades o Fisco Federal, contrariando orientações das Corregedorias de Justiça competentes, no âmbito de sua respectiva atuação, questiona diversas deduções de despesas lançadas no livro-caixa dos delegatários das funções notariais e registrais, inclusive, autuando e lançando créditos tributários sob o entendimento de que supostamente certas e determinadas despesas não seriam necessárias à percepção da receita e à manutenção da fonte produtora. Assim, o grande desafio dos notários e registradores, quando tratamos de Imposto de Renda, é enquadrar corretamente suas despesas como passíveis de dedução para fins de apuração do tributo em comento.

Passemos a tratar sobre o tema de forma detida.

1.1. *Despesas de custeio pagas, necessárias à percepção da receita e à manutenção da fonte produtora*

Ab initio, reitera-se que a redação do comando normativo do 6º, III, da Lei nº 8.134/90, não traz um rol taxativo de quais despesas podem ser enquadradas como "*necessárias à percepção da receita e à manutenção da fonte produtora*", implicando, tal imprecisão da norma, em uma grande insegurança jurídica, já que, não raras vezes, diversas despesas entendidas como necessárias pelos delegatários, logo passíveis de dedução no livro-caixa, são alvo de glosas e autuações pela Receita Federal do Brasil.

Discussões acirradas são travadas entre o Fisco e os contribuintes, no tocante à possibilidade de se deduzir certas despesas, existindo diversas consultas formais que tratam sobre o tema, além de precedentes administrativos materializando os mais diversos entendimentos.

A celeuma ganhou uma proporção tão abrangente que diversas Corregedorias de Justiça, órgãos do Judiciário responsáveis por fiscalizar a atividade extrajudicial, foram provocadas a se manifestar sobre o tema, existindo, assim, alguns atos normativos e precedentes que elencam um rol exemplificativo de despesas dedutíveis, para fins de imposto de Renda, no desempenho da função notarial e registral.

Quanto à normatização das possíveis despesas dedutíveis, depreende-se que o Conselho Nacional de Justiça (CNJ), através do Provimento nº 45, de 13/05/2015, ao dispor sobre a manutenção e escrituração dos livros Diário Auxiliar, Visitas e Correições e Controle de Depósito Prévio pelos responsáveis pelas serventias extrajudiciais, elenca um rol exemplificativo de despesas que possuem relação intrínseca com a atividade desempenhada nas serventias extrajudiciais, passíveis de lançamento no Livro Diário Auxiliar, a saber:

> "Art. 8º *As despesas serão lançadas no dia em que se efetivarem e sempre deverão resultar da prestação do serviço delegado, sendo passíveis de lançamento no Livro Diário Auxiliar todas as relativas investimentos, custeio e pessoal, promovidas a critério do delegatário, dentre outras:*
>
> a. *locação de bens móveis e imóveis utilizados para a prestação do serviço, incluídos os destinados à guarda de livros, equipamentos e restante do acervo da serventia;*
>
> b. *contratação de obras e serviços para a conservação, ampliação ou melhoria dos prédios utilizados para a prestação do serviço público;*

c. *contratação de serviços, os terceirizados inclusive, de limpeza e de segurança;*

d. *aquisição de móveis, utensílios, eletrodomésticos e equipamentos mantidos no local da prestação do serviço delegado, incluídos os destinados ao entretenimento dos usuários que aguardem a prestação do serviço e os de manutenção de refeitório;*

e. *aquisição ou locação de equipamentos (hardware), de programas (software) e de serviços de informática, incluídos os de manutenção prestados de forma terceirizada;*

f. *formação e manutenção de arquivo de segurança;*

g. *aquisição de materiais utilizados na prestação do serviço, incluídos os utilizados para a manutenção das instalações da serventia;*

h. *plano individual ou coletivo de assistência médica e odontológica contratado com entidade privada de saúde em favor dos prepostos e seus dependentes legais, assim como do titular da delegação e seus dependentes legais, caso se trate de plano coletivo em que também incluídos os prepostos do delegatário;*

i. *despesas trabalhistas com prepostos, incluídos FGTS, vale alimentação, vale transporte e quaisquer outros valores que lhes integrem a remuneração, além das contribuições previdenciárias devidas ao Instituto Nacional do Seguro Social – INSS ou ao órgão previdenciário estadual;*

j. *custeio de cursos de aperfeiçoamento técnico ou formação jurídica fornecidos aos prepostos ou em que regularmente inscrito o titular da delegação, desde que voltados exclusivamente ao aprimoramento dos conhecimentos jurídicos, ou, em relação aos prepostos, à melhoria dos conhecimentos em sua área de atuação;*

k. *o valor que for recolhido a título de Imposto Sobre Serviço – ISS devido pela prestação do serviço extrajudicial, quando incidente sobre os emolumentos percebidos pelo delegatário;*

l. *o valor de despesas com assessoria jurídica para a prestação do serviço extrajudicial;*

m. *o valor de despesas com assessoria de engenharia para a regularização fundiária e a retificação de registro.*

(...)."

Em que pese opiniões divergentes, nos parece muito claro que, a partir da norma supraindicada do CNJ, órgão responsável pela fiscalização da prestação do serviço extrajudicial de notas e registros públicos, fiscalização esta que abrange, inclusive, a verificação da regular observância das obrigações tributárias decorrentes do exercício da delegação, as despesas elencadas no artigo 8º do Provimento nº 45, de 13/05/2015, deveriam ser tidas pelo fisco federal como "*necessárias à percepção da receita e à manutenção da fonte produtora*", para fins de dedução no imposto de renda.

Ora, no tema de despesas que possuem relação intrínseca com a atividade desempenhada nas serventias extrajudiciais, quem mais conheceria a atividade notarial e de registro do que o CNJ, órgão administrativo máximo concebido para promover e organizar os serviços notariais e de registro, além de orientar a fiscalização das atividades extrajudiciais pelos Tribunais?

Contudo, em que pese a previsão normativa do CNJ, de forma totalmente controversa, segundo o entendimento do órgão fiscalizador, muitas destas despesas não se enquadrariam nos ditames do 6º, III, da Lei nº 8.134/90, acarretando com tal posicionamento em glosas de despesas que possuem total aderência ao desempenho da função extrajudicial, inclusive àquelas listadas no artigo 8º do Provimento nº 45/15.

Em função do cenário de total insegurança jurídica por parte dos notários e registradores, diante da postura adotada pelo fisco federal, diversos processos administrativos junto às Corregedorias dos Estados já foram instaurados para que estas confirmassem se os responsáveis pelas serventias extrajudiciais deveriam ou não seguir a norma do CNJ, especificamente quanto ao fato das despesas elencadas no Provimento 45/15 serem ou não "*necessárias à percepção da receita e à manutenção da fonte produtora*", sendo que, dentro do campo de conhecimento dos ora autores, um dos precedentes administrativos mais assertivos encontra-se na decisão proferida no Pedido de Providências nº 0041476-48.2019.8.26.0100[5], onde, após comunicação da Corregedoria de Justiça de São Paulo de que a Receita Federal havia autuado um delegatário da Capital Bandeirante por deduções indevidas em seu imposto de renda no ano de 2013, em análise criteriosa do artigo 6º, da Lei 8.134/1990, a Juíza corregedora da capital se posicionou no seguinte sentido:

5. Processo n. 0041476-48.2019.8.26.0100 do TJSP. Disponível em: https://www.jusbrasil.com.br/processos/230323867/processo-n-0041476-4820198260100-do-tjsp.

"Como se vê, o inciso III do caput traz ampla previsão acerca das despesas dedutíveis, bastando que sejam necessárias à percepção da receita e à manutenção da fonte produtora.

Todas as despesas consideradas indevidas pelo Fisco podem ser tidas como necessárias à manutenção da fonte de renda, ou seja, da própria execução da atividade extrajudicial.

Quanto aos depósitos judiciais, além de não haver proibição específica de seu lançamento para aqueles contribuintes sujeitos ao regime de Livro Caixa, pertinente a interpretação no sentido de que o depósito judicial de tributos contestados representa efetiva indisponibilidade do numerário, justificando seu lançamento como despesa, além de ser possível a posterior cobrança do tributo deduzido desde que haja o lançamento como receita acaso o depósito seja revertido ao contribuinte.

Também é favorável ao Oficial o entendimento que, tratando-se de depósito relativo a tributo com origem na própria atividade da serventia, e não da prestação de serviços de forma autônoma pelo seu titular, a despesa está intimamente ligada ao exercício da atividade, sendo que, acaso não houver o depósito judicial e consequente suspensão do crédito, pode a serventia sofrer execução fiscal que prejudique o próprio serviço, justificando assim tanto o depósito quanto seu lançamento como despesa.

A interpretação do Fisco, de que somente quando convertido em renda o depósito poderia ser considerado despesa, é demasiadamente prejudicial ao contribuinte, por concentrar em apenas um momento depósitos que muitas vezes ocorreram de forma parcelada, coibindo o lançamento mensal (quando efetivamente ocorreu a saída do numerário da conta do contribuinte).

Quanto aos honorários advocatícios, seu lançamento se justifica não somente no fato da assessoria jurídica ser essencial ao correto cumprimento das obrigações legais pelo Oficial, com consequente prestação eficiente do serviço delegado, como já foi considerada regular na citada Solução de Consulta Interna nº 638 – Cosit.

Finalmente, as despesas com telefone, internet, alarmes, seguro saúde, saúde ocupacional, aquisição de uniformes, mobiliário, livros e tarifas bancárias podem ser entendidas como despesas que caso não realizados podem prejudicar a atividade, incluindo o atendimento e conforto dos usuários, segurança dos arquivos, correto exercício da atividade registral bem como eficiência nos procedimentos, devendo ser entendidas também como essenciais, tendo em vista a própria natureza da atividade e dos riscos existentes, sob pena de comprometer a eficiência e segurança jurídica da atividade, bem como garantir o cumprimento das normas trabalhistas aplicáveis, pois caso contrário pode haver comprometimento da força de trabalho necessária a execução da função delegada. Destaco ainda que todas estas despesas podem ser lançadas no Livro Diário de Receita e Despesas nos termos do item 57 do Cap. XIII das NSCGJ.

Ainda que não haja completa correspondência entre as despesas do Livro Diário e Livro Fiscal para fins de Imposto de Renda, a natureza das despesas elencadas permite sua consideração como de custeio e necessárias à percepção da renda, inexistindo má-fé do Oficial em seu lançamento.

O prazo prescricional para eventual punição administrativa é de 5 anos, contados do visto realizado pelo juízo, já que a vista demonstraria ciência inequívoca das despesas dedutíveis, salvo eventuais fatos novos que não chegaram ao conhecimento do juízo e que não impedem a reabertura de procedimento para apuração."

Percebe-se que a decisão supratranscrita enfrenta perfunctoriamente a discussão sobre a natureza de diversas despesas, tidas pelo fisco federal como indevidas, concluindo, outrossim, não só pela permissão de se considerá-las como despesas de custeio e necessárias à percepção da renda, mas também de que o lançamento realizado pelo delegatário, para fins de abatimento de imposto de renda, não estaria contaminado pela má-fé. A decisão elenca as seguintes despesas como aderentes à atividade extrajudicial, para fins de lançamento nos livros contábeis: depósitos judiciais; honorários advocatícios; telefone; internet; alarmes; seguro saúde; saúde ocupacional; uniformes; mobiliário; livros; e tarifas bancárias.

A partir de tal precedente, a título exemplificativo não exauriente, enumeramos alguns comentários específicos sobre pontuais despesas comuns a maioria dos delegatários, despesas estas que não só encontram-se citadas no artigo 8º do Provimento nº 45/15, mas também em diversas jurisprudências administrativas, como é o caso da decisão proferida no Pedido de Providências nº 0041476-48.2019.8.26.0100, mesmo assim, por total desconhecimento da atividade notarial e de registro, ou por mera conveniência arrecadatória, seguem ainda sendo questionadas por diversos fiscais da Receita Federal do Brasil.

– Depósito Judicial

No que se refere a essa categoria de despesas, desde que os depósitos tenham íntima ligação com o exercício da atividade desempenhada pelo delegatário da função extrajudicial, por exemplo, depósitos decorrentes de demanda judicial, seja trabalhista, tributária ou cível, oriunda de eventual discussão sobre um direito do tabelião ou registrador, passíveis são de dedução para fins de apuração do Imposto de Renda Pessoa Física, pois que, durante todo o curso do processo judicial, o delegatário não gozará da disponibilidade financeira destes valores, tendo em vista que efetivamente ocorrerão os dispêndios para viabilizar a consignação judicial.

Ainda que não tenha ocorrido o trânsito em julgado do determinado processo, tais quantias serão retiradas do caixa do delegatário, despesa esta que, ao lastrear uma demanda oriunda do desempenho da atividade extrajudicial, deverá ser considerada estritamente necessária à manutenção da fonte produtora.

Não se pode afastar que as pessoas físicas sujeitam-se ao regime de caixa quando auferem seus rendimentos, regime este que é aplicável aos rendimentos recebidos pelo particular que presta serviço notarial ou registral por delegação do Poder Público.

É cediço que o regime de caixa difere-se do regime de competência especialmente pelo momento da tributação. Enquanto o regime de competência considera o recebimento das receitas e a realização das despesas no período de apuração, independentemente de recebimento ou pagamento, o regime de caixa configura-se pela tributação no momento do efetivo recebimento ou pagamento.

Dessa forma, pelo regime de caixa a que se sujeita o delegatário, o momento do dispêndio, isto é, da saída de valores de seu caixa, é que efetiva a despesa dedutível, desde que esta seja necessária à percepção da receita e à manutenção da fonte produtora.

Ora, o tratamento não poderia ser outro, tendo em vista que, considerando-se o regime de caixa, sendo a despesa com o depósito judicial deduzida conforme previsão do artigo 6º, inciso III, da Lei nº 8.134/90, quando do eventual levantamento do referido depósito em juízo, configurar-se-á hipótese de auferimento de receita, tributável pelo Imposto de Renda.

Ou seja, respeitando-se os estritos termos do regime de caixa, quando da realização do dispêndio, a despesa é deduzida do montante devido a título de Imposto de Renda, tendo em vista que essencial à manutenção da fonte produtora. Em contrapartida, caso o contribuinte readquira a titularidade do montante desembolsado, que havia perdido quando do depósito, mediante seu levantamento, haverá a incidência do Imposto de Renda e o efetivo recolhimento aos cofres federais.

Vejamos o que esclarece a Solução de Consulta nº 29, de 25 de novembro de 2011[6]:

> *"MINISTÉRIO DA FAZENDA – SECRETARIA DA RECEITA FEDERAL*
>
> *SOLUÇÃO DE CONSULTA Nº 29 de 25 de Novembro de 2011*
>
> *ASSUNTO: Imposto sobre a Renda de Pessoa Física – IRPF*
>
> *EMENTA: RENDIMENTOS RECEBIDOS POR PESSOA FÍSICA. REGIME DE CAIXA. DEPÓSITO JUDICIAL. LEVANTAMENTO. A tributação dos rendimentos auferidos por pessoas físicas subordina-se ao regime de caixa, configurando-se o fato gerador o efetivo recebimento dos recursos ou a sua disponibilização ao beneficiário. No caso de rendimentos objeto de depósito judicial, levantado por meio de procurador, consideram-se recebidos os rendimentos na data do levantamento do depósito, independentemente da data em que os valores tenham sido repassados pelo procurador ao beneficiário dos rendimentos."*

O mesmo entendimento é compartilhado nas Corregedorias de Justiça, tendo como parâmetro o quanto decidido nos autos do Pedido de Providência nº 0041476-48.2019.8.26.0100, já indicado.

Dessa feita, sendo certo que os depósitos judiciais, decorrentes das atividades desempenhadas à frente das serventias extrajudiciais, configuram verdadeiro dispêndio ao delegatário, que se sujeita ao regime de caixa, tais gastos figuram como despesas de custeio necessárias à manutenção dos serviços notariais e de registro.

– Assessoria Jurídica e Contábil

Especificamente sobre as despesas com assessoria jurídica e contábil, que a nosso ver são inquestionavelmente dedutíveis, é importante salientar a necessidade de que mesmas estejam vinculadas às atividades da serventia, ou seja, obrigatoriamente tais despesas devem ser atreladas ao cartório / atividade em si, não se justificando o lançamento da despesa caso estas não forem estritamente vinculadas ao desempenho do mister notarial ou de registro.

A prestação de assessoria jurídica que vise à melhoria na prestação dos serviços notariais e registrais, bem como à contratação de serviços especializados para a defesa dos interesses da serventia são elementos essenciais e necessários à boa prestação dos serviços notariais à sociedade como um todo, e ainda, à percepção da receita e à manutenção da fonte produtora,

---

6. http://www.normaslegais.com.br/legislacao/solucao-consulta-29-2011.htm.

até mesmo em função da incompatibilidade das funções do notário e do registrador com o exercício da advocacia[7].

O conhecimento técnico do delegatário da função extrajudicial pode não ser suficiente para todas as demandas na área do Direito, sendo necessária essa assessoria também na relação interna com seus funcionários (trabalhistas e civis), e nas questões que envolvem o Cartório e os seus clientes (relação de prestação de serviço).

Entende-se, portanto, que as despesas com a contratação de escritório de advocacia para prestação de serviços podem ser dedutíveis no livro-caixa, independentemente de habitualidade ou periodicidade, contanto que haja a comprovação da vinculação de tal despesa à atividade cartorial, bem como a comprovação efetiva do dispêndio realizado.

Da mesma forma, os gastos que a serventia tiver com serviços contábeis devem ser passíveis de dedução, uma vez que se fazem necessários para os fechamentos contábeis seja para apuração de seus créditos e despesas com materiais, funcionários, entre outros. Ora, se o delegatários não mantiverem seus deveres contábeis e tributários regulares, notadamente relativos às atividades que desempenham junto às serventias extrajudiciais, podem não só sofrerem autuações fiscais, mas também sofrerem sanções de suas corregedorias, sanções estas que podem até implicar em perda da delegação.

De fato, a contabilidade da atividade exercida no cartório precisa necessariamente estar em dia, haja vista a possibilidade de fiscalização a qualquer momento pelos mais diversos órgãos fiscalizadores. Nesse passo, necessita de uma administração que registre e controle o movimento financeiro, patrimonial e pessoal do delegatário da função pública, sendo que as obrigações contábeis são diferenciadas e daí a importância e necessidade em se contratar um serviço especializado de contabilidade.

Nesse sentido são as Soluções de Consultas Formais COSIT n. 638, de 27 de dezembro de 2017[8], e n. 210, de 22 de novembro de 2018[9], cujas ementas assim se materializam:

---

7. *Lei n. 8.935/94 – Art. 25. O exercício da atividade notarial e de registro é incompatível com o da advocacia, o da intermediação de seus serviços ou o de qualquer cargo, emprego ou função públicos, ainda que em comissão.*

8. http://normas.receita.fazenda.gov.br/sijut2consulta/link.action?visao=anotado&idAto=89154.

9. http://normas.receita.fazenda.gov.br/sijut2consulta/link.action?visao=anotado&idAto=97211.

> *"SOLUÇÃO DE CONSULTA COSIT, N. 638/17: ASSUNTO: IMPOSTO SOBRE A RENDA DE PESSOA FÍSICA – IRPF*
>
> *EMENTA: As despesas relativas a pagamento de serviços contábeis e de honorários advocatícios serão dedutíveis como despesas de custeio unicamente se forem necessárias à percepção da receita e à manutenção da fonte produtora, cabendo ao consulente realizar este enquadramento e manter em seu poder, à disposição da fiscalização, a respectiva documentação comprobatória enquanto não ocorrer a prescrição ou decadência. (...) DISPOSITIVOS LEGAIS: Artigos 75 e 76 do Decreto nº 3.000, de 26 de março de 1999 – Regulamento do Imposto Sobre a Renda (RIR/1999)."*
>
> *"SOLUÇÃO DE CONSULTA COSIT, N. 210/18: ASSUNTO: IMPOSTO SOBRE A RENDA DE PESSOA FÍSICA – IRPF TITULARES DE SERVIÇOS NOTARIAIS E DE REGISTRO. LIVRO-CAIXA. PAGAMENTOS A ESCRITÓRIO DE ADVOCACIA. POSSIBILIDADE DE DEDUÇÃO. Os gastos efetuados por titulares de serviços notariais e de registro com a contratação de escritório de advocacia para prestação de serviços podem ser dedutíveis dos rendimentos decorrentes do exercício de atividade não-assalariada para fins de determinação da base de cálculo do Imposto sobre a Renda de Pessoa Física (IRPF) a ser apurado no livro-caixa, desde que consistam em despesas de custeio necessárias à percepção da receita e à manutenção da fonte produtora, independentemente de tais gastos serem mensais, em parcelas fixas, ou eventuais, por ocasião da contratação de um determinado serviço, cabendo ao consulente realizar esse enquadramento e manter em seu poder, à disposição da fiscalização, a respectiva documentação comprobatória enquanto não ocorrer a prescrição ou decadência. (PARCIALMENTE VINCULADA À SOLUÇÃO DE CONSULTA COSIT Nº 638, DE 27 DE DEZEMBRO DE 2017, PUBLICADA NO DIÁRIO OFICIAL DA UNIÃO DE 3 DE JANEIRO DE 2018) DISPOSITIVOS LEGAIS: Lei nº 7.713, de 22 de dezembro de 1988, art. 11; Lei nº 8.134, de 27 de dezembro de 1990, art. 6º; Decreto nº 3.000, de 26 de março de 1999 – Regulamento do Imposto sobre a Renda (RIR/1999), art. 299; Instrução Normativa RFB nº 1.500, de 29 de outubro de 2014, arts. 53, 56 e 104."*

O mesmo entendimento é compartilhado nas Corregedorias de Justiça, tendo como parâmetro o quanto decidido nos autos do Pedido de Providência nº 0041476-48.2019.8.26.0100, já indicado.

Respeitando-se o entendimento de que os serviços contábeis e jurídicos serão utilizados em prol da própria serventia, não há impedimento para que tais despesas possam ser lançadas como dedutíveis pelo delegatário, de modo que para fins de IRPF, as despesas relativas a pagamento de serviços contábeis e de honorários advocatícios devem ser consideradas como despesas dedutíveis.

– Internet e Telefonia

No cenário atual dos serviços das serventias extrajudiciais, a existência de sistemas de telefonia e internet tornaram-se essenciais. Em primeiro lugar, há em vigor regras de implementação do sistema *on-line* cartorário, de modo que está sendo disponibilizado ao público serviços a distância, mediante acesso à rede de computadores.

Não obstante, na sociedade atual somos totalmente dependentes dos serviços de internet. A atividade dos delegatários da função extrajudicial não é diferente, demandando a presença desse elemento em suas dependências para adequado funcionamento das máquinas do estabelecimento, impressoras, computadores e demais equipamentos.

Além disso, é essencial para guardar arquivos digitais. Vale lembrar que esse é um dever legal e inerente à atividade, derivado do artigo 30, da Lei dos Cartórios[10].

A essencialidade se aplica também aos telefones e serviços de telefonia, sendo principal meio de comunicação de quase toda atividade particular. Trata-se de uma presunção que dispensa prova em contrário, sobretudo nos serviços de registradores e notariais, nos quais se impera a qualidade dos serviços e a exigência legal de disponibilizar um Serviço de Atendimento ao Consumidor[11].

Inclui-se nesse contexto atender a formalidades e procedimentos que demonstram boas maneiras e respeito para com os usuários, ao passo que essas despesas, caso não realizadas, podem prejudicar a atividade, incluindo o atendimento e conforto dos usuários. Portanto, acaba sendo essencial e, via de consequência, dedutível.

Pelo exposto, demonstrada a essencialidade dos serviços de internet e telefonia, sobretudo para a manutenção direta das atividades notariais e registrais, merece prevalecer o entendimento de que tais deduções são possíveis na apuração do Imposto de Renda.

---

10. *Art. 30 da Lei 8.935/94: São deveres dos notários e dos oficiais de registro:*

I – manter em ordem os livros, papéis e documentos de sua serventia, guardando-os em locais seguros; (...). (grifos nossos)

11. Decreto nº 6.523, de 31 de julho de 2008.

– Contribuições sindicais e associativas

Em relação às contribuições sindicais e de associações, de modo geral, são aceitas como despesas dedutíveis, senão vejamos.

As entidades de classe possuem funções essenciais à preservação dos Cartórios e, consequentemente, da boa prestação dos serviços notariais e de registro, pois devem se manter atualizados não só dos assuntos relativos ao cartório, como também usufruir de todas as tecnologias disponibilizadas para um melhor atendimento ao público. Alguns serviços prestados por tais instituições hoje, inclusive, se tornaram essenciais à prestação de serviço das serventias extrajudiciais, de maneira que, caso o cartório não participe de tais órgãos, deixará de receber a assessoria e a proteção de tais entidades.

À vista disso, a nosso ver, tais contribuições não podem ser taxadas como mera liberalidade do delegatário, pois a permanência na condição de associado resguarda seus direitos, tanto pessoais como os ligados à prestação do serviço delegado, configurando severo prejuízo à atividade do contribuinte caso venha a se desvencilhar destas associações/sindicatos.

Como se vê, tais despesas são totalmente necessárias à serventia extrajudicial para que fique regular perante as suas entidades de classe e, logo, não sofra prejuízo com a ausência de assessoria prestada por essas associações.

Em razão dessa necessidade/essencialidade, a própria Receita Federal do Brasil, no *Perguntas e Respostas IRPF 2021 – Pergunta 412*[12], orienta seus contribuintes da seguinte forma:

> *"412 – As contribuições a sindicatos de classe, associações científicas e outras associações podem ser deduzidas? Essas contribuições são dedutíveis desde que a participação nas entidades seja necessária à percepção do rendimento e as despesas estejam comprovadas com documentação hábil e idônea e escrituradas em livro caixa."*

Observa-se que a Receita Federal do Brasil expressamente prevê que as contribuições são dedutíveis desde que tenha necessidade da participação nas entidades. E, no caso dos delegatários, há clara necessidade da

---

12. Disponível em: https://receita.economia.gov.br/orientacao/tributaria/declaracoes-e-demonstrativos/dirf-declaracao-do-imposto-de-renda-retido-na-fonte/dirf2021-perguntas-respostas-v20210129.pdf/view. Acesso em: 28/06/2021.

associação às suas entidades para o adequado exercício de sua função e, por consequência, para a percepção dos emolumentos devidos pelos usuários pela prática dos atos técnicos previstos em lei.

Em se tratando de entidade de classe dos prestadores de serviços notariais e de registro, o tema, inclusive, foi objeto de análise da Corregedoria Geral da Justiça do Rio de Janeiro, na qual se firmou o entendimento mostrando que as despesas com contribuições para entidades sindicais não só podem, mas devem ser inseridas no livro-caixa dos delegatários da função extrajudicial:

> *"(...) Por fim, no que concerne ao lançamento da despesa na forma prevista no Provimento nº 34/2013 do Conselho Nacional de Justiça, tem-se que como a contribuição sindical é despesa relacionada ao custo operacional do serviço extrajudicial, pode e deve ser lançada no livro de registro diário auxiliar da receita e da despesa."*[13]

Sem dúvida, portanto, as mensalidades pagas pela associação do delegatário às entidades representa a busca das orientações técnicas e procedimentais indispensáveis à execução diária de suas atribuições legais e a aquisição do direito de ter seus interesses corporativos defendidos e protegidos.

– Uniformes aos funcionários da serventia

É cediço que a determinação, pelo empregador, de uso de uniformes por seus empregados não é obrigatória, em observância ao artigo 458, § 2º da Consolidação das Leis do Trabalho, que esclarece não integrar o vestuário o conceito de salário-utilidade:

> *"Art. 458 – Além do pagamento em dinheiro, compreende-se no salário, para todos os efeitos legais, a alimentação, habitação, vestuário ou outras prestações "in natura" que a empresa, por força do contrato ou do costume, fornecer habitualmente ao empregado. Em caso algum será permitido o pagamento com bebidas alcoólicas ou drogas nocivas. (...)*
>
> *§ 2º Para os efeitos previstos neste artigo, não serão consideradas como salário as seguintes utilidades concedidas pelo empregador:*
>
> *I – vestuários, equipamentos e outros acessórios fornecidos aos empregados e utilizados no local de trabalho, para a prestação do serviço; (...)."*

---

13. Corregedoria do TJ-RJ. Processo nº 2015-079769. Julgadora: Dra. Ana Lúcia Vieira do Carmo, Corregedora do TJ/RJ, data do julgamento 29 de março de 2016.

Contudo, uma vez fixada pelo empregador a obrigatoriedade do uso de uniformes, deve este disponibilizá-los a seus funcionários, em quantidades suficientes que lhe permitam o uso adequado da indumentária.

Além do mais, a imposição do uso de uniforme é razoável. Contudo, a determinação de que o empregado pague pela peça que utiliza em serviço, ainda que com desconto, é ilegítima.

O Tribunal Superior do Trabalho – TST, sobre o tema também se posicionou sobre a obrigatoriedade de fornecimento do uniforme pelo empregador, quando este fixa o seu uso pelos empregados:

> *"PROCESSO Nº TST-E-RR-813-50.2013.5.09.0663 A C Ó R D Ã O SDI-1 GMHCS/rqr RECURSO DE EMBARGOS EM RECURSO DE REVISTA. INTERPOSIÇÃO SOB A ÉGIDE DA LEI 13.015/2014. AÇÃO CIVIL PÚBLICA. VESTIMENTAS ESPECÍFICAS EXIGIDAS PARA A PRESTAÇÃO DE SERVIÇOS. RESPONSABILIDADE DO EMPREGADOR PELO FORNECIMENTO OU PELO RESSARCIMENTO DAS DESPESAS DECORRENTES DA SUA AQUISIÇÃO. 1. É certo que o empregador, por força de seu poder diretivo, pode definir o padrão de vestimenta a ser adotado pelos empregados no ambiente laboral. 2. Contudo, se é exigida a utilização de peças específicas para a prestação de serviços – o que caracteriza o uso de uniforme –, as mesmas devem ser fornecidas gratuitamente ao empregado, que não pode ser responsabilizado pelos custos do trabalho prestado. 3. Com efeito, nos termos do art. 2º da CLT, consagrador do princípio da alteridade, "considera-se empregador a empresa, individual ou coletiva, que, assumindo os riscos da atividade econômica, admite, assalaria e dirige a prestação pessoal de serviço". 4. Assim, sob pena de ofensa ao art. 2º da CLT – e também de inobservância ao princípio da irredutibilidade salarial –, é inviável exigir que o trabalhador disponha de parte dos seus ganhos para custear o uniforme exigido pelo empregador. 5. Nesse sentido é, inclusive, o entendimento consubstanciado no Precedente Normativo 115 do TST: Poder Judiciário Justiça do Trabalho Tribunal Superior do Trabalho fls.2 PROCESSO Nº TST-E-RR-813-50.2013.5.09.0663, "determina-se o fornecimento gratuito de uniformes, desde que exigido seu uso pelo empregador". 6. No caso, a teor do acórdão embargado, a empresa ré exigia de seus empregados "um padrão nas vestimentas: calça social preta, camisa social preta, sapato de salto para as mulheres e calça e camisa social, ambos na cor preta, e sapato social para os homens". 7. Está configurada, pois, a hipótese de uso obrigatório de uniforme pelos empregados, de modo que cabe à empresa ré o fornecimento das peças que o compõem ou o ressarcimento das despesas decorrentes da sua aquisição. 8. Tal conclusão não é alterada*

pela possibilidade de utilização de tais peças fora do ambiente laboral, sendo suficiente para fins de responsabilização da empregadora a circunstância de as mesmas serem necessárias para a prestação dos serviços. Recurso de embargos conhecido e provido."

Na hipótese em tela, descumprir com as obrigações trabalhistas não é uma opção, devendo o delegatário seguir a lei e despender custas com uniformes suficientes para todos os funcionários da serventia extrajudicial, permitindo-se deduzi-las de seu Imposto de Renda, mormente porque não pode transferir essa obrigação aos empregados.

Assim, apesar da fiscalização entender, segundo alguns precedentes questionáveis, que a utilização de uniformes não se coaduna ao requisito de necessidade à percepção da receita auferida, os ora autores discordam de tal assertiva, pois a atividade de atendimento ao público, tal qual é a cartorária, condiciona à padronização.

Sendo assim, as despesas com uniformes, por serem indispensáveis à atividade do delegatário e sendo dele a obrigação de pagamento, já que a jurisprudência trabalhista é clara ao vedar a transferência do ônus ao empregado, é defensável sua dedutibilidade.

– Vale-refeição, vale-alimentação e planos de saúde e odontológicos

As despesas com vale-refeição, vale-alimentação e planos de saúde e odontológicos, desde que destinados indistintamente a todos os empregados, comprovadas mediante documentação idônea e escrituradas em livro-caixa, podem ser deduzidas dos rendimentos percebidos pelos titulares dos serviços notariais e de registro para efeito de apuração do imposto sobre a renda mensal e na Declaração de Ajuste Anual.

Sobre as despesas aqui em comento, vejamos o quanto exposto na Solução de Consulta Interna da Receita Federal do Brasil nº 06, de 18 de maio 2015[14]:

"SOLUÇÃO DE CONSULTA Nº 06/2015, de 18 de maio de 2015.

IMPOSTO SOBRE A RENDA DE PESSOA FÍSICA – IRPF – RENDIMENTO DO TRABALHO NÃO ASSALARIADO. TITULARES DE SERVIÇOS NOTARIAIS E DE REGISTRO. LIVRO CAIXA. DESPESAS DEDUTÍVEIS. DISPÊNDIOS COM EMPREGADOS. O contribuinte que perceber

14. Disponível em: http://normas.receita.fazenda.gov.br/sijut2consulta/link.action?idAto=64476&visao=anotado. Acesso em 28/06/2021.

rendimentos do trabalho não assalariado, inclusive os titulares dos serviços notariais e de registro, a que se refere o art. 236 da Constituição, e os leiloeiros, poderão deduzir da receita decorrente do exercício da respectiva atividade, as importâncias pagas devidas aos empregados em decorrência das relações de trabalho, ainda que não integrem a remuneração do empregado, caso configurem despesas necessárias à percepção da receita e à manutenção da fonte produtora. As despesas deverão ser comprovadas mediante documentação idônea e escrituradas em livro caixa. Na hipótese de convenções e acordos coletivos de trabalho, todas as prestações neles previstas e devidas ao empregado constituem obrigações do empregador e, portanto, despesas necessárias à percepção da receita e à manutenção da fonte produtora, dedutíveis para fins de tribulação dos rendimentos do trabalho não assalariado. As despesas com vale-refeição, vale-alimentação e planos de saúde destinados indistintamente a todos os empregados, comprovadas mediante documentação idônea e escrituradas em livro Caixa, podem ser deduzidas dos rendimentos percebidos pelos titulares dos serviços notariais e de registro para efeito de apuração do imposto sobre a renda mensal e na Declaração de Ajuste Anual. Dispositivos Legais: Lei nº 8.134, de 1990, art. 6º; Lei nº 9.250, de 1995, arts. 4º, inciso I, e 8º, inciso II, alínea "g"; Decreto nº 3.000, de 1999 (Regulamento do Imposto sobre a Renda – RIR/1999), arts. 75 e 76.)"

E mais, sobre a dedutibilidade desses pagamentos, não há qualquer discussão, já que a própria Receita Federal do Brasil baixou o Ato Declaratório Interpretativo RFB nº 3, de 13 de abril de 2017[15], que dispõe sobre a dedutibilidade das despesas com alimentação e plano de saúde, desde que fornecidos indistintamente pelo empregador a todos seus empregados, conforme a seguir transcrito:

"O SECRETÁRIO DA RECEITA FEDERAL DO BRASIL, no uso das atribuições que lhe conferem os incisos III e XXVI do art. 280 do Regimento Interno da Secretaria da Receita Federal do Brasil, aprovado pela Portaria MF nº 203, de 14 de maio de 2012, e tendo em vista o disposto no Processo nº 11080.728353/2013-74, declara:

Art. 1º Constituem despesas dedutíveis da receita decorrente do exercício de atividade de cunho não assalariado, inclusive aquela desempenhada por titulares de serviços notariais e de registro, a alimentação e o plano de saúde

---

15. Disponível em: http://normas.receita.fazenda.gov.br/sijut2consulta/link.action?visao=anotado&idAto=82174. Acesso em: 28/06/2021.

> *fornecidos indistintamente pelo empregador a todos os seus empregados, desde que devidamente comprovadas, mediante documentação idônea e escrituradas em livro Caixa.*
>
> *Art. 2º Ficam modificadas as conclusões em contrário constantes em Soluções de Consulta ou em Soluções de Divergência emitidas antes da publicação deste ato, independentemente de comunicação aos consulentes."*

Nesse ponto, confere-se que os pagamentos feitos a título das despesas em comento, desde que feitos indistintamente a todos os funcionários da serventia, devem ser considerados despesas dedutíveis da base de cálculo de Imposto de Renda.

– Congressos, seminários, simpósios

Os gastos com congressos, seminários e simpósios, para aperfeiçoamento profissional do delegatário e de seus funcionários, visando melhorar a qualidade do serviço prestado na serventia extrajudicial, apesar de muito questionados por parte do Fisco, nos parece uma despesa essencial à percepção das receitas e à manutenção da fonte produtora.

Com escusas a quem entende de forma contrária, os gastos assumidos por notários e registradores em função de seu comparecimento, ou se seus funcionários, a encontros científicos como congressos, cursos e seminários, se necessários à atividade exercida, podem ser deduzidos, desde que lançados em livro-caixa e comprovados os valores relativos a taxas de inscrição e comparecimento, aquisição de impressos e livros, materiais de estudo e trabalho.

Sobre o tema, vejamos inclusive o quanto exposto no Parecer Normativo CST nº 60/78, item 6[16]:

> "6. *Com relação às despesas efetuadas para comparecimento a encontros científicos como congressos, seminários, simpósios, nada obsta sua dedução, desde que guardem estreita relação com a atividade desenvolvida pelo contribuinte, observada, inclusive, a sua especialização profissional. Todavia, somente serão admitidos os gastos diretamente vinculados aos estudos e trabalhos, tais como: taxa de inscrição e comparecimento, aquisição de impressos e livros técnicos, materiais de estudo e trabalho, etc.; considerando-se também, incluídos nesse conceito, os gastos despendidos na aquisição*

16. Disponível em: https://www.normasbrasil.com.br/norma/parecer-normativo-60-1978_92526.html. Acesso em 28/06/2021.

das passagens indispensáveis ao transporte de ida e volta do local da reunião; devendo ainda, ser guardado, pelo prazo prescricional, certificado de comparecimento dado pelos organizadores dos encontros científicos".

O entendimento aqui lançado foi referido na questão número 417 do trabalho intitulado "Perguntas e Respostas 2021"[17], cuja íntegra vale aqui ser reproduzida.

> *"CONGRESSOS E SEMINÁRIOS 417 – Gastos relativos à participação em congressos e seminários por profissional autônomo são dedutíveis? Sim. As despesas efetuadas para comparecimento a encontros científicos, como congressos, seminários etc., se necessárias ao desempenho da função desenvolvida pelo contribuinte, observada, ainda, a sua especialização profissional, podem ser deduzidas, tais como os valores relativos a taxas de inscrição e comparecimento, aquisição de impressos e livros, materiais de estudo e trabalho, hospedagem, transporte, desde que esses dispêndios sejam escriturados em livro-caixa, comprovados por documentação hábil e idônea e não sejam reembolsados ou ressarcidos. O contribuinte deve guardar o certificado de comparecimento dado pelos organizadores desses encontros."*

Em suma, as despesas de custeios em análise devem ter ingresso no livro-caixa, portanto, como necessária à percepção da receita e à manutenção da fonte produtora.

– Despesas com tarifas bancárias

Encerrando a lista exemplificativa de deduções possíveis, as despesas com tarifas bancárias, apesar de controversas, sob a ótica do Fisco, no nosso entendimento são essenciais/necessárias ao desenvolvimento da função extrajudicial, uma vez que para a prestação do serviço, o delegatário faz uso do sistema bancário na percepção de suas receitas, sendo as tarifas cobradas pela utilização destes serviços financeiros.

O pagamento dessas tarifas cobradas pelas instituições financeiras viabiliza a transferência de valores por contas bancárias, sem o manuseio de dinheiro em cédulas, atuando como uma espécie de "seguro" aos cofres públicos, inclusive, pois que parte do valor arrecado em emolumentos se destina ao poder público.

---

17. https://www.gov.br/receitafederal/pt-br/acesso-a-informacao/perguntasfrequentes/declaracoes/dirpf/pr-irpf-2021-v-1-0-2021-02-25.pdf.

É sabido que as Serventias Extrajudiciais diariamente movimentam valores, próprios e de terceiros, sendo necessário um suporte bancário para realização das operações de transferência de numerário.

Chega a ser inimaginável, por exemplo, que os Tabelionatos de Protesto de Letras e Títulos exerçam sua função sem o uso contínuo do sistema bancário, pois que o fazem, não apenas para movimentar os valores dos emolumentos que pertencem ao titular da serventia e as despesas tidas no curso da atividade, mas também para o recebimento dos próprios títulos pagos pelos devedores, com o posterior repasses dos valores recebidos aos credores. Neste último caso, o valor do pagamento dos títulos no protesto pelos devedores entra na conta-corrente do tabelionato ou de seu titular, para repasse, em ato subsequente, à conta dos credores.

Aliás, sabe-se que as despesas bancárias são pagas a prestadores de serviços necessários para o exercício da função de tabelião e de registrador, logo, devem ser dedutíveis na forma do artigo 68, III, do RIR 2018.

Resta, portanto, evidente a natureza indispensável das tarifas bancárias, podendo, sob nosso entendimento, ser deduzida da declaração do imposto de renda do delegatário da função extrajudicial.

Tecidos os comentários sobre algumas despesas que os autores entendem como passíveis de dedução na apuração do imposto de renda dos notários e registradores, dúvidas surgem sobre a possibilidade de retificação da declaração de imposto de renda pessoa física se, em função de um erro, mesmo tendo lançado as despesas em seu livro-caixa, o notário ou o registrador optar pela declaração na forma simplificada ao invés da declaração completa com descontos. Passemos a tratar do assunto no tópico que segue.

1.2. Da possibilidade de retificação da declaração de imposto de renda pessoa física

Como pode ser visto nos tópicos anteriores, a tributação dos valores recebidos pelo delegatário deve seguir as normas aplicáveis às pessoas físicas e, assim sendo, é permissível às referidas pessoas, quando da apuração do imposto devido ao Estado (*lato sensu*), utilizar-se de uma das modalidades de apuração das despesas passíveis de dedução, quais sejam: (i) desconto simplificado ou (ii) desconto completo, mediante uso de todas as deduções admitidas na legislação.

Nesse sentido está a previsão do artigo 77 do Regulamento do Imposto de Renda de 2018 (Decreto nº 9.580/2018):

"*Art. 77. Independentemente do montante dos rendimentos tributáveis na declaração de ajuste anual, recebidos no ano-calendário, o contribuinte poderá optar por desconto simplificado, que substituirá todas as deduções admitidas na legislação, correspondente à dedução de vinte por cento do valor dos rendimentos tributáveis na declaração de ajuste anual, dispensadas a comprovação da despesa e a indicação de sua espécie, limitada a (Lei nº 9.250, de 1995, art. 10, caput):*

(...).

Parágrafo único. O valor deduzido na forma estabelecida neste artigo não poderá ser utilizado para a comprovação de acréscimo patrimonial e será considerado rendimento consumido (Lei nº 9.250, de 1995, art. 10, parágrafo único)."

Com a realização da opção, quando da Declaração de Ajuste Anual, a respeito de uma das modalidades de apuração das despesas para o alcance dos rendimentos tributáveis, restou estabelecido na legislação tributária, mais especificamente no artigo 57 da hoje revogada Instrução Normativa RFB 15/2001[18], não ser admitida, após o prazo para a entrega da declaração, a realização de retificação objetivando a troca de modelo de apuração – simplificado ou completo. Vejamos a redação:

"*Art. 57. Após o prazo previsto para a entrega da declaração, não será admitida retificação que tenha por objetivo a troca de modelo.*

Parágrafo único. Relativamente às declarações apresentadas até o exercício de 1998, inclusive, será permitida a sua retificação se o contribuinte, obrigado a utilizar o modelo completo, optou pelo modelo simplificado."

Referido mandamento infralegal, em que pese revogado, passou a constar, com redação semelhante, na Instrução Normativa RFB 1.500/2014[19], mais especificamente em seus artigos 82 e 83, prescrevendo o seguinte:

"*Art. 82. Eventuais erros ou omissão de informações verificados na DAA, depois de sua apresentação, devem ser retificados pelo contribuinte por meio de declaração retificadora, desde que não esteja sob procedimento de ofício, independentemente de autorização administrativa.*

---

18. Disponível em: http://normas.receita.fazenda.gov.br/sijut2consulta/link.action?visao=anotado&idAto=13148. Acesso em: 28/06/2021.

19. http://normas.receita.fazenda.gov.br/sijut2consulta/link.action?visao=anotado&idAto=57670#1459517.

Parágrafo único. A declaração retificadora referida no caput:

I – tem a mesma natureza da declaração originariamente apresentada, substituindo-a integralmente, devendo conter todas as informações anteriormente declaradas com as alterações e exclusões necessárias, bem como as informações adicionadas, se for o caso; e

II – será processada, inclusive para fins de restituição, em função da data de sua entrega.

Art. 83. Depois do prazo previsto para a entrega da declaração, não será admitido retificação que tenha por objetivo alteração na forma de tributação, bem como a retificação de declaração que venha alterar matéria tributável objeto de lançamento regularmente cientificado ao sujeito passivo."

À vista dessa disciplina infralegal, o questionamento volta-se à legalidade das referidas disposições.

Como se sabe, o Código Tributário Nacional, admitido como lei materialmente complementar e efetivadora do mandamento inserto no artigo 146 da Magna Carta[20], estabeleceu a possibilidade de o contribuinte retificar o crédito tributário constituído – o que é aperfeiçoado na Declaração de Ajuste Anual – não havendo qualquer exigência no sentido de que seja necessária a utilização do modelo anteriormente utilizado.

Com efeito, à vista disso, bem como levando-se em consideração o caráter infralegal do referido ato expedido pela Secretaria da Receita Federal do Brasil, inegável, data máxima vênia, reconhecer do seu vício de ilegalidade, haja vista que o Código Tributário não prevê o impedimento anteriormente apresentado, nem mesmo qualquer outro diploma legal.

Tal circunstância já foi reconhecida, entre outros, pelo Tribunal Regional Federal da 3ª Região, conforme ementa a seguir:

"(...), não é admissível que a Receita Federal se utilize de normas infralegais para impor limitações ao contribuinte onde a lei não o fez. O art. 7º, § 3º, da Instrução Normativa SRF nº 1.333/2013, ao estipular que a declaração retificadora visando à alteração da forma de tributação deveria ser entregue até o final do prazo para a entrega da Declaração de Ajuste Anual de IRPF – neste caso, 30/04/2013 –, contraria claramente disposição de

20. *Art. 146. Cabe à lei complementar: III – estabelecer normas gerais em matéria de legislação tributária, especialmente sobre: b) obrigação, lançamento, crédito, prescrição e decadência tributários; (...).*

> *norma hierarquicamente superior, qual seja, o art. 147, § 1º, do Código Tributário Nacional. O fato de se referir a obrigação tributária acessória, por si só, não confere à referida instrução normativa a capacidade de se sobrepor a texto de lei específico, visto que aquela não se encontra amparada em qualquer outro texto legal capaz de confrontar o art. 147, § 1º, do CTN."*
>
> (TRF3, Apelação Cível nº 0000758-02.2014.4.03.6100, Rel. Des. Federal Antônio Cedenho, Terceira Turma, DJe de 26/07/2017).

Superada essa circunstância, incumbe registrar que o artigo 147 do Código Tributário Nacional, em seu parágrafo primeiro, autoriza a retificação da constituição do crédito tributário realizada pelo contribuinte, ainda que a finalidade seja a redução da tributação, incumbindo-lhe, nessa hipótese (redução ou afastamento do crédito tributário), comprovar (i) a ocorrência de erro e (ii) a realização da alteração antes de qualquer notificação de lançamento tributário.

> *"Art. 147. (...)*
>
> *§ 1º A retificação da declaração por iniciativa do próprio declarante, quando vise a reduzir ou a excluir tributo, só é admissível mediante comprovação do erro em que se funde, e antes de notificado o lançamento."*

Diante da disposição supra-apresentada, nos casos em que a alteração do regime de tributação do Imposto sobre a Renda das pessoas naturais (do completo para o simplificado ou vice-versa), necessária será a demonstração do equívoco ("erro", nos termos legais) por parte do contribuinte. Sobre esse requisito, vejamos o quanto disposto no precedente jurisprudencial infra:

> *"PROCESSUAL CIVIL E TRIBUTÁRIO. REMESSA OFICIAL. ART. 14, § 1º, LEI 12.016/09. DECLARAÇÃO RETIFICADORA DO IRPF EXERCÍCIO 2013. ALTERAÇÃO DA FORMA DE TRIBUTAÇÃO ELEITA. INEXISTÊNCIA DE NOTIFICAÇÃO DE LANÇAMENTO. POSSIBILIDADE. ART. 147, § 1º, CTN. AFASTAMENTO DA IN SRF 1.333/2013. ATO ADMINISTRATIVO DESVINCULADO A LEI ESPECÍFICA. PRECEDENTES DESTA CORTE REGIONAL. DIREITO LÍQUIDO E CERTO DO IMPETRANTE CONFIGURADO. APELAÇÃO E REMESSA OFICIAL IMPROVIDAS.*
>
> *(...)*
>
> *2 – Cuida-se a questão posta de esclarecer eventual direito líquido e certo do impetrante de apresentar sua Declaração Retificadora do Imposto de Renda Pessoa Física – IRPF exercício 2013, com alteração da forma de tributação do*

modelo simples de desconto simplificado para o modelo completo de deduções legais, nos termos do art. 147, § 1º, do Código Tributário Nacional.

3 – Da análise dos autos, verifica-se que o impetrante, após dar-se conta de que teria incorrido em equívoco ao enviar sua declaração de IRPF exercício 2013 no modelo simplificado, tentou transmitir sua declaração retificadora para a base de dados da Receita Federal na opção por modelo completo, sem no entanto obter êxito, tendo visualizado mensagem eletrônica de que após o prazo de entrega somente seria possível a transmissão de declaração retificadora no mesmo modelo da última declaração entregue. Dirigiu-se, então, em 13/01/2014, à Unidade de Atendimento da Receita Federal – CAC Paulista, onde foi informado de que seria impossível alterar a forma de tributação escolhida por meio de sua declaração retificadora, ocasião em que se consumou o ato coator ora impugnado.

4 – Conforme bem observado pelo M.M. Juízo a quo, não há nos autos qualquer notícia de notificação de lançamento por parte da impetrada, bem assim plenamente justificável o erro do impetrante, considerando-se ter ele adotado a forma de tributação completa nos anos anteriores, conforme demonstra a documentação juntada aos autos, de modo que aplicável à espécie o disposto no art. 147, § 1º, do Código Tributário Nacional.

5 – De outra via, os argumentos da impetrada não merecem acolhida. Com efeito, não é admissível que a Receita Federal se utilize de normas infralegais para impor limitações ao contribuinte onde a lei não o fez. O art. 7º, § 3º, da Instrução Normativa SRF nº 1.333/2013, ao estipular que a declaração retificadora visando à alteração da forma de tributação deveria ser entregue até o final do prazo para a entrega da Declaração de Ajuste Anual de IRPF – neste caso, 30/04/2013 –, contraria claramente disposição de norma hierarquicamente superior, qual seja, o art. 147, § 1º, do Código Tributário Nacional. O fato de se referir a obrigação tributária acessória, por si só, não confere à referida instrução normativa a capacidade de se sobrepor a texto de lei específico, visto que aquela não se encontra amparada em qualquer outro texto legal capaz de confrontar o art. 147, § 1º, do CTN. Da mesma forma, a associação da Instrução Normativa SRF nº 1.333/2013 aos dispositivos do Código Tributário Nacional elencados pela impetrada, bem como ao art. 18, parágrafo único, da MP 2189-49/2001, apenas revelam o caráter genérico de sua fundamentação, no sentido de justificar a pretensa legitimidade do ato administrativo em comento.

6 – Precedentes desta Corte Regional.

7 – Demonstrado o direito líquido e certo do impetrante de apresentar sua Declaração Retificadora do Imposto de Renda Pessoa Física – IRPF

> *exercício 2013, com alteração da forma de tributação do modelo simples de desconto simplificado para o modelo completo de deduções legais, nos termos do art. 147, § 1º, do Código Tributário Nacional, impõe-se a manutenção da r. sentença que bem aplicou o direito à espécie.*
>
> *8 – Apelação e remessa oficial, tida esta por interposta, improvidas."*
>
> *(TRF3, Apelação Cível nº 0000758-02.2014.4.03.6100, Rel. Des. Federal Antônio Cedenho, Terceira Turma, DJe de 26/07/2017).*

À vista disso, importante pontuar que, segundo já decidiu a Primeira Turma Recursal do Paraná (TRF-4) à unanimidade[21], a declaração com a opção pelo modelo simplificado de apuração, quando foram apuradas todas as despesas via livro-caixa, implicava incontornável erro, eis que "*não é crível que qualquer contribuinte escolha, voluntariamente, a opção que importe no pagamento de um valor maior de tributo ao Fisco*". Impõe-se trazer à baila trecho da decisão colegiada:

> *"Muito embora o art. 18, parágrafo único, da MP 2.189-49/2001 estabeleça, tratando do imposto de renda, que "a Secretaria da Receita Federal estabelecerá as hipóteses de admissibilidade e os procedimentos aplicáveis à retificação de declaração", tal não implica que a Administração tributária possa, a pretexto de coibir a efetivação de fraudes ou mesmo simplesmente otimizar os seus trabalhos, editar norma infralegal por meio da qual se aproveite de um equívoco evidente do contribuinte para arrecadar um valor maior em tributos.*
>
> *É exatamente o que ocorre na hipótese dos autos, na medida em que o autor, mesmo tendo declarado todas as deduções a que fazia jus e as quais lhe resultariam um saldo de imposto a restituir, acabou preenchendo a declaração com a opção pelo modelo simplificado de apuração da base de cálculo, resultando, ao final, na apuração de saldo de imposto a pagar. O equívoco na manifestação de vontade, portanto, é evidente, pois não é crível que qualquer contribuinte escolha, voluntariamente, a opção que importe no pagamento de um valor maior de tributo ao Fisco.*
>
> *Ressalte-se que o art. 147, § 1º, do CTN garante ao contribuinte a possibilidade de retificar a declaração apresentada ao Fisco, para reduzir ou excluir tributo, até mesmo em relação à matéria de fato, desde que comprovado o erro e antes de notificado o lançamento.*

---

21. TRF-4, Recurso Cível nº 5003178-30.2018.4.04.7003/PR, Rel. Juiz Federal Guy Vanderley Marcuzzo, Julgamento em 09/05/2019, Primeira Turma Recursal do Paraná.

Não há razão, portanto, para que seja dado tratamento jurídico diferente quando o erro se refira a uma mera opção do contribuinte em relação à forma de tributação."

Por fim, o Tribunal Regional Federal da Primeira Região quando do julgamento da Apelação Cível nº 2000.40.00.006337-8/PI, de relatoria do Juiz Federal Convocado Lino Osvaldo Serra Sousa Segundo (DJe de 22/03/2013), apresentou a mesma compreensão, chancelando a pretensão de certo contribuinte de ver retificada sua declaração de imposto de renda, a fim de que passasse a ser utilizado o modelo completo e possibilidade de abatimento de específicos valores adimplidos.

Veja-se trecho do aresto:

> *"(...) Fica claro pelos elementos contidos nos autos que houve claro equívoco do autor ao prestar a declaração de imposto de renda relativa ao exercício de 1999, efetuando a declaração no modelo simplificado, do que não decorreu o abatimento da base de cálculo do imposto dos valores pagos a título de pensão alimentícia, tornando-o devedor de imposto de renda no valor de R$ 3.925,49.*
>
> *A Fazenda Nacional, no seu recurso, traz argumentos fundados na regulamentação implementada pela IN SRF n. 165/1998.*
>
> *O juiz sentenciante afastou a incidência da vedação do art. 4o da IN 165, com base no princípio da proporcionalidade.*
>
> *Com efeito, não entendo que nos casos em geral a vedação de troca de modelo na declaração de imposto de renda, constante nas diversas normas deva ser afastado, contudo, no caso específico dos autos, penso que a sentença deva ser mantida, haja vista que o contrário significaria simplesmente determinar ao autor o pagamento de um tributo que não é devido, por um aspecto simplesmente formal, inexistindo má fé do contribuinte.*
>
> *A norma que proíbe a troca de modelos das declarações de imposto de renda visam evitar manobras no sentido de furtar-se de forma ilegítima do pagamento de imposto como nos casos, por exemplo, em que não se comprove as despesas declaradas no modelo completo.*
>
> *Portanto, a partir da teleologia da norma, examinada a partir de parâmetros de proporcionalidade, reconheço, excepcionalmente, no caso específico e pelas suas circunstâncias, demonstrado o claro equívoco e ausência de má fé, a não aplicação da referida vedação, mantendo-se a sentença recorrida."*

Ora, ao analisar os precedentes jurisprudenciais indicados, nos parece crível que, apesar da existência da norma proibitiva, incorreto é o entendimento de não se admitir a substituição da declaração de ajuste anual, da forma completa pela simplificada, ou vice-versa, ao argumento de que a entrega da declaração em determinado formulário configura opção irretratável, especialmente diante do fato de que o contribuinte tinha a possibilidade de escolher dentre duas formas de declaração – simplificada ou completa e, logo, se tal opção é outorgada, não há razão para não se admitir posterior correção, especialmente de acordo com a previsão do § 1º, do artigo 147 do CTN, que admite a retificação por iniciativa do contribuinte, ainda que com a finalidade de reduzir ou excluir tributo, desde que comprovado o erro e ocorrida antes de notificado o lançamento.

Diante do exposto, havendo a demonstração de erro na opção pelo método de apuração da grandeza econômica a ser oferecida à tributação a título de Imposto sobre a Renda, bem como não tendo o contribuinte sido notificado a respeito de eventual lançamento tributário em seu desfavor, possível se torna a aplicação da disposição do artigo 147 do Código Tributário Nacional, autorizando-se a retificação da declaração e a redução/exclusão do crédito tributário.

Passemos agora a tratar no próximo tópico sobre a incidência, ou não, do imposto de renda retido na fonte sobre os valores recebidos pelos responsáveis pelas serventias extrajudiciais no desempenho de suas funções.

2. Imposto de renda retido na fonte

Optamos por tratar sobre as regras do regime de Imposto de Renda Retido na Fonte, conforme a atual conjuntura normativa, pois que a partir de 2017, especificamente a partir da Solução de Consulta Cosit nº 493/2017[22], pos-

---

22. Disponível em: http://normas.receita.fazenda.gov.br/sijut2consulta/link.action?idAto=86734&visao=anotado. Acesso em 28/06/2021.

ASSUNTO: IMPOSTO SOBRE A RENDA DE PESSOA FÍSICA – IRPF

EMENTA: RENDIMENTOS DE TRABALHO NÃO-ASSALARIADO. OFICIAL DE CARTÓRIO. COMPENSAÇÃO POR ATOS GRATUITOS PRATICADOS EM CUMPRIMENTO DE LEI. RECOLHIMENTO MENSAL OBRIGATÓRIO. NÃO SUJEIÇÃO. Não se sujeitam à apuração de imposto sobre a renda mensal obrigatório (carnê-leão) os valores recebidos por oficial de cartório a título de compensação por atos gratuitos praticados em cumprimento de determinação de lei. RENDIMENTOS DE TRABALHO NÃO-ASSALARIADO. OFICIAL DE CARTÓRIO. COMPENSAÇÃO POR ATOS GRATUITOS PRATICADOS EM CUMPRIMENTO DE LEI.

teriormente reiterada por meio da Solução de Consulta Cosit nº 62/2020[23], grande celeuma se instalou sobre a incidência ou não do Imposto de Renda Retido na Fonte sobre determinadas receitas percebidas pelos delegatários, em especial os Registradores Civis de Pessoas Naturais e os delegatários responsáveis por serventias deficitárias. Vejamos a ementa da Solução de Consulta de 2020:

> "Ementa: *ASSUNTO: IMPOSTO SOBRE A RENDA RETIDO NA FONTE – IRRF RENDIMENTOS DE TRABALHO NÃO ASSALARIADO. OFICIAL DE CARTÓRIO. COMPENSAÇÃO POR ATOS GRATUITOS. COMPLEMENTAÇÃO DA RECEITA MÍNIMA. RETENÇÃO NA FONTE. SUJEIÇÃO. Sujeitam-se ao IRRF os valores recebidos por oficial de cartório a título de compensação por atos gratuitos praticados em cumprimento de determinação de lei e de complementação da receita mínima das serventias deficitárias. COMPENSAÇÃO POR ATOS GRATUITOS. COMPLEMENTAÇÃO DA RECEITA MÍNIMA. REPASSE DOS RECURSOS. ENTIDADE GESTORA. RETENÇÃO NA FONTE. RESPONSABILIDADE. A responsabilidade pela retenção do IRRF relativo aos valores destinados à*

APURAÇÃO ANUAL. SUJEIÇÃO. Sujeitam-se à apuração de imposto sobre a renda anual os valores recebidos por oficial de cartório a título de compensação por atos gratuitos praticados em cumprimento de determinação de lei. DISPOSITIVOS LEGAIS: Lei nº 5.172, de 25 outubro de 1966 – Código Tributário Nacional CTN), art. 43, inciso I, Lei nº 7.713, de 22 de dezembro de 1988, arts. 1º e 3º, Lei nº 11.482, de 31 de maio de 2007, arts. 1º a 3º, Decreto nº 3.000, de 1999 – Regulamento do Imposto sobre a Renda (RIR/1999), arts. 45, 106 a 107, Instrução Normativa RFB nº 1.500, de 29 de outubro de 2014, arts. 53 e 72, inciso I, e Anexo II, Instrução Normativa RFB nº 1.558, de 31 de março de 2015. ASSUNTO: IMPOSTO SOBRE A RENDA RETIDO NA FONTE – IRRF EMENTA: RENDIMENTOS DE TRABALHO NÃO-ASSALARIADO. OFICIAL DE CARTÓRIO. COMPENSAÇÃO POR ATOS GRATUITOS PRATICADOS EM CUMPRIMENTO DE LEI. RETENÇÃO NA FONTE. SUJEIÇÃO. Sujeitam-se ao Imposto sobre a Renda Retido na Fonte os valores recebidos por oficial de cartório a título de compensação por atos gratuitos praticados em cumprimento de determinação de lei. DISPOSITIVOS LEGAIS: Lei nº 7.713, de 22 de dezembro de 1988, art. 7º, inciso II, Lei nº 11.482, de 31 de maio de 2007, arts. 1º a 3º, Decreto nº 3.000, de 26 de março de 1999 – Regulamento do Imposto sobre a Renda (RIR/1999), art. 628, Instrução Normativa RFB nº 1.500, de 29 de outubro de 2014, art. 22, inciso I, Instrução Normativa RFB nº 1.558, de 31 de março de 2015.

23. Disponível em: http://normas.receita.fazenda.gov.br/sijut2consulta/link.action?visao=anotado&idAto=110585. Acesso em 28/06/2021.

compensação dos atos gratuitos e à complementação da receita mínima é da fonte pagadora, qual seja, a entidade gestora designada em lei para arrecadação e repasse dos recursos."

Antes de tratarmos sobre o teor da solução de consulta em comento, vale relembramos que nos termos do artigo 7º, da Lei nº 7.713/1988, o Imposto de Renda Retido na Fonte possui o seguinte fato gerador:

> *"**Art. 7º** Ficam sujeitos à incidência do Imposto sobre a Renda na fonte, calculado de acordo com o disposto no art. 25 desta Lei:*
>
> *I – os rendimentos do trabalho assalariado, pagos ou creditados por pessoas físicas ou jurídicas;*
>
> *II – os demais rendimentos percebidos por pessoas físicas, que não estejam sujeitos à tributação exclusiva na fonte, pagos ou creditados por pessoas jurídicas.*
>
> *§ 1º O imposto a que se refere este artigo será retido por ocasião de cada pagamento ou crédito e, se houver mais de um pagamento ou crédito, pela mesma fonte pagadora, aplicar-se-á a alíquota correspondente à soma dos rendimentos pagos ou creditados à pessoa física no mês, a qualquer título."*

Em complemento ao disposto na Lei nº 7.713/1988, o Regulamento do Imposto de Renda (Decreto nº 9.580/2018), traz em seus artigos 685 e 688 os seguintes preceitos acerca da sujeição ao Imposto de Renda Retido na Fonte:

> *"**Art. 685.** Ficam sujeitos à incidência do imposto sobre a renda na fonte, calculado de acordo com as tabelas progressivas constantes do art. 677, os rendimentos do trabalho não assalariado, pagos por pessoas jurídicas, inclusive por cooperativas e pessoas jurídicas de direito público, a pessoas físicas."*
>
> *"**Art. 688.** Ficam sujeitos à incidência do imposto sobre a renda na fonte, calculado de acordo com as tabelas progressivas constantes do art. 677, os rendimentos decorrentes de aluguéis ou royalties pagos por pessoas jurídicas a pessoas físicas (Lei nº 7.713, de 1988, art. 7º, caput, inciso II)."*

Sob o enfoque do artigo 7º, inciso I, da Lei nº 7.713/1988, temos que para a sujeição da apuração do imposto ao regime do Imposto de Renda Retido na Fonte, é essencial a presença de uma relação jurídica de trabalho, frise-se, assalariado. Por trabalho assalariado entende-se o serviço prestado mediante percepção de salário.

Para que se enquadre nesse inciso, é pressuposto básico a existência de relação jurídica empregatícia ou similar entre quem recebe e quem paga. No caso dos emolumentos percebidos pelos delegatários da função pública extrajudicial, essa hipótese está absolutamente afastada, inclusive para àqueles que são agraciados pelas compensações por atos gratuitos e pela complementação da receita mínima das serventias (serventias deficitárias).

O artigo 685 supracitado destaca a possibilidade de sujeitar ao regime do IRRF os rendimentos do trabalho não assalariado. No entanto, assim como se afastou a aplicação do previsto no artigo 7º, da Lei 7.713/1988, afasta-se a aplicação do artigo 685 do Decreto do Imposto de Renda, porquanto no exercício da função extrajudicial não se verificam rendimentos pagos em razão do trabalho não assalariado.

No tocante à hipótese do inciso II, do artigo 7º, da Lei nº 7.713/1988, existe a previsão de uma relação negocial, entre uma pessoa jurídica e uma pessoa física, que implique em uma pagamento / remuneração, sendo que esta previsão, em tese, poderia despertar dúvida sobre a incidência do IRRF quando o delegatário percebesse seus emolumentos de um usuário dos serviços extrajudiciais que fosse pessoa jurídica, porém, tal hipótese já foi afastada pela Receita Federal na Solução de Consulta nº 350 – Cosit – de 2014[24], conforme podemos observar a seguir:

> *"Solução de Consulta nº 350 – Cosit – 17 de dezembro de 2014*
>
> *ASSUNTO: IMPOSTO SOBRE A RENDA RETIDO NA FONTE – IRRF RETENÇÃO NA FONTE. RENDIMENTOS. TABELIÃES. NOTÁRIOS. SERVENTUÁRIOS DA JUSTIÇA. LIVRO CAIXA. CARNÊ-LEÃO. Os emolumentos e custas dos serventuários de justiça, como tabeliães, notários e oficiais de registros públicos não se sujeitam à retenção na fonte, independentemente de a fonte pagadora ser pessoa física ou jurídica, exceto quando remunerados exclusivamente pelos cofres públicos. Tais rendimentos são tributados na pessoa física dos serventuários obedecidos os procedimentos atinentes ao livro caixa e ao recolhimento mensal pelo carnê-leão."*

Por fim, sobre o artigo 688 do Regulamento do Imposto de Renda, verifica-se a possibilidade de sujeição ao IRRF os rendimentos oriundos de aluguéis ou royalties pagos por pessoas físicas ou jurídicas, e sobre isso,

---

24. Disponível em: http://normas.receita.fazenda.gov.br/sijut2consulta/link.action?visao=anotado&idAto=59827. Acesso em 28/06/2021.

certamente pode se afirmar que não há relação jurídica decorrente de locação ou "royalties" no exercício da função extrajudicial.

Contudo, em que pese a exposição até aqui realizada confirmar a não incidência do IRRF sob as receitas auferidas pelos delegatários da função pública, conforme já adiantado, a Solução de Consulta Cosit nº 493/2017, reiterada pela Solução de Consulta Cosit nº 62/2020, data máxima vênia, de forma equivocada, abriu uma exceção a essa regra e trouxe o entendimento de que "*sujeitam-se ao IRRF os valores recebidos por oficial de cartório a título de compensação por atos gratuitos praticados em cumprimento de determinação de lei e de complementação da receita mínima das serventias deficitárias*".

Para a exata compreensão do alcance do entendimento emanado pela Receita Federal, conforme já registrado, os notários e registradores são remunerados por emolumentos em razão de cada ato praticado, conforme previsto no § 2º do artigo 236 da Constituição Federal, sendo que estes emolumentos, pagos pelos usuários dos serviços, são fixados por Lei dos Estados e Distrito Federal.

Por força da Lei Federal nº 9.534/1997, parcela dos atos praticados pelos Registradores Civis de Pessoas Naturais, que eram remunerados pelas partes mediante emolumentos, passaram a ser gratuitos, ganhando o artigo 45 da Lei Federal nº 8.935/1994 a seguinte redação:

> "***Art. 45***. *São gratuitos os assentos do registro civil de nascimento e o de óbito, bem como a primeira certidão respectiva.*
>
> *§ 1º Para os reconhecidamente pobres não serão cobrados emolumentos pelas certidões a que se refere este artigo.*
>
> *(...)*"

A Lei Federal de normas gerais, qual seja, 10.169/2000, responsável por regular o § 2º do artigo 236 da Constituição Federal, no tocante à fixação de emolumentos, em função da criação de atos gratuitos em prol da cidadania, em seu artigo 8º determina aos Estados e Distrito Federal a obrigatoriedade de estabelecer "forma de compensação" aos registradores civis das pessoas naturais pelos atos gratuitos praticados, conforme estabelecido na Lei Federal nº 8.935/1994. Vejamos a redação:

> "***Art. 8º*** *Os Estados e o Distrito Federal, no âmbito de sua competência, respeitado o prazo estabelecido no art. 9º desta Lei, estabelecerão forma de compensação aos registradores civis das pessoas naturais pelos atos gratuitos, por eles praticados, conforme estabelecido em lei federal.*

Parágrafo único. O disposto no caput não poderá gerar ônus para o Poder Público."

Nesse cenário, os atos praticados pelos Registradores Civis de Pessoas Naturais, que eram remunerados pelas partes mediante emolumentos, mas que passaram a ser gratuitos em razão de lei federal, devem ser compensados/indenizados, sendo que, a título exemplificativo, no Estado de São Paulo ficou estabelecida a compensação dos atos gratuitos do registro civil, destinando parcela dos emolumentos devidos pelos atos praticados pelos Tabeliães de Notas, de Protesto, dos Registradores de Imóveis e dos Registradores de Títulos e Documentos e Civil de Pessoa Jurídica. Vejamos o quanto disposto no artigo 19, inciso I, alínea "d", da referida Lei nº 11.331/02, *in verbis*:

> *"Art. 19 – Os emolumentos correspondem aos custos dos serviços notariais e de registro na seguinte conformidade:*
>
> *I – relativamente aos atos de Notas, de Registro de Imóveis, de Registro de Títulos e Documentos e Registro Civil das Pessoas Jurídicas e de Protesto de Títulos e Outros Documentos de Dívidas:*
>
> *a) 62,5% (sessenta e dois inteiros e meio por cento) são receitas dos notários e registradores;*
>
> *(...)*
>
> *d) 3,289473% (três inteiros, duzentos e oitenta e nove mil, quatrocentos e setenta e três centésimos de milésimos percentuais) são destinados à compensação dos atos gratuitos do registro civil das pessoas naturais e à complementação da receita mínima das serventias deficitárias; (...)."*

Outrossim, pela mesma Lei nº 11.331/2002, artigo 19, inciso I, alínea "d" e artigo 22, inciso II, o Estado de São Paulo estabeleceu a complementação, até 10 (dez) salários-mínimos, da renda bruta mínima das serventias deficitárias, com o superávit da referida parcela arrecadada dos emolumentos, a qual passou para treze salários-mínimos com a edição da Lei n. 15.432, de 04/06/2014. Vejamos:

> *"Art. 22 – A aplicação dos recursos previstos na alínea "d" do inciso I do artigo 19 atenderá, prioritariamente, à seguinte ordem:*
>
> *I – à compensação dos atos gratuitos do registro civil das pessoas naturais;*
>
> *II – se houver superávit, à complementação da receita bruta mínima das serventias deficitárias, até 13 (treze) salários mínimos mensais. (NR) – Inciso II com redação dada pela Lei nº 15.432, de 04/06/2014."*

Vejamos que no Estado de São Paulo, assim como na maioria dos Estados brasileiros, parte dos valores pagos pelos usuários dos serviços notariais e registrais não pertence ao titular da serventia extrajudicial. O custo total dos serviços engloba a fração pertencente ao delegatário e outras parcelas estranhas a este, que obrigatoriamente devem ser cobradas do usuário e repassadas a terceiros, conforme definido na norma Estadual.

Cumpre acrescentar que, no Estado de São Paulo, desde a Lei Estadual nº 10.199/98 até a Lei Estadual 11.331/2002 vigente, coube ao Sindicato dos Notários e Registradores do Estado de São Paulo – SINOREG/SP, a gestão da arrecadação e o simples repasse da parcela dos emolumentos, arrecadados pelos Notários e Registradores, para compensação pelos atos gratuitos aos registradores civis e para complementação da receita bruta mínima das serventias deficitárias. Vejamos o quanto disciplinado nas aludidas normas:

> <u>Lei Estadual nº 10.199/98</u> *"Artigo 32 – Não serão cobrados emolumentos dos usuários pelo registro civil de nascimento e pelo assento de óbito, das respectivas primeiras certidões expedidas, bem como para os reconhecidamente pobres pelas segundas vias das certidões (artigo 30, da Lei Federal n.º 6.015, de 31 de dezembro de 1973, com a alteração introduzida pela Lei Federal n.º 9.534, de 10 de dezembro de 1997).*
>
> *(...)*
>
> *§ 2.º – Para os fins do previsto no parágrafo anterior, os oficiais de Registro Civil das Pessoas Naturais comunicarão, mensalmente, até o 5.º (quinto) dia útil do mês subsequente ao de referência, à entidade representativa da categoria encarregada de proceder aos repasses devidos, o número de registros de nascimento, óbito, e das segundas vias das certidões gratuitas expedidas aos usuários reconhecidamente pobres, com demonstrativo dos atos praticados devidamente fiscalizado pelo Juiz Corregedor Permanente."*
>
> <u>Lei Estadual nº 11.331/2002</u> *"Artigo 21 – A arrecadação e os devidos repasses das parcelas de compensação dos atos gratuitos do registro civil das pessoas naturais e de complementação da receita mínima das serventias deficitárias serão geridos por entidade representativa de notários ou registradores indicada pelo Poder Executivo."*
>
> *Disposição Transitória*
>
> *"Artigo único – A gestão dos recursos destinados à compensação dos atos gratuitos do registro civil das pessoas naturais e à complementação da receita mínima continuará a ser exercida pelo Sindicato dos Notários e*

Registradores do Estado de São Paulo – SINOREG/SP, enquanto o Poder Executivo não indicar a entidade gestora a que se refere o artigo 21, "caput", desta lei."

Diante desse contexto, de pronto chega-se a algumas conclusões: 1) a origem dos recursos destinados à compensação dos atos gratuitos do registro civil das pessoas naturais e à complementação da receita mínima não pode ser imputada ao Sinoreg, no caso do Estado de São Paulo, ou, em outros Estados, a qualquer entidade de classe ou órgão responsável pela mera gestão do fundo, sendo tais recursos oriundos dos próprios notários e registradores, pessoas físicas que desempenham a função pública por meio de delegação, nos termos do artigo 236 da Constituição Federal; 2) por força de lei, os notários e registradores destinam parte dos emolumentos que arrecadam para garantir a continuidade dos serviços públicos prestados gratuitamente à população e dos serviços públicos prestados por serventias deficitárias; 3) os gestores do fundo de compensação dos atos gratuitos do registro civil das pessoas naturais, em regra, não prestam ou tomam serviços dos notários e registradores, não possuindo os repasses o caráter de pagamento ou contraprestação por um serviço prestado pelos delegatários da função pública aos gestores do fundo.

Do exposto, no tocante à incidência do IRRF, imputa-se, data máxima vênia, equivocadas as conclusões materializadas nas Soluções de Consultas Cosit nº 493/2017 e nº 62/2020, pois que, no caso em análise, percebe-se que o fundo que origina os repasses é fruto de parcela dos emolumentos dos registradores e notários, ou seja, na verdade, mesmo que supostamente cogitemos uma relação negocial motivadora de um pagamento, o que se coloca por mero respeito ao debate, tal relação ocorreria entre uma pessoa física (delegatário da função pública que arrecada o emolumento) e outra pessoa física (delegatário da função pública que recebe o emolumento / fundo para compensação dos atos gratuitos e manutenção de serventias deficitárias).

O gestor, seja entidade representativa de classe ou outro órgão, por força de lei, cuida apenas da administração do fundo, ou seja, é apenas a responsável pela recepção da arrecadação de parte dos emolumentos arrecadadas pelos tabeliães e registradores, e pelo imediato repasse destinado à compensação dos atos gratuitos, contudo, tal atribuição em hipótese alguma cria uma relação empregatícia entre a gestora do fundo e os destinatários da parcela arrecada por tal fundo gerido, não havendo, portanto, que se falar em qualquer rendimento do trabalho assalariado ou mesmo intuito negocial decorrente de uma prestação de serviços tida entre as partes.

Com as devidas escusas aos opositores, entender de forma diversa, conforme sugerem as Soluções de Consultas supraindicadas, distorce totalmente o comando legal e imputa uma obrigação alheia ao fato gerador do IRRF.

Com esteio nas argumentações apresentadas neste tópico, depreende-se que o fato gerador do imposto de renda consiste na aquisição de renda, assim compreendida o produto do capital do trabalho (receita), de modo que para se sujeitar ao Imposto de Renda Retido na Fonte fundado em emolumentos, necessário que haja preenchimento do quanto indicado nos artigos 7º, da Lei nº 7.713/1988 e/ou nos artigos 685 e 688 do Regulamento do Imposto de Renda (Decreto nº 9.580/2018), normas que, salvo melhor juízo, não alcançam os delegatários da função extrajudicial.

Capítulo 5

DO IMPOSTO SOBRE O SERVIÇO DOS NOTÁRIOS E REGISTRADORES

SUMÁRIO: 1. Da discussão sobre a não incidência de ISS sobre valores recebidos a título de complementação da renda da serventia ou compensação de atos gratuitos – fora do conceito de remuneração pelo serviço prestado. 2. Da discussão sobre a não incidência de ISS sobre valores atinentes a reembolsos de despesas.

É cediço que a Constituição Federal confere competência aos Municípios para instituir o imposto sobre serviços de qualquer natureza – ISS, cabendo, em contrapartida, à lei complementar a atribuição de delimitar os serviços tributáveis, tudo nos termos do artigo 156, inc. III:

> *"Art. 156. Compete aos Municípios instituir impostos sobre:*
>
> *(...)*
>
> *III – serviços de qualquer natureza, não compreendidos no art. 155, II, definidos em lei complementar."*

Pois bem, conforme mandamento da Constituição Federal, coube à Lei Complementar, enquanto instrumento normativo introdutor de normas jurídicas tributárias, definir quais seriam os serviços de qualquer natureza susceptíveis de tributação pelo imposto ora em comento.

Com a eleição da Lei Complementar como veículo introdutor das normas aptas a definir quais os serviços que desafiariam a incidência do ISS, considerou-se que tal matéria mereceria uma disciplina cuidadosa, a ser introduzida no ordenamento jurídico mediante veículo normativo de maior complexidade, em decorrência de seu procedimento legislativo.

Noutro giro, pelo mesmo motivo apresentado, a Constituição Federal, mediante o artigo 146, inciso III, "a", previu a competência para que a Lei Complementar regule normas gerais em matéria de legislação tributária, entre elas a base de cálculo dos impostos discriminados na Constituição, tudo com o fito de garantir a harmonia do sistema tributário em todas as suas esferas, mediante a uniformização do tratamento dispensado aos contribuintes pelos diversos entes tributantes:

> *"Art. 146. Cabe à lei complementar:*
>
> *(...)*
>
> *III – estabelecer normas gerais em matéria de legislação tributária, especialmente sobre:*
>
> *a) definição de tributos e de suas espécies, bem como, em relação aos impostos discriminados nesta Constituição, a dos respectivos fatos geradores, bases de cálculo e contribuintes; (...)."*

De tudo que restou pontuado, a norma constitucional determina competência à lei complementar para dispor sobre o fato gerador, base de cálculo e os contribuintes dos impostos discriminados na Constituição, e mais, a norma constitucional ainda determina que os serviços sujeitos ao ISS fossem aqueles definidos em lei complementar.

Estabelecidos os critérios de definição dos tributos, em especial do ISS, cabe aqui destacarmos a regulamentação deste tributo.

Em 31 de julho de 2003 foi normatizada, por meio da Lei Complementar nº 116, de 2003, a nova disciplina do ISS, sendo alterada pela Lei Complementar nº 157, de 2016, trazendo a lista de serviços sujeitos ao imposto municipal.

Nesse sentido, a Lei Complementar nº 116, de 2003, instituída em atendimento ao preceito constitucional, enumera os fatos geradores do ISS, entre os quais os "serviços de registros públicos, cartorários e notariais" (item 21 do anexo da Lei Complementar). Importante trazer à tela que referida norma complementar foi declarada constitucional pelo Supremo Tribunal Federal – STF, ao julgar a ADI 3.089[1], no que tange à incidência

---

1. EMENTA: AÇÃO DIRETA DE INCONSTITUCIONALIDADE. CONSTITUCIONAL. TRIBUTÁRIO. ITENS 21 E 21.1. DA LISTA ANEXA À LEI COMPLEMENTAR 116/2003. INCIDÊNCIA DO IMPOSTO SOBRE SERVIÇOS DE QUALQUER NATUREZA – ISSQN SOBRE SERVIÇOS DE REGISTROS PÚBLICOS, CARTORÁRIOS E NOTARIAIS. CONSTITUCIONALIDADE.

   Ação Direta de Inconstitucionalidade ajuizada contra os itens 21 e 21.1 da Lista Anexa à Lei Complementar 116/2003, que permitem a tributação dos serviços de registros públicos, cartorários e notariais pelo Imposto sobre Serviços de Qualquer Natureza – ISSQN.

sobre *serviços de registros públicos, cartorários e notariais* (item 21.01 do anexo da Lei Complementar).

Cumpre salientar que o recolhimento do ISS somente é feito ao município onde o serviço é prestado, e que sua alíquota sempre varia de um município para o outro. A alíquota é balizada entre alíquota mínima, que é de 2% (dois por cento), conforme o artigo 88, do Ato das Disposições Constitucionais Transitórias[2], da Constituição Federal; e a alíquota máxima de incidência, que foi fixada em 5% (cinco por cento) pelo art. 8, II, da Lei Complementar 116, de 2003.

No que se refere à base de cálculo utilizada para calcular o tributo em comento, denota-se, pois que, em regra, esta é o preço do serviço, deduzido das parcelas de terceiros.

Alegada violação dos arts. 145, II, 156, III, e 236, caput, da Constituição, porquanto a matriz constitucional do Imposto sobre Serviços de Qualquer Natureza permitiria a incidência do tributo tão-somente sobre a prestação de serviços de índole privada. Ademais, a tributação da prestação dos serviços notariais também ofenderia o art. 150, VI, a e §§ 2º e 3º, da Constituição, na medida em que tais serviços públicos são imunes à tributação recíproca pelos entes federados.

As pessoas que exercem atividade notarial não são imunes à tributação, porquanto a circunstância de desenvolverem os respectivos serviços com intuito lucrativo invoca a exceção prevista no art. 150, § 3º, da Constituição. O recebimento de remuneração pela prestação dos serviços confirma, ainda, capacidade contributiva.

A imunidade recíproca é uma garantia ou prerrogativa imediata de entidades políticas federativas, e não de particulares que executem, com inequívoco intuito lucrativo, serviços públicos mediante concessão ou delegação, devidamente remunerados.

Não há diferenciação que justifique a tributação dos serviços públicos concedidos e a não-tributação das atividades delegadas.

Ação Direta de Inconstitucionalidade conhecida, mas julgada improcedente.

2. *Art. 88.* Enquanto lei complementar não disciplinar o disposto nos incisos I e III do § 3º do art. 156 da Constituição Federal, o imposto a que se refere o inciso III do caput do mesmo artigo:

I – terá alíquota mínima de dois por cento, exceto para os serviços a que se referem os itens 32, 33 e 34 da Lista de Serviços anexa ao Decreto-lei nº 406, de 31 de dezembro de 1968;

II – não será objeto de concessão de isenções, incentivos e benefícios fiscais, que resulte, direta ou indiretamente, na redução da alíquota mínima estabelecida no inciso I.

Antes de tratarmos sobre o conceito de preço do serviço, enquanto regra geral para fixação da base de cálculo do ISS, importante que se registre que os autores não desconhecem a discussão sobre a tributação especial onde, em função do caráter pessoal dos serviços prestados pelos notários e registradores, o cálculo do imposto se daria mediante a aplicação da alíquota sobre valores fixos, estabelecidos em função da natureza do serviço ou de outros fatores pertinentes, por força do artigo 9º, § 1º, do Decreto-lei n.º 406/68[3].

É a partir da conceituação supra indicada que parte da doutrina, a qual recebe grande respeito dos autores, defende que a base de cálculo do ISS pode variar de acordo com a natureza do serviço prestado, ou seja, em relação aos serviços prestados em caráter pessoal, marcado pela intelectualidade e pela responsabilidade pessoal de quem o exerce, como é o caso dos notários e registradores, seria perfeitamente aplicável a regra prescrita no art. 9º, § 1º, do Decreto-lei n.º 406/68, com a eleição de uma base de cálculo consistente em um valor fixo, tratando-se, por exemplo, do mesmo tipo de tributação que alcança os advogados, como profissionais liberais, e que pagam o ISS sobre um valor fixo e não sobre o preço dos serviços prestados.

Corroborando com o quanto afirmado, o jurista Aires F. Barreto ensina que, "*no caso dos chamados serviços notariais, cartorários e de registro público, a base de cálculo não poderá ser o preço do serviço, devendo ser considerada unicamente aquela prevista no § 1º do art. 9º do Decreto-lei n.º 406/68, corretamente estruturada (...)*[4]".

Para essa corrente, apesar de o Supremo Tribunal Federal – STF, ao julgar a ADI 3.089, ter se pronunciado sobre a constitucionalidade da incidência do ISS sobre os serviços prestados pelos delegatários da função extrajudicial, em momento algum fixou o entendimento de que a regra prescrita no art. 9º, § 1º, do Decreto-lei n.º 406/68 não se aplicaria à categoria, de

---

3. Art. 9º A base de cálculo do imposto é o preço do serviço.

§ 1º Quando se tratar de prestação de serviços sob a forma de trabalho pessoal do próprio contribuinte, o imposto será calculado, por meio de alíquotas fixas ou variáveis, em função da natureza do serviço ou de outros fatores pertinentes, nestes não compreendida a importância paga a título de remuneração do próprio trabalho. (...).

4. BARRETO, Aires F. ISS na Constituição e na lei. 3. ed. São Paulo: Dialética, 2009. p. 402.

modo que, pelo princípio constitucional da isonomia, os notários e registradores devem receber o mesmo tratamento que diversos prestadores de serviços que exercem seus ofícios sob *a forma de trabalho, tais quais advogados, médicos, contadores, entre outros.*

Em que pese a coesão e robustez dos argumentos utilizados pelos defensores da tributação diferenciada (base fixa) para os notários e registradores, da qual, repisa-se, os autores são simpatizantes, fato é que as legislações municipais, em sua grande maioria, indicam que a base de cálculo do ISS deve corresponder ao valor percebido pelo delegatário da serventia extrajudicial quando da prestação dos serviços, motivo pelo qual nos dedicaremos a analisar essa hipótese.

Pois bem, ao partirmos da hipótese de que a base de cálculo do ISS deve corresponder ao valor percebido pelo delegatário, não podemos ignorar que a totalidade dos emolumentos cobrados, no exercício da atividade desenvolvida nas serventias extrajudiciais, não é totalmente destinada à remuneração do serviço prestado, mas também é composta por valores destinados a terceiros fixados em lei.

Isso porque o valor total arrecadado pelo cartório não compõe a base de cálculo dos serviços prestados pelos notários e registradores, posto que, por expressa designação legal, destinam-se a terceiro e, assim, não se revestem da necessária natureza de contraprestação do serviço prestado pelo delegatário da serventia extrajudicial.

Para os serviços notariais e registrais, portanto, a base de cálculo do ISS deve corresponder ao valor percebido pelo delegatário da serventia extrajudicial e destinado à sua remuneração, assim sendo, excluídos os valores que tenham destino a terceiros.

A título ilustrativo, no Estado de São Paulo os percentuais e destinatários dos valores que compõem os emolumentos arrecadados têm expressa previsão no artigo 19 da Lei Estadual nº 11.331/2002, *in verbis*:

> *"Artigo 19 – Os emolumentos correspondem aos custos dos serviços notariais e de registro na seguinte conformidade:*
>
> *I – relativamente aos atos de Notas, de Registro de Imóveis, de Registro de Títulos e Documentos e Registro Civil das Pessoas Jurídicas e de Protesto de Títulos e Outros Documentos de Dívidas:*
>
> *a) 62,5% (sessenta e dois inteiros e meio por cento) são receitas dos notários e registradores;*

b) 17,763160% (dezessete inteiros, setecentos e sessenta e três mil, cento e sessenta centésimos e milésimos percentuais) são receita do Estado, em decorrência do processamento da arrecadação e respectiva fiscalização;

c) 9,157894% (nove inteiros, cento e cinquenta e sete mil, oitocentos e noventa e quatro centésimos de milésimos percentuais) são contribuição à Secretaria da Fazenda; (NR)

d) 3,289473% (três inteiros, duzentos e oitenta e nove mil, quatrocentos e setenta e três centésimos de milésimos percentuais) são destinados à compensação dos atos gratuitos do registro civil das pessoas naturais e à complementação da receita mínima das serventias deficitárias;

e) 4,289473% (quatro inteiros, duzentos e oitenta e nove mil, quatrocentos e setenta e três centésimos de milésimos percentuais) são destinados ao Fundo Especial de Despesa do Tribunal de Justiça, em decorrência da fiscalização dos serviços; (NR)

f) 3% (três por cento) são destinados ao Fundo Especial de Despesa do Ministério Público do Estado de São Paulo, em decorrência da fiscalização dos serviços; (NR)

II – relativamente aos atos privativos do Registro Civil das Pessoas Naturais:

a) 83,3333% (oitenta e três inteiros, três mil e trezentos e trinta e três centésimos de milésimos percentuais) são receitas dos oficiais registradores;

b) 16,6667% (dezesseis inteiros, seis mil seiscentos e sessenta e sete centésimos de milésimos percentuais) são contribuição à Secretaria da Fazenda; (NR)

***Parágrafo único** – São considerados emolumentos, e compõem o custo total dos serviços notariais e de registro, além das parcelas previstas neste artigo:*

1 – a parcela dos valores tributários incidentes, instituídos pela lei do município da sede da serventia, por força de lei complementar federal ou estadual;

2 – a parcela destinada à Secretaria da Fazenda em montante correspondente a 4,8% (quatro inteiros e oito décimos percentuais) sobre o valor da parcela prevista na alínea 'a' do inciso I deste artigo. (NR)."

Denota-se, pois, que a totalidade dos emolumentos cobrados pelos notários e registradores, no exercício da atividade desenvolvida nas serventias extrajudiciais, não lhes é totalmente destinada, mas também é composta por valores destinados a terceiros fixados em lei.

Para os serviços notariais e registrais, portanto, a base de cálculo do ISS deve corresponder ao valor percebido pelo delegatário da serventia extrajudicial e destinado à sua remuneração, assim, excluídos os valores que tenham destino a terceiros.

Nesse sentido, em 2010, o Tribunal de Justiça de São Paulo exarou entendimento em incidente de arguição de inconstitucionalidade, posicionando que os valores recolhidos a título de ISS deveriam recair apenas sobre a quantia referente à parcela dos emolumentos que pertence ao titular da serventia extrajudicial, sendo tal entendimento aplicado desde então[5], inclusive tendo recebido a chancela da Corte Superior[6]. Vejamos a ementa do incidente de inconstitucionalidade:

> *"INCIDENTE DE INCONSTITUCIONALIDADE – DÉCIMA QUINTA CÂMARA DE DIREITO PÚBLICO – AÇÃO DECLARATÓRIA – Incidência*

---

5. "ISSQN – Serviços notariais, cartorários e de registros – Ação Anulatória de Lançamento Fiscal – Base de cálculo que deve corresponder apenas à parte destinada ao notário como contraprestação pelo serviço prestado – Sentença recorrida que está em consonância com jurisprudência firme deste Tribunal e desta Câmara no sentido de que a base de cálculo do ISS deve ser, tão somente, o valor auferido pelo oficial delegatário, daí estando excluídos os demais encargos a ele não pertencentes, recebidos a título de emolumentos e repassados ao Estado e demais órgãos públicos (IPESP, Sinoreg, Santa Casa e Tribunal de Justiça) – Sentença mantida por seus próprios fundamentos – Recurso não provido" (TJSP – Acórdão Apelação 1007050-42.2016.8.26.0053, Relator(a): Des. Fortes Muniz, data de julgamento: 28/11/2018, data de publicação: 29/11/2018, 15ª Câmara de Direito Público).

   "(...) De rigor, pois, a parcial procedência da ação declaratória, para que da base de cálculo do ISS, incidente sobre os serviços de registros públicos, cartorários e notariais, sob a égide da Lei Municipal 14.865/2008, sejam excluídas as parcelas não pertencentes aos autores, explicitadas no art. 19, I, 'b' a 'e', da Lei Estadual 11.331/2002, uma vez que ilegítima a adoção da receita bruta para tanto, devendo ser considerada tão somente a receita efetivamente auferida pelos mesmos, ou seja, aquela prevista na letra 'a' do referido dispositivo legal (...)" (TJSP; Apelação Cível 0012695-12.2009.8.26.0053; Relator (a): Francisco Olavo; Órgão Julgador: 18ª Câmara de Direito Público; Foro Central – Fazenda Pública/Acidentes – 14ª Vara de Fazenda Pública; Data do Julgamento: 12/11/2014; Data de Registro: 19/11/2014).

6. STJ – AREsp nº 1.317.206/SP (2018/0157339-6) autuado em 04/07/2018, Ministra Regina Helena Costa, DJ 06/11/2018.

> *do ISS sobre os serviços de registros públicos, cartorários e notariais, a teor da Lei Complementar 116/03 e Lei Municipal nº 93/03 – Atividade privada – Receita bruta que não pode servir como a grandeza do elemento tributário quantitativo. Base de cálculo do ISS que deve ser, tão somente, o valor auferido pelo oficial delegatário, daí estando excluídos, por óbvio, os demais encargos a ele não pertencentes – Artigo 236,* caput, *da Constituição Federal – Arguição acolhida, para conferir à Lei Complementar Municipal 93/03, do Município de Santa Fé do Sul, interpretação conforme a Constituição Federal – INCIDENTE DE INCONSTITUCIONALIDADE PROCEDENTE" (Arguição de Inconstitucionalidade nº 0222778-68.2009.8.26.0000; Órgão Especial; Des. Rel. Xavier de Aquino; j. 26.05.2010).*

Assim, os valores repassados a terceiros, conforme designação legal e entendimento consolidado na jurisprudência, não se incluem na base de cálculo do ISS.

Posto isso, imperioso é o entendimento de que o ISS pago pelos delegatários se limita ao percentual a título de rendimentos, incidido apenas sobre os emolumentos em sentido estrito; ou seja, a base de cálculo do referido tributo deve corresponder somente ao preço do serviço propriamente dito, excluindo-se as verbas que expressamente não integram a receita do Embargante, entre as quais as receitas repassadas a terceiros.

1. Da discussão sobre a não incidência de ISS sobre valores recebidos a título de complementação da renda da serventia ou compensação de atos gratuitos – fora do conceito de remuneração pelo serviço prestado

Os delegatários do serviço notarial e de registro, como dito no tópico anterior, tão somente estão obrigados a recolher o Imposto sobre Serviço de Qualquer Natureza – ISS, sobre as receitas consideradas tributáveis, que se inserem no critério de remuneração pelo serviço prestado.

Nesse cenário, parte da doutrina sustenta que os repasses a título de compensação de atos gratuitos de registro e complementação da serventia mínima sequer constituem fato gerador do ISS, dado o seu caráter indenizatório, ou seja, os valores recebidos assumem caráter compensatório e não remuneratório.

Sendo tais recebimentos uma mera indenização e não renda ou acréscimo patrimonial, não pode constituir a base de cálculo para o ISS, pois está-se, na verdade, diante de mera compensação financeira destinada a recompor os recursos dispendidos para o cumprimento da determinação constitucional de gratuidade ou da manutenção do serviço público fundamental de responsabilidade do Estado.

Do quanto exposto, depreende-se que os valores recebidos a título de complementação da receita mínima da serventia ou em compensação de atos gratuitos estão fora do conceito serviço tributável, por não assumirem a característica de remuneração por um serviço prestado.

Isso significa que qualquer outra receita que ingresse na serventia, que não o percentual pago pelos usuários do serviço e destinado para os delegatários, não configura preço do serviço, razão pela qual os valores recebidos a título de complementação da receita mínima da serventia ou em compensação de atos gratuitos não estariam sujeitos ao ISS.

Veja-se que a parcela dos emolumentos destinada ao fundo de compensação de atos gratuitos e complementação das serventias deficitárias não se confunde com os valores recebidos a títulos destes, já repassados pelos fundos.

Deveras, analisando a hipótese de incidência do ISS, a base de cálculo do imposto é o preço do serviço, preço esse que inexiste na realização de atos gratuitos, tendo em vista que, pela própria acepção da palavra, são atos praticados sem a cobrança de preço.

Assim, data máxima vênia, se serviços são prestados a título gratuito por uma disposição constitucional e o ISS somente incide sobre serviços efetivamente prestados a título oneroso, não há que se falar em tributação sobre serviços atinentes à recomposição patrimonial recebida. Ora, o ISS incide sobre serviços efetivamente prestados a título oneroso. Aliás, com as devidas escusas aos opositores dessa tese, os autores entendem que sequer o Imposto de Renda poderia ser devido sobre estes valores recebidos a título de compensação, pois, conforme registrado, não há rendimento ou acréscimo patrimonial, mas sim recomposição de patrimônio, no exato conceito de indenização.

Repisa-se, os valores recebidos a título de compensação de atos gratuitos e complementação das serventias deficitárias não podem integrar a base de cálculo do ISS, pois não correspondem a valores recebidos pela prestação de serviços notariais, cartorários ou de registro, mas sim à recomposição patrimonial da serventia, diante da realização de atos necessários à cidadania, gratuitos por previsão constitucional.

Sobre o tema, existem inúmeros precedentes dos tribunais[7] reconhecendo a natureza indenizatória dos valores repassados a título de compensação dos atos gratuitos e de complementação da receita mínima das serventias deficitárias.

Não podemos ignorar o fato de que as hipóteses de gratuidade de emolumentos e de emissão de certidões são de cumprimento obrigatório dos

---

7. "APELAÇÃO CÍVEL Ação declaratória de inexistência de relação jurídica Município de São Paulo Litispendência parcial da ação Serviços notariais e de registro – ISS – A base de cálculo do imposto é o preço do serviço Incidência sobre os emolumentos em sentido estrito com exclusão dos repasses oriundos do SINOREG – Natureza de compensação dos atos gratuitos do registro civil das pessoas naturais e complementação da receita mínima das serventias deficitárias Sentença parcialmente reformada Sucumbência recíproca Recursos, da Municipalidade não provido e da autora parcialmente provido" (TJ-SP. Apelação 0042038-82.2011.8.26.0053; Relator: Raul De Felice; Data do Julgamento: 03/05/2016; Data de Registro: 03/05/2016).

"APELAÇÃO – MANDADO DE SEGURANÇA – ISS – Município de Cafelândia. Incidência do ISS sobre os repasses oriundos do Sinoreg, a título de compensação dos atos gratuitos. Impossibilidade. Natureza indenizatória do repasse. Sentença mantida Recursos improvidos" (TJ-SP. Apelação/Remessa Necessária 1000896-83.2015.8.26.0104; Relator: Rezende Silveira; Data do Julgamento: 19/04/2016; Data de Registro: 25/04/2016).

"(...) Embora o parágrafo 1º, do artigo 32, da Lei Estadual nº 10.199/98 fale em 'A remuneração dos oficiais de registro civil pelos atos praticados gratuitamente no cumprimento da lei...', a verba repassada pelo SINOREG aos oficiais de registro civil tem natureza indenizatória, pois compensam os custos decorrentes dos atos gratuitos praticados. (...)

(...) Assim, os Fundos de Custeio possuem a finalidade de dar efetividade e qualidade à prestação de serviços gratuitos pelos cartórios, pois preveem o ressarcimento (indenização) dos custos operacionais que os oficiais são obrigados a arcar. Em última análise, como tal verba possui natureza de compensação, não pode ser considerada como receita auferida pelo delegatário, (...)" (ADcl. 1001974-43.2017.8.26.0363, Mogi Mirim, Juiz(a) de Direito: Dr(a). Fabiana Garcia Garibaldi, Dj. 18/04/2018).

"(...) De sorte que referidos valores recebidos pelo autor a título de compensação não podem ser objeto de tributação, não constituindo fato gerador do tributo, nem sua base de cálculo. (...)" (TJ-SP – APL: 10019744320178260363 SP 1001974-43.2017.8.26.0363, Relator: Eutálio Porto, Data de Julgamento: 29/11/2018, 15ª Câmara de Direito Público, Data de Publicação: 03/12/2018).

cartórios de registro civil e, para compensação de tal dispêndio, a lei prevê a forma e a fonte de recursos que compõe o fundo para o custeio destes atos gratuitos.

E como os registradores e notários devem cumprir a lei na prestação de seus serviços, no que concerne à obrigatoriedade imposta pelo Poder Público para que determinados atos (serviços) praticados sejam gratuitos, nada mais justo que os oficiais sejam compensados com relação aos custos operacionais que tenham na execução destes serviços não remunerados.

Do exposto, em que pese entendimentos contrários, como os valores repassados a título de compensação dos atos gratuitos e de complementação da receita mínima das serventias deficitárias possuírem natureza de compensação, entendemos que estes não podem ser considerados como receita auferida pelo delegatário, não constituindo fato gerador do ISS, nem sua base de cálculo, pois tecnicamente não constituem preço dos serviços tributários.

2. Da discussão sobre a não incidência de ISS sobre valores atinentes a reembolsos de despesas

Considerando que não restam dúvidas de que a base de cálculo do tributo ISS é tão somente o preço do serviço efetivamente prestado e que remunerou o prestador, o cerne da questão que se propõe a enfrentar no presente tópico está em determinar se, além das verbas recebidas a título de remuneração/emolumentos, os valores que visam apenas recompor parte do patrimônio do prestador podem ser considerados como receita bruta para apuração do imposto. Vejamos novamente o quanto disposto na Lei Complementar n. 116/2003, que estabelece os parâmetros sobre o Imposto sobre Serviços de Qualquer Natureza – ISS, no tocante à base de cálculo do imposto:

"Art. 7º. A base de cálculo do imposto é o preço do serviço."

Importante esclarecer que não existe uma posição única, quer na doutrina, quer na jurisprudência, sobre a incidência, ou não, de ISS sobre reembolsos de despesas que possuem natureza distinta da prestação de serviço e que são direcionadas integralmente a terceiros.

Esse tema ganha muita relevância em determinadas especialidades, por exemplo, nas serventias de protesto e nas serventias de títulos e documentos, onde as despesas postais com envios de intimações para pagamentos de títulos e remessas de notificações são consideráveis.

Para corroborar com o quanto aqui indicado, no caso dos tabelionatos de protesto, em conformidade com a Lei nº 9.492/1997, o Tabelião deve receber o título ou documento apontado pelo credor e verificar o atendimento a todos os requisitos legais de validade, de modo a atestar a exigibilidade do crédito e realizar o respectivo protocolo do título. Em seguida, uma vez apresentado e protocolizado o título, o Tabelião deverá proceder com a intimação do devedor no endereço fornecido pelo apresentante. Tal intimação tem o objetivo de cientificar o devedor de que o título encontra-se registrado no respectivo Tabelionato.

O artigo 14 da mencionada lei estabelece quanto ao procedimento de intimação que:

> *"Art. 14. Protocolizado o título ou documento de dívida, o Tabelião de Protesto expedirá a intimação ao devedor, no endereço fornecido pelo apresentante do título ou documento, considerando-se cumprida quando comprovada a sua entrega no mesmo endereço.*
>
> *§ 1º. A remessa da intimação poderá ser feita por portador do próprio tabelião, ou por qualquer outro meio, desde que o recebimento fique assegurado e comprovado através de protocolo, aviso de recepção (AR) ou documento equivalente."*

Ocorre que, para proceder com as intimações do devedor, os Tabeliães normalmente utilizam o serviço oferecido pelos Correios, contratando ainda junto à postagem o serviço adicional denominado "Aviso de Recebimento (AR)", garantindo-se, assim, plena validade jurídica do ato de intimação.

Devidamente intimado, o devedor deverá pagar a quantia devida ao Tabelião, o qual compreende três parcelas distintas, quais sejam, o montante devido e atualizado constante do título ou documento de dívida protestado; os emolumentos; e as demais despesas que foram custeadas pelo Tabelião para a consecução do trâmite de protesto.

Assim, extrai-se que as despesas postais pagas pelos Tabelionatos são reembolsadas pelo devedor, no momento do adimplemento do protesto; ou então as mesmas são custeadas pelo credor no caso de desistência do título. Ou seja, os valores despendidos com a postagem de intimações são restituídos ao patrimônio do prestador, não gerando lucro aos Tabeliães, mas mera recomposição.

Inclusive a própria legislação federal faz distinção entre a remuneração dos Tabeliães (emolumentos) e as demais despesas que possam incorrer na prestação dos serviços registrais e notariais, separando-as expressamente, conforme artigo 19 da Lei n. 9.492/97, já mencionado no item anterior e cujo teor se transcreve novamente:

> *"Art. 19. O pagamento do título ou do documento de dívida apresentado para protesto será feito diretamente no Tabelionato competente, no valor igual ao declarado pelo apresentante, acrescido dos emolumentos e demais despesas."*

Repita-se que tais receitas correspondem tão somente a ingresso de recursos de natureza distinta da prestação de serviço e que são direcionadas integralmente a terceiros, no caso, os correios. Os notários e registadores, quando promovem as comunicações dos destinatários, não prestam serviço de remessa postal, de modo que o valor recebido, referente à despesa com os serviços dos correios, evidencia nitidamente o caráter de recomposição e não remuneração por um serviço.

Isto é, se o preço do serviço incluiu, além das verbas recebidas a título de retribuição pelos serviços prestados, os valores que visam apenas repor a parte do patrimônio do prestador que fora reduzido para que fosse possível a prestação do serviço, esta última parcela não deve ser passível de tributação pelo ISS.

José Eduardo Soares de Mello[8] muito bem esclarece que:

> *"(...) os contribuintes dos tributos citados (dentre eles o ISS) têm o direito de não considerar, como receitas próprias, valores que apenas transitam por seus livros fiscais, sem representar, entretanto, acréscimo patrimonial. Tal é o caso dos montantes a ele repassados para satisfação de despesas incorridas por conta e ordem de terceiros, ou para pagamento, aos efetivos prestadores, por serviços por eles apenas intermediados."*

É nesse viés que parte da doutrina defende que só pode ser considerado como preço do serviço (e consequentemente base de cálculo do ISS) o valor que, pago em contrapartida da prestação de um serviço, ingressa no patrimônio do prestador, gerando uma nova renda, sendo que os valores que não geram acréscimo patrimonial e apenas recompõem o patrimônio do prestador, que em função da prestação dos serviços foi reduzido, não

---

8. SOARES DE MELLO, José Eduardo. **Aspectos Teóricos e Práticos do ISS**. 2. ed. São Paulo: Dialética, 2001. p. 95.

devem ser considerados como preço do serviço e, consequentemente, não são considerados como base de cálculo do ISS.

Importante consignar que há o entendimento pelos Tribunais Superiores de que as importâncias repassadas por terceiros, por meio de reembolso, não devem ser incluídas na base de cálculo do ISS. Segue esclarecedor precedente:

> *"TRIBUTÁRIO – ISS – BASE DE CÁLCULO – PREÇO DO SERVIÇO – REEMBOLSOS DE IMPORTÂNCIAS QUE NÃO SE ENQUADRAM COMO SERVIÇOS PRESTADOS – NÃO-INCLUSÃO NA BASE DE CÁLCULO. A base de cálculo do ISS é o preço do serviço, não sendo possível incluir, nesse valor, importâncias que não serão revertidas para o prestador, mas simplesmente repassadas a terceiros, por meio de posterior reembolso. Precedentes. Agravo regimental improvido" (AgRg no REsp n. 1.094.948/MG. T2 – Segunda Turma. Rel. Ministro Humberto Martins. Julg. 03/02/2009. Data de Publicação 16/02/2009). (g.n.).*

Há inclusive precedente no Superior Tribunal de Justiça no sentido de que se deve diferenciar os valores pertencentes a terceiros do custo de prestação de serviços, conforme se infere no julgamento seguinte:

> *"TRIBUTÁRIO. IMPOSTO SOBRE SERVIÇOS DE QUALQUER NATUREZA. BASE DE CÁLCULO. REEMBOLSO DE DESPESAS DE VIAGEM, ALIMENTAÇÃO E ESTADA DE EMPREGADOS QUANDO DA PRESTAÇÃO DE SERVIÇOS EM OUTRA LOCALIDADE. NÃO INCIDÊNCIA DO ISSQN.*
>
> *1. A base de cálculo do ISS é o preço do serviço, consoante disposto no art. 9º,* caput, *do Decreto-lei nº 406/68.*
>
> *2. Destarte, o preço do serviço é a contraprestação que o tomador ou usuário do serviço deve pagar diretamente ao prestador, vale dizer, o valor a que o prestador faz jus, pelos serviços que presta.*
>
> *3. Consectariamente, as despesas realizadas com viagens, alimentação e estada de funcionários, para prestação do serviço em localidade diversa do estabelecimento do prestador, ostentam natureza indenizatória em virtude do repasse ao contratante para posterior reembolso, não integrando a remuneração pelo serviço prestado, porquanto não realizadas em favor de quem as efetuou.*
>
> *4. É cediço na jurisprudência da Corte que somente os gastos com a própria atividade são objeto de tributação pelo ISS, não podendo ser deduzidos para*

a apuração do resultado, sob pena de o preço do serviço deixar de ser a receita bruta a ele correspondente.

5. Outrossim, não podem ser considerados como referidos valores os recebidos de outrem para adimplir obrigações (não do prestador) de terceiro, cujo negócio é por aquele administrado, sob pena de não se distinguir o conceito de despesa com o de custo da prestação do serviço, e de valores pertencentes a terceiros.

6. Precedentes: REsp 411.580/SP, 1ª Turma, Rel. Min. Luiz Fux, DJ 08/10/2002; REsp 618.772/RS, 1ª Turma, Rel. Min. Francisco Falcão, DJ 19/12/2005; REsp 224.813/SP, 1ª Turma, Rel. Min. José Delgado, DJ 07/12/1999.

7. Recurso especial desprovido" (STJ – REsp: 788.594 MG 2005/0171941-7, Relator: Ministro Luiz Fux, Data de Julgamento: 06/02/2007, T1 – Primeira Turma, Data de Publicação: DJ 08/03/2007, p. 167). (g.n.).

Os julgados analisados revelam que o STJ aceita a premissa de que não há incidência sobre valores somente repassados a terceiros e que o valor da base de cálculo do ISS é somente a remuneração do serviço.

A remuneração dos delegatários da função extrajudicial, por dispositivo constitucional e legal, será única e exclusivamente por meio da cobrança de emolumentos, sendo que as demais despesas, a título de reembolsos, são cobradas separadamente, o que diante do contexto apresentado, é possível concluir que não integrariam a base de cálculo do ISS, pois que tratam-se de importância repassada por terceiros, visando apenas à restituição do patrimônio do prestador.

Nos parece factível essa tese, pois tão somente as receitas, e não as meras entradas de valores, é que se constituem em base de cálculo do ISS, pois tão só as receitas remuneram o serviço e representam o pagamento de prestação contratual específica.

A análise da legislação revelou que somente os valores que acrescem ao patrimônio do prestador, ou seja, os valores que remuneram o esforço humano prestado a outrem, é que podem ser considerados como base de cálculo do ISS, de modo que todo e qualquer valor recebido a título de reembolso estaria unicamente recompondo o patrimônio do prestador e, por não ser considerado uma riqueza nova, não daria ensejo à incidência do ISS.

Capítulo 6
DA CONTRIBUIÇÃO PATRONAL DEVIDA PELOS NOTÁRIOS E REGISTRADORES

Sumário: 1. Da discussão sobre a verba indenizatória integrar ou não a base de cálculo da contribuição previdenciária.

Nos termos do art. 195, da Constituição Federal, a seguridade social será financiada por toda a sociedade, de forma direta e indireta, nos termos da lei. O financiamento indireto é aquele realizado pelos entes federados, União, Estados, Municípios e Distrito Federal, e o direto é aquele realizado pelos empregadores e trabalhadores. Vejamos o referido dispositivo legal:

> "*Art. 195. A seguridade social será financiada por toda a sociedade, de forma direta e indireta, nos termos da lei, mediante recursos provenientes dos orçamentos da União, dos Estados, do Distrito Federal e dos Municípios, e das seguintes contribuições sociais:*
>
> *I – do empregador, da empresa e da entidade a ela equiparada na forma da lei, incidentes sobre:*
>
> *a) a folha de salários e demais rendimentos do trabalho pagos ou creditados, a qualquer título, à pessoa física que lhe preste serviço, mesmo sem vínculo empregatício;*
>
> *b) a receita ou o faturamento;*
>
> *c) o lucro;*
>
> II – *do trabalhador e dos demais segurados da previdência social, podendo ser adotadas alíquotas progressivas de acordo com o valor do salário de contribuição, não incidindo contribuição sobre aposentadoria e pensão concedidas pelo Regime Geral de Previdência Social;*
>
> *III – sobre a receita de concursos de prognósticos;*
>
> *IV – do importador de bens ou serviços do exterior, ou de quem a lei a ele equiparar.*"

A contribuição, quando feita pelo empregador, empresas ou equiparados, é chamada de contribuição patronal, sendo que o termo "patronal" se refere a palavra "patrão", por isso, essa nomenclatura.

Portanto, o INSS Patronal é a contribuição previdenciária de responsabilidade do empregador, o qual tem a obrigação de financiar a Seguridade Social para a sociedade como um todo, não somente para seus empregados.

O Decreto nº 3.048, de 1999, que regulamenta a Previdência Social, em seu art. 9º, V, "l", § 15, VII, definiu os delegatários da função pública extrajudicial como contribuintes individuais, *in verbis*:

> *"**Art. 9º**. São segurados obrigatórios da previdência social as seguintes pessoas físicas:*
>
> *(...)*
>
> *V – como contribuinte individual:*
>
> *(...)*
>
> *l) a pessoa física que exerce, por conta própria, atividade econômica de natureza urbana, com fins lucrativos ou não;*
>
> *(...)*
>
> *§ 15: Enquadram-se nas situações previstas nas alíneas 'j' e 'l' do inciso V do* caput, *entre outros:*
>
> *(...)*
>
> *VII – o notário ou tabelião e o oficial de registros ou registrador, titular de cartório, que detêm a delegação do exercício da atividade notarial e de registro, não remunerados pelos cofres públicos, admitidos a partir de 21 de novembro de 1994; (...)" (sem grifos no original).*

Corroborando o dispositivo transcrito, a Instrução Normativa RFB nº 971, de 2009[1], houve por bem esclarecer que os notários e registradores são contribuintes obrigatórios na qualidade de contribuintes individuais. Vejamos a redação do artigo art. 9º:

> *"**Art. 9º**. Deve contribuir obrigatoriamente na qualidade de contribuinte individual:*
>
> *(...)*

---

1. Disponível em http://normas.receita.fazenda.gov.br/sijut2consulta/link.action?idAto=15937. Acesso em 28/06/2021.

XXIII – o notário, o tabelião, o oficial de registro ou registrador, nomeados até 20 de novembro de 1994, que detêm a delegação do exercício da atividade notarial e de registro, não remunerados pelos cofres públicos;

XXIV – o notário, o tabelião, o oficial de registro ou registrador, nomeados até 20 de novembro de 1994, que detêm a delegação do exercício da atividade notarial e de registro, mesmo que amparados por RPPS, conforme o disposto no art. 51 da Lei nº 8.935, de 1994, a partir de 16 de dezembro de 1998, por força da Emenda Constitucional nº 20, de 1998;

XXV – o notário, o tabelião, o oficial de registro ou registrador, nomeados a partir de 21 de novembro de 1994, em decorrência da Lei nº 8.935, de 1994; (...).”

Nota-se que a Instrução Normativa em tela fundamentou-se na Emenda Constitucional nº 20, de 1998, para distinguir dois períodos, o anterior e o posterior a 16 de dezembro de 1998, já que a referida emenda reservou o Regime Próprio de Previdência Social (RPPS) para os servidores públicos titulares de cargos efetivos.

Sendo assim, considerando que os notários e registradores são delegatários de serviço público, significa que não são servidores públicos e, portanto, não podem mais integrar o RPPS, logo, após a data citada, passaram automaticamente a fazer parte do Regime Geral de Previdência Social (RGPS), na condição de contribuintes individuais.

Uma vez superada a vinculação previdenciária dos titulares de cartórios, cabe lembrar que, para fins previdenciários, os cartórios, como contribuintes individuais, são equiparados às empresas em relação aos funcionários que lhe prestam serviços, consoante art. 15, da Lei nº 8.212 de 1991, *in verbis:*

“Art. 15. Considera-se:

I – empresa – a firma individual ou sociedade que assume o risco de atividade econômica urbana ou rural, com fins lucrativos ou não, bem como os órgãos e entidades da administração pública direta, indireta e fundacional;

(...)

Parágrafo único: Equiparam-se a empresa, para os efeitos desta Lei, o contribuinte individual e a pessoa física na condição de proprietário ou dono de obra de construção civil, em relação a segurado que lhe presta serviço, bem como a cooperativa, a associação ou a entidade de qualquer natureza ou finalidade, a missão diplomática e a repartição consular de carreira estrangeiras.”

É cediço que os notários e registradores, para o exercício de suas atividades, podem contratar funcionários mediante a legislação trabalhista, como previsto no art. 20, da Lei nº 8.935 de 1994, *in verbis*:

> *"Art. 20. Os notários e os oficiais de registro poderão, para o desempenho de suas funções, contratar escreventes, dentre eles escolhendo os substitutos, e auxiliares como empregados, com remuneração livremente ajustada e sob o regime da legislação do trabalho."*

Ao contratar funcionários, o delegatário passa a se equiparar a uma empresa para as finalidades tributárias, devendo reter na fonte o INSS dos prestadores segurados, bem como recolher o INSS Patronal, na forma do art. 22, da Lei n 8.212 de 1991. Vejamos a redação do dispositivo indicado:

> *"Art. 22. A contribuição a cargo da empresa, destinada à Seguridade Social, além do disposto no art. 23, é de:*
>
> *I – vinte por cento sobre o total das remunerações pagas, devidas ou creditadas a qualquer título, durante o mês, aos segurados empregados e trabalhadores avulsos que lhe prestem serviços, destinadas a retribuir o trabalho, qualquer que seja a sua forma, inclusive as gorjetas, os ganhos habituais sob a forma de utilidades e os adiantamentos decorrentes de reajuste salarial, quer pelos serviços efetivamente prestados, quer pelo tempo à disposição do empregador ou tomador de serviços, nos termos da lei ou do contrato ou, ainda, de convenção ou acordo coletivo de trabalho ou sentença normativa."*

Os delegatários da função extrajudicial são então responsáveis pelo recolhimento da contribuição patronal de alíquota de 20% (vinte por cento) incidente sobre as remunerações pagas ou creditadas, durante o mês, aos segurados empregados e trabalhadores avulsos que lhe prestam serviços.

Com o intuito de cumprir tal obrigação previdenciária, o notário e o registrador devem se inscrever no Cadastro Específico do INSS (CEI), conforme orienta o art. 17, II, "b", e art. 19, II, "g", da Instrução Normativa RFB nº 971, de 2009[2], vejamos:

> *"Art. 17. Considera-se:*
>
> *(...)*
>
> *II – matrícula, a identificação dos sujeitos passivos perante a Previdência Social, que pode ser o número de inscrição no:*

---

2. Idem.

> *(...)*
>
> *b) Cadastro Específico do INSS (CEI) para equiparados à empresa desobrigados da inscrição no CNPJ, obra de construção civil, produtor rural contribuinte individual, segurado especial, titular de cartório, adquirente de produção rural e empregador doméstico, nos termos do art. 19;*
>
> *(...)."*
>
> *"Art. 19. A inscrição ou a matrícula serão efetuadas, conforme o caso:*
>
> *(...)*
>
> *II – no CEI, no prazo de 30 (trinta) dias contados do início de suas atividades, observado o disposto nos §§ 2º e 3º do art. 17, para as pessoas equiparadas a empresa, quando for o caso, para o produtor rural contribuinte individual, para o segurado especial e para obra de construção civil, casos em que será responsável pela matrícula:*
>
> *(...)*
>
> *g) o titular de cartório, sendo a matrícula emitida no nome do titular, ainda que a respectiva serventia seja registrada no CNPJ; (...)."*

Inclusive, é bom que se reforce que o cadastro Específico do INSS, via inscrição CEI, é obrigatório também para os interinos, conforme a jurisprudência de Tribunais Regionais do Trabalho. Segue esclarecedor precedente:

> *"O oficial interino, portanto, ocupa de forma precária e temporária o cargo vago até que serventia seja provida por concurso público, sempre em confiança do Poder Público delegante, com possibilidade de cessação da interinidade mediante decisão fundamentada na qual se explicite a quebra da confiança e a preservação do interesse público.*
>
> *(...) Conclui-se que figura do empregador é assumida pelo particular e não pelo Estado, que assume a função por meio de aprovação em concurso público e por delegação do Poder Público, sendo responsabilidade exclusiva do particular a contratação de empregados, devendo se identificar como sujeito passivo da Previdência Social por meio de Cadastro Específico do INSS (CEI), ainda que a respectiva serventia seja registrada no CNPJ. (...)" (TRT-23 – Inteiro Teor. Ação Trabalhista – Rito Sumaríssimo: ATSum 5610220195230096 MT).*

A partir de tais diretrizes, os delegatários ficam obrigados a abrir a chamada matrícula CEI para identificar os sujeitos passivos da Previdência Social, sendo que tal matrícula será emitida no nome do titular do cartório, pois, apesar de a serventia possuir CNPJ para fins de obrigações acessórias tributárias, não possui personalidade jurídica, conforme já tratado alhures.

Por outro lado, em que pese os titulares dos serviços notariais e de registro serem vinculados ao RGPS como contribuintes individuais, não aplicável a regra do artigo 22, da Lei n 8.212 de 1991[3], pois, conforme muito bem esclareceu a Receita Federal na Solução de Consulta nº 147, de 2014[4], os emolumentos têm natureza de taxa e não de remuneração, não incidindo, portanto, sobre os valores desembolsados em benefício dos delegatários, a contribuição previdenciária. Vejamos a ementa da consulta:

> *"SERVIÇOS NOTARIAIS E DE REGISTRO. VALORES PAGOS. NATUREZA JURÍDICA DE TAXA E NÃO REMUNERAÇÃO. CONTRIBUIÇÃO PATRONAL E RETENÇÃO INAPLICÁVEIS. Os titulares de serviços notariais e de registro são vinculados ao RGPS, como contribuintes individuais. Contudo, os valores pagos por tais serviços têm natureza jurídica de taxa e não remuneração, razão pela qual sobre estes valores não incide a contribuição a cargo da empresa ou equiparado a empresa, bem como não se aplica a obrigação da retenção, por parte da empresa contratante de serviços notariais e de registro, da contribuição a cargo daqueles contribuinte."*

Na ocasião, o auditor-fiscal se pronunciou da seguinte forma:

> *"(...) no caso sob análise, verifica-se uma situação singular que se constitui no fato de que os valores pagos pelos usuários dos serviços notariais e de registro, denominados emolumentos nos termos do § 2º do art. 236, da CF/88, possuem natureza jurídica tributária de taxa, conforme decisão do STF na ADI 3694-AP, de 2006, não constituindo remuneração. Assim, sobre estes valores não incide a contribuição previdenciária de que trata o inciso III do art. 22 da Lei nº 8.212, de 1991, a despeito de serem os serviços prestados por pessoa física enquadrada como contribuinte individual."*

---

3. Art. 22. A contribuição a cargo da empresa, destinada à Seguridade Social, além do disposto no art. 23, é de:

   (...)

   III – vinte por cento sobre o total das remunerações pagas ou creditadas a qualquer título, no decorrer do mês, aos segurados contribuintes individuais que lhe prestem serviços; (...).

4. Disponível em: http://normas.receita.fazenda.gov.br//sijut2consulta/link.action?visao=anotado&idAto=53118. Acesso em 28/06/2021.

Assim, por não se tratar de remuneração e sim de taxa, o pagamento de emolumentos pelos serviços prestados pelos delegatários das funções extrajudiciais não enseja o recolhimento de contribuições previdenciárias, entre elas a contribuição patronal.

Isso porque a Lei nº 8.212, de 1991, é bem clara ao dizer que o INSS patronal é devido quando do pagamento de remuneração do empregador por um serviço prestado, seja por funcionário, trabalhador avulso ou contribuinte individual, vejamos o artigo 30, I, "b":

> "*Art. 30. A arrecadação e o recolhimento das contribuições ou de outras importâncias devidas à Seguridade Social obedecem às seguintes normas:*
>
> *I – a empresa é obrigada a:*
>
> *(...)*
>
> *b) recolher os valores arrecadados na forma da alínea a deste inciso, a contribuição a que se refere o inciso IV do art. 22 desta Lei, assim como as contribuições a seu cargo incidentes sobre as remunerações pagas, devidas ou creditadas, a qualquer título, aos segurados empregados, trabalhadores avulsos e contribuintes individuais a seu serviço até o dia 20 (vinte) do mês subsequente ao da competência; (...).*"

Nesse sentido, a Instrução Normativa nº 971, de 2009[5], incluiu mais recentemente o seguinte dispositivo legal, a fim de deixar evidente que sobre os serviços de notas e registro não recai o pagamento de contribuições previdenciárias:

> "*Art. 57. As bases de cálculo das contribuições sociais previdenciárias da empresa e do equiparado são as seguintes*
>
> *(...)*
>
> *§ 17. Não integram a base de cálculo da contribuição previdenciária da empresa os valores pagos aos serviços notariais e de registro (cartórios), judiciais e extrajudiciais, pelos atos por estes realizados, contudo, tais valores integram a base de cálculo da contribuição do respectivo titular quando enquadrado no RGPS como contribuinte individual.*"

Interessante notar que o dispositivo transcrito, para além de determinar que sobre os atos notariais e de registro não recai contribuição

---

5. Disponível em: http://normas.receita.fazenda.gov.br/sijut2consulta/link.action?idAto=15937. Acesso em 28/06/2021.

previdenciária, relembra que os titulares de cartórios devem recolher INSS e o INSS Patronal sobre as remunerações dos seus empregados, na forma de contribuinte individual.

Isso porque os valores recebidos pelos cartórios têm natureza jurídica de taxa, não podendo sofrer a incidência de contribuições, mas tais valores são utilizados pelos notários e registradores para a manutenção do cartório, o que inclui o pagamento da remuneração dos funcionários da serventia, quando então irá incidir as contribuições previdenciárias.

Por todo exposto concluímos que:

(i) A contribuição patronal é aquela devida pelo empregador, empresa ou equiparado, para o financiamento da Seguridade Social;

(ii) Os notários e registradores são contribuintes obrigatórios do Regime Geral de Previdência Social, na qualidade de contribuinte individual;

(iii) Para fins previdenciários, as serventias extrajudiciais são equiparadas às empresas em relação aos funcionários que lhe prestam serviços, para tanto devem reter na fonte o INSS dos prestadores segurados, bem como recolher o INSS Patronal sob a alíquota de vinte por cento sobre o total das remunerações pagas, devidas ou creditadas a qualquer título, durante o mês, aos segurados empregados e trabalhadores avulsos que lhe prestem serviço; e

(iv) Não são devidas contribuições previdenciárias em relação aos serviços prestados pelas serventias extrajudiciais, ou seja, quando é solicitada a realização de um ato notarial ou de registro, sobre esse serviço não haverá a necessidade de recolher o INSS Patronal, já que o valor da contraprestação não é remuneração e sim taxa.

1. Da discussão sobre a verba indenizatória integrar ou não a base de cálculo da contribuição previdenciária

Conforme já pontuado, as contribuições previdenciárias são exigidas conforme artigo 195, I, alínea "a", da Constituição Federal.

Na prática, o que se costuma realizar são os cálculos da contribuição considerando a "folha de pagamento" em sua íntegra, retirando apenas as importâncias expressamente excluídas pela lei do conceito de salário-contribuição, como: importâncias recebidas a título de incentivo à demissão e a participação nos lucros ou resultados.

Inexiste, em regra, uma reflexão mais aprofundada a respeito da natureza remuneratória das verbas pagas aos empregados para realizar o recolhimento previdenciário. Isso porque muitos valores que têm caráter indenizatório/compensatório, que são custeados pelo empregador e que não estão previstos expressamente na legislação como hipóteses de exclusão do salário-contribuição, não deveriam integrar a base de cálculo da contribuição previdenciária, majorando os pagamentos.

Pois bem. Em março de 2017, tivemos um importante julgamento do STF a respeito do tema, quando, ao apreciar o Recurso Extraordinário n. 565.160, discutiu-se o alcance da expressão "folha de salários", contida no artigo 195, I, da Constituição Federal, e, por conseguinte, a constitucionalidade, ou não, do artigo 22, I, da Lei n. 8.212/91, com a redação dada pela Lei n. 9.876/99, que instituiu contribuição social sobre o total das remunerações pagas, devidas ou creditadas a qualquer título aos empregados.

Vejamos a ementa do RE retrocitado:

> *"CONTRIBUIÇÃO – SEGURIDADE SOCIAL – EMPREGADOR. A contribuição social a cargo do empregador incide sobre ganhos habituais do empregado, a qualquer título, quer anteriores, quer posteriores à Emenda Constitucional nº 20/1998 – inteligência dos artigos 195, inciso I, e 201, § 11, da Constituição Federal."*

Contudo, em nenhum momento desse julgamento se mencionou a incidência das verbas de natureza jurídica indenizatória.

Veja, o acórdão limitou-se a dizer que "*A contribuição social a cargo do empregador incide sobre ganhos habituais do empregado, a qualquer título, quer anteriores, quer posteriores à Emenda Constitucional nº 20/1998*".

O que ficou definido é que incide contribuição previdenciária em ganhos habituais do trabalhador. Dessa forma, entende-se que, se a verba tiver natureza indenizatória e for paga de maneira não habitual, ela não deverá integrar a base de cálculo da contribuição previdenciária.

Nesse sentido, todos os pagamentos feitos, por exemplo, a título de aviso prévio indenizado, férias indenizadas, auxílio-doença, entre outros, em tese, são verbas indenizatórias que não são consideradas salários e por isso não devem ser submetidas à incidência da contribuição previdenciária.

Sobre as verbas indenizatórias, há entendimento reiterado na jurisprudência de que essas não são base de cálculo de INSS. Vejamos pontuais precedentes:

"PROCESSUAL CIVIL. APELAÇÃO CIVEL. CONTRIBUIÇÃO PREVIDENCIÁRIA. COTA PATRONAL (SAT E AS DEVIDAS A TERCEIROS). VERBA INDENIZATÓRIA. AVISO PRÉVIO INDENIZADO. QUINZENA INICIAL DO AUXÍLIO-DOENÇA OU ACIDENTE. TERÇO CONSTITUCIONAL DE FÉRIAS. I – A verba paga pelo empregador ao empregado sobre (aviso prévio indenizado, quinzena inicial do auxílio-doença ou acidente e terço constitucional de férias) não constitui base de cálculo de contribuições previdenciárias, posto que não possui natureza remuneratória, mas indenizatória. Precedentes. II – Recurso de apelação desprovido" (TRF-3 – AC: 00073455120124036119 SP, Relator: Desembargador Federal Cotrim Guimarães, Data de Julgamento: 29/08/2017, Segunda Turma, Data de Publicação: 05/09/2017).

"TRIBUTÁRIO. PRESCRIÇÃO. AUXÍLIO-DOENÇA OU ACIDENTE. PRIMEIROS QUINZE DIAS DE AFASTAMENTO. CONTRIBUIÇÃO PREVIDENCIÁRIA. INEXIGIBILIDADE. SALÁRIO-MATERNIDADE. SALÁRIO-PATERNIDADE. ADICIONAL DE FÉRIAS DE 1/3. AVISO PRÉVIO INDENIZADO. COMPENSAÇÃO TRIBUTÁRIA. CORREÇÃO MONETÁRIA. 1. Tratando-se de ação ajuizada após o término da vacatio legis *da LC nº 118/05 (ou seja, após 08-06-2005), objetivando a restituição ou compensação de tributos que, sujeitos a lançamento por homologação, foram recolhidos indevidamente, o prazo para o pleito é de cinco anos, a contar da data do pagamento antecipado do tributo, na forma dos arts. 150, § 1º, e 168, inciso I, ambos do CTN, c/c art. 3º da LC n.º 118/05. 2. Segundo orientação do Superior Tribunal de Justiça, não deve incidir contribuição previdenciária sobre a remuneração paga pelo empregador ao empregado durante os primeiros quinze dias de afastamento do trabalho por motivo de incapacidade, uma vez que tal verba não possuiria natureza salarial. 3. Configurada a natureza salarial do salário-maternidade e do salário-paternidade, incide sobre ele a contribuição previdenciária. 4. Em relação às férias e ao adicional de 1/3, não cabe contribuição previdenciária somente quando tiverem natureza indenizatória, tendo sido as férias efetivamente gozadas, é devida a contribuição. 5. Ainda que operada a revogação da alínea 'f' do § 9º do art. 214 do Decreto 3.038/99, a contribuição não poderia ser exigida sobre a parcela paga ao empregado a título de aviso prévio, porquanto a natureza de tais valores continua sendo indenizatória, não integrando, portanto, o salário de contribuição. 6. As contribuições previdenciárias recolhidas indevidamente podem ser objeto de compensação com parcelas vencidas posteriormente ao pagamento, relativas a tributo de mesma espécie e destinação constitucional, conforme previsto nos arts. 66 da Lei 8.383/91, 39 da Lei 9.250/95 e 89 da Lei 8.212/91, observando-se as disposições do art. 170-A do CTN e do art. 89, § 3º, da Lei 8.212/91. 7. A atualização*

monetária incide desde a data do pagamento indevido do tributo até a sua efetiva compensação, sendo aplicável, para os respectivos cálculos, a taxa SELIC" (TRF-4 – APELREEX: 7108 RS ---2311-16.2009.404.7108, Relator: Vânia Hack de Almeida, Data de Julgamento: 20/04/2010, Segunda Turma, Data de Publicação: D.E 12/05/2010).

Pois bem, passemos a comentar algumas verbas passíveis de discussão sobre a não incidência da contribuição previdenciária.

– Aviso prévio indenizado

No que se refere ao Aviso Prévio Indenizado, primeiramente é necessário diferenciar "aviso prévio" de "aviso prévio indenizado". Nesse sentido, destaca o Ministro Maurício Godinho Delgado[6]:

> *"O pagamento do aviso prévio prestado em trabalho tem natureza nitidamente salarial: o período de seu cumprimento é retribuído por meio de salário, o que lhe confere esse inequívoco caráter. Contudo, não se tratando de aviso prévio laborado, mas somente indenizado, não há como insistir-se em sua natureza salarial. A parcela deixou de ser adimplida por meio de labor, não recebendo a contraprestação inerente a este, o salário. Neste caso, sua natureza indenizatória inequivocamente desponta, uma vez que se trata de ressarcimento de parcela trabalhista não adimplida mediante a equação trabalho/salário."*

Realizada a diferenciação, a verba indenizatória não integra a base de cálculo, mas somente a de natureza salarial, de modo que o aviso prévio indenizado, como o próprio nome delimita, tem natureza indenizatória, logo não se enquadrando como salário.

No aviso prévio indenizado, o empregador pode determinar o desligamento imediato do empregado, mediante o pagamento de uma parcela compensatória relativa ao período de aviso, sendo certo que a natureza jurídica de tal verba é eminentemente indenizatória.

Com orientação esclarecedora, o STJ já pacificou entendimento de que estes valores não devem compor a base de cálculo da contribuição previdenciária por tratar-se de verba de caráter indenizatório:

> *"TRIBUTÁRIO. CONTRIBUIÇÃO PREVIDENCIÁRIA. EMPRESA. ART. 22, INC. I, DA LEI N. 8.212/91. BASE DE CÁLCULO. VERBA*

---

6. DELGADO, Maurício Godinho. Curso de Direito do Trabalho. 11ª ed. São Paulo: LTr, 2012, p. 1194.

> *SALARIAL. AVISO PRÉVIO INDENIZADO. NATUREZA INDENIZATÓRIA. NÃO INCIDÊNCIA. 1. A indenização decorrente da falta de aviso prévio visa reparar o dano causado ao trabalhador que não fora alertado sobre a futura rescisão contratual com a antecedência mínima estipulada na CLT, bem como não pôde usufruir da redução da jornada a que fazia jus (arts. 487 e segs. da CLT). 2. Não incide contribuição previdenciária sobre os valores pagos a título de aviso prévio indenizado, por não se tratar de verba salarial. 3. Recurso especial não provido" (2ª Turma, REsp nº 1.198.964/PR, Rel. Min. Mauro Campbell Marques, DJ 02/09/2010).*

Assim, o Aviso Prévio Indenizado poderá ser excluído da base de cálculo do INSS, bem como ser objeto de recuperação.

– Férias indenizadas

Em relação às férias indenizadas, por lei, não ocorre incidência de contribuição previdenciária. Desse modo, o STJ entendeu, no julgamento do REsp nº 1.230.957/RS, julgado em 26/02/2014, em que foi Relator o Ministro Mauro Campbell Marques, que "*tal importância possui natureza indenizatória/compensatória, e não constitui ganho habitual do empregado, razão pela qual sobre ela não é possível a incidência de contribuição previdenciária (a cargo da empresa)*", vejamos:

> *"PROCESSUAL CIVIL. RECURSOS ESPECIAIS. TRIBUTÁRIO. CONTRIBUIÇÃO PREVIDENCIÁRIA A CARGO DA EMPRESA. REGIME GERAL DA PREVIDÊNCIA SOCIAL. DISCUSSÃO A RESPEITO DA INCIDÊNCIA OU NÃO SOBRE AS SEGUINTES VERBAS: TERÇO CONSTITUCIONAL DE FÉRIAS; SALÁRIO MATERNIDADE; SALÁRIO PATERNIDADE; AVISO PRÉVIO INDENIZADO; IMPORTÂNCIA PAGA NOS QUINZE DIAS QUE ANTECEDEM O AUXÍLIO-DOENÇA. (...) 1.2 Terço constitucional de férias. No que se refere ao adicional de férias relativo às férias indenizadas, a não incidência de contribuição previdenciária decorre de expressa previsão legal (art. 28, § 9º, 'd', da Lei 8.212/91 – redação dada pela Lei 9.528/97). Em relação ao adicional de férias concernente às férias gozadas, tal importância possui natureza indenizatória/compensatória, e não constitui ganho habitual do empregado, razão pela qual sobre ela não é possível a incidência de contribuição previdenciária (a cargo da empresa). A Primeira Seção/STJ, no julgamento do AgRg nos EREsp 957.719/SC (Rel. Min. Cesar Asfor Rocha, DJe de 16.11.2010), ratificando entendimento das Turmas de Direito Público deste Tribunal, adotou a seguinte orientação: 'Jurisprudência das Turmas que compõem a Primeira Seção desta Corte consolidada no sentido de afastar a contribuição previdenciária do terço de férias também de empregados celetistas contratados por empresas privadas'."*

Desse modo, em relação às férias indenizadas, por lei, essas já não incidem na base de cálculo do INSS, não havendo o que restituir.

Outrossim, há previsão jurisprudencial de que o terço constitucional gozado é que poderá ser excluído da base de cálculo do INSS. Assim, em relação às férias proporcionais, se gozadas, também poderão ser excluídas da base de cálculo. Quanto aos demais casos, como férias vencidas e abono de férias, a jurisprudência não é pacífica se enquadram em verbas remuneratórias ou indenizatórias, não podendo, portanto, se afirmar se podem ser excluídas também ou não.

– Contribuição nos 15 dias anteriores à concessão de auxílio-doença

Referente aos 15 (quinze) dias que antecedem o auxílio-doença, ainda de acordo com o REsp n. 1.230.957/RS, que fundamentou os tópicos supra, o julgador entendeu que a contribuição nos 15 (quinze) dias anteriores à concessão de auxílio-doença não tem natureza salarial.

O fundamento é de que o empregado afastado por doença não presta serviço algum e, por isso, o pagamento nesses dias não tem caráter remuneratório, vejamos:

> *"(...) 2.3 Importância paga nos quinze dias que antecedem o auxílio-doença. No que se refere ao segurado empregado, durante os primeiros quinze dias consecutivos ao do afastamento da atividade por motivo de doença, incumbe ao empregador efetuar o pagamento do seu salário integral (art. 60, § 3º, da Lei 8.213/91 – com redação dada pela Lei 9.876/99). Não obstante nesse período haja o pagamento efetuado pelo empregador, a importância paga não é destinada a retribuir o trabalho, sobretudo porque no intervalo dos quinze dias consecutivos ocorre a interrupção do contrato de trabalho, ou seja, nenhum serviço é prestado pelo empregado. Nesse contexto, a orientação das Turmas que integram a Primeira Seção/STJ firmou-se no sentido de que sobre a importância paga pelo empregador ao empregado durante os primeiros quinze dias de afastamento por motivo de doença não incide a contribuição previdenciária, por não se enquadrar na hipótese de incidência da exação, que exige verba de natureza remuneratória. Nesse sentido: AgRg no REsp 1.100.424/PR, 2ª Turma, Rel. Min. Herman Benjamin, DJe 18.3.2010; AgRg no REsp 1074103/SP, 2ª Turma, Rel. Min. Castro Meira, DJe 16.4.2009; AgRg no REsp 957.719/SC, 1ª Turma, Rel. Min. Luiz Fux, DJe 2.12.2009; REsp 836.531/SC, 1ª Turma, Rel. Min. Teori Albino Zavascki, DJ de 17.8.2006."*

Desse modo, entendemos que os 15 (quinze) dias que antecedem o auxílio-doença também poderão ser excluídos da base de cálculo do INSS.

Do exposto, as verbas pagas a título de aviso prévio indenizado, férias indenizadas e auxílio-doença/acidente (primeiros 15 dias) possuem caráter indenizatório, não constituindo base de cálculo das contribuições previdenciárias.

Em todas elas se verifica que os motivos para que o empregado as receba não provêm do exercício do trabalho, sendo desembolsadas excepcionalmente, nas ocasiões de rescisão, férias e afastamento do trabalhador por auxílio-doença, com caráter indenizatório.

Pelo exposto, conclui-se que a contribuição para a Previdência Social deve ser feita sobre verbas que representem a contraprestação pelo serviço prestado pelo empregado. Aquelas verbas que são indenizatórias, que não são destinadas a retribuir o trabalho, devem ser excluídas da base de cálculo previdenciária, o que permite ainda a sua recuperação.

Finda a exposição sobre os principais tributos que incidem diretamente sobre a atividade desempenhada pelos delegatários da função extrajudicial, quais sejam, imposto de renda pessoa física, imposto sobre serviços de qualquer natureza e contribuição previdenciária, passemos a tratar sobre a responsabilidade tributária que recai pelos tributos devidos sobre os atos praticados perante eles, em razão do seu ofício.

Capítulo 7

RESPONSABILIDADE TRIBUTÁRIA DOS NOTÁRIOS E REGISTRADORES

SUMÁRIO: 1. Da responsabilidade tributária prevista no Código Tributário Nacional. 2. Da atividade notarial e registral e a realização de lançamentos tributários.

1. Da responsabilidade tributária prevista no Código Tributário Nacional

O primeiro ponto a ser exposto neste capítulo diz respeito à responsabilidade, no âmbito tributário, dos notários e registradores, quando da prática dos atos de sua competência.

Assim como ocorre nos demais "ramos" do Direito (e não poderia ser diferente, pois o Direito é uno e as divisões feitas são realizadas para facilitação de estudo), o Direito Tributário também cuida de relações obrigacionais, nas quais se têm o Estado (em sentido amplo) em um de seus polos, ao passo que o sujeito passivo figurará no lado diametralmente oposto.

Tratando especificamente desse sujeito – o sujeito passivo –, o ordenamento jurídico estabelece ser ele dois possíveis sujeitos: o contribuinte e o responsável.

A diferença entre eles está na circunstância de que, enquanto o contribuinte é o sujeito que praticará no universo fenomênico o comportamento abstrato e autorizador da incidência do tributo, o responsável terá sua obrigação delimitada em lei, mesmo que não realize a conduta que autoriza a incidência tributária.

É isso o que determina o parágrafo único do artigo 121 do Código Tributário Nacional:

> "*Art. 121. Sujeito passivo da obrigação principal é a pessoa obrigada ao pagamento de tributo ou penalidade pecuniária.*

> *Parágrafo único. O sujeito passivo da obrigação principal diz-se:*
>
> *I – contribuinte, quando tenha relação pessoal e direta com a situação que constitua o respectivo fato gerador;*
>
> *II – responsável, quando, sem revestir a condição de contribuinte, sua obrigação decorra de disposição expressa de lei."*

Sobre a sujeição passiva tributária, ensina o catedrático Paulo de Barros Carvalho[1]:

> *"Sujeito passivo da relação jurídica tributária é a pessoa – sujeito de direitos – física ou jurídica, privada ou pública, de quem se exige o cumprimento da prestação: pecuniária, nos nexos obrigacionais; e insuscetível de avaliação patrimonial, nas relações que veiculam meros deveres instrumentais ou formais."*

A mesma compreensão está nas lições de Eduardo Sabbag[2]:

> *"(...) em princípio, o tributo deve ser cobrado da pessoa que pratica o fato gerador. Nessas condições, surge o sujeito passivo direto (contribuinte). Em certos casos, no entanto, o Estado pode ter necessidade de cobrar o tributo de uma terceira pessoa, que não o contribuinte, que será o sujeito passivo indireto ('responsável tributário')."*

Com efeito, é certo que nem sempre a pessoa obrigada ao pagamento do tributo ou da penalidade pecuniária corresponderá àquela que realizou a sua hipótese de incidência, pois é possível à lei atribuir a terceiro a responsabilidade pelo adimplemento.

Nesse sentido, a responsabilidade tributária é situação jurídica decorrente de obrigação legal e que impõe a terceiro o dever jurídico de realizar o pagamento de certa soma em dinheiro (ao Poder Público) em razão de específica relação jurídica da qual não participou e que, portanto, não é diretamente beneficiado.

Além disso, ao estabelecer regra impositiva de responsabilidade tributária para determinada situação jurídica, poderá a lei ainda afastar por completo a responsabilidade do contribuinte, liberando-o, ou atribuindo-lhe

1. CARVALHO, Paulo de Barros. **Curso de direito tributário**. 19ª ed. São Paulo: Saraiva, 2007, p. 304.
2. SABBAG, Eduardo. **Manual de Direito Tributário**. 1ª ed. São Paulo: Saraiva, 2009, p. 635.

de maneira supletiva a responsabilidade do terceiro, de maneira total ou parcial, conforme disposto no artigo 128 do Código Tributário Nacional.

> *"Art. 128. Sem prejuízo do disposto neste capítulo, a lei pode atribuir de modo expresso a responsabilidade pelo crédito tributário a terceira pessoa, vinculada ao fato gerador da respectiva obrigação, excluindo a responsabilidade do contribuinte ou atribuindo-a a este em caráter supletivo do cumprimento total ou parcial da referida obrigação."*

Convém anotar que o Código Tributário Nacional, ao cuidar da "Responsabilidade de Terceiros", estabeleceu a possibilidade de se responsabilizar os notários e registradores "*pelos tributos devidos sobre os atos praticados por eles, ou perante eles, em razão do seu ofício*", nos exatos termos do inciso VI do seu artigo 134.

> *"Art. 134. Nos casos de impossibilidade de exigência do cumprimento da obrigação principal pelo contribuinte, respondem solidariamente com este nos atos em que intervierem ou pelas omissões de que forem responsáveis:*
>
> *(...);*
>
> *VI – os tabeliães, escrivães e demais serventuários de ofício, pelos tributos devidos sobre os atos praticados por eles, ou perante eles, em razão do seu ofício;*
>
> *(...)."*

Analisando o dispositivo supra apresentado, percebe-se a existência de contradição em sua redação porque, ao mesmo tempo em que imputa responsabilidade subsidiária ("nos casos de impossibilidade de exigência"), parece impor vínculo de solidariedade ("respondem solidariamente") aos delegatários.

Tal situação, sem dúvida, causa inegável insegurança jurídica porque, não raras vezes, as Administrações Tributárias atribuem vínculo de solidariedade com fundamento nesse dispositivo (artigo 134, VI), em total arrepio à ordem jurídica, daí porque mostra-se relevante, não só do ponto de vista jurídico, mas econômico, a elucidação da questão.

A solidariedade tributária caracteriza-se pela existência de mais de uma pessoa (natural ou jurídica) obrigada à prestação pecuniária perante determinada Pessoa Política de Direito Público interno.

Diferentemente (mas não muito) do que ocorre no Direito Civil, no qual há dois tipos de solidariedade – ativa e passiva –, em matéria tributária somente existirá solidariedade passiva, uma vez que a solidariedade ativa configuraria verdadeira hipótese de bitributação – situação claramente excepativa e expressamente prevista nos casos autorizados pela Magna Carta.

Nos termos do artigo 124 do Código Tributário Nacional, a solidariedade tributária pode ser classificada em natural ou legal. Vejamos a redação:

> *"Art. 124. São solidariamente obrigadas:*
>
> *I – as pessoas que tenham interesse comum na situação que constitua o fato gerador da obrigação principal;*
>
> *II – as pessoas expressamente designadas por lei.*
>
> *Parágrafo único. (...)."*

Ter-se-á solidariedade natural (inciso I) se existirem sujeitos que assumam, simultaneamente, interesse comum (jurídico) na situação (fática) que autorize a incidência do tributo ou penalidade pecuniária, de modo que cada um deles será responsável pela totalidade da dívida; por outro lado, considerar-se-á legal (inciso II) a solidariedade na circunstância de os sujeitos assumirem simultaneamente, por imposição de lei, a obrigação de adimplemento da obrigação.

Além disso, é importante pontuar que, tal como ocorre com o Direito Civil, a solidariedade tributária não admite benefício de ordem, de modo que o fisco poderá eleger, a seu critério, qualquer dos sujeitos passivos solidário para exigir o recolhimento da prestação pecuniária, tal como prescreve o parágrafo único do citado artigo 124.

> *"Art. 124. (...)*
>
> *Parágrafo único. A solidariedade referida neste artigo não comporta benefício de ordem."*

Por sua vez, a responsabilidade será subsidiária ou supletiva quando a exigência deva ser feita prioritariamente do contribuinte, sendo possível exigi-la do responsável apenas na hipótese de a execução sobre o primeiro restar frustrada pela insuficiência de patrimônio ou outro motivo plausível.

Com efeito, à vista da regra sobre a responsabilidade dos notários e registradores, prevista no artigo 134, VI, do Código Tributário Nacional, é facilmente perceptível que o legislador complementar nacional estabeleceu hipótese de responsabilidade subsidiária, autorizando o atingimento da esfera patrimonial dos delegatários tão somente diante da "*impossibilidade de exigência do cumprimento da obrigação principal pelo contribuinte*".

Isto é, o notário e o registrador apenas poderão ser responsabilizados tributariamente quando não se mostrar possível a exigência do crédito tributário do contribuinte – daquele que praticou o comportamento que autoriza a incidência tributária.

A previsão legal traz uma exigência para a responsabilização do delegatário, qual seja, a impossibilidade de cumprimento da obrigação principal pelo contribuinte, sendo que a não demonstração desse fato importa na irresponsabilidade do titular da serventia. Configura-se, assim, a responsabilidade subsidiária.

Nesse cenário, o registro subsequente no *caput* artigo 134 – "*respondem solidariamente com este*" – diz respeito à opção feita pelo legislador nacional de não excluir a obrigação do contribuinte quando se pretender atingir os delegatários mediante imputação de responsabilidade tributária subsidiária, tal como lhe autoriza o já visto artigo 128 do mesmo Códex.

Em chancela a essa compreensão, anote-se o pensamento do jurista Hugo de Brito Machado[3]:

> *"A responsabilidade de terceiros, prevista no art. 134 do CTN, pressupõe duas condições: a primeira é que o contribuinte não possa cumprir sua obrigação, e a segunda é que o terceiro tenha participado do ato que configure o fato gerador do tributo, ou em relação a este se tenha indevidamente omitido."*

Paulo de Barros Carvalho[4] comunga do mesmo entendimento:

> *"O art. 134 tem aplicabilidade em relação a atos em que as pessoas indicadas intervierem ou pelas omissões de que forem responsáveis, evidenciando a presença de um dever descumprido como requisito à exigência do débito, em caráter supletivo, dos sujeitos relacionados nos incisos I a VII. É intuitivo crer que, a despeito de se dizer expressamente solidária a responsabilidade, a frase 'nos casos de impossibilidade de exigência do cumprimento da obrigação principal pelo contribuinte', que introduz o próprio texto do art. 134 do CTN, retoma o benefício de ordem, qualificando, deste modo, a*

3. MACHADO, Hugo de Brito. Curso de Direito Tributário. 23ª ed. São Paulo: Malheiros, 2003. p. 161.
4. CARVALHO, Paulo de Barros. **Curso de Direito Tributário**. 24ª ed. São Paulo: Saraiva, 2012, *e-book*.

responsabilidade por subsidiária. Nesta medida, cobra-se em primeiro do contribuinte; cessadas as formas de exigência do dever legal daquele, executa-se o responsável."

Perceba que a interpretação desse dispositivo, chancelada pela mais abalizada doutrina, encontra amparo no entendimento jurisprudencial, o qual, a título ilustrativo, citamos um precedente do Tribunal de Justiça de São Paulo:

> *"Tributário – Mandado de Segurança – ITCMD – Pretensão de Delegatário de Notas e Registro ao reconhecimento da ilegalidade do Decreto Estadual nº 55.002/2009 que alterou a base de cálculo do tributo – Sentença* extra petita *– Reconhecimento de ofício – Violação ao princípio da congruência – Nulidade – Julgamento do mérito pela teoria da causa madura, nos termos do art. 1.013, § 3º, II do CPC – Incidência de valor de referência do ITCMD – Elevação do valor a ser recolhido – Inadmissibilidade – Adoção do valor venal do ITR lançado no exercício – Inteligência do art. 13, II, da Lei Estadual nº 10.705/2000 e do art. 97, do CTN – Precedentes deste E. Tribunal de Justiça – Recolhimento do imposto objeto dos autos de infrações nº 4.052.583 e 4.052.584 que deve se dar considerando como base de cálculo o valor de referência do ITR – Responsabilidade subsidiária do Tabelião, que somente responde nos casos de impossibilidade de exigência do cumprimento da obrigação principal pelo contribuinte – Aplicação do art. 134 do CTN e do art. 8º da Lei nº 10.705/2000 – Segurança parcialmente concedida – Reexame necessário e recurso do impetrante parcialmente providos e apelo fazendário desprovido" (Apelação/Remessa Necessária nº 0000320-56.2015.8.26.0412, Rel. Des. Souza Meirelles, 12ª Câmara de Direito Público, julgamento em 05/12/2017).*

A discussão sobre a responsabilidade do notário e registrador ganha notável relevo quando nos deparamos com questões tributárias controvertidas sobre o momento da incidência de determinados tributos, qual base de cálculo eleger como a correta, qual o tributo devido na operação, dentre outros. Ao entender que os notários e registradores possuem responsabilidade solidária ao contribuinte do imposto, automaticamente lhe são impostas as mesmas obrigações do contribuinte principal, sem a necessidade, inclusive, de ocorrer a cobrança deste para, no caso da impossibilidade, se cobrar aqueles.

Isso posto, não se pode negar que a melhor interpretação da regra de responsabilização tributária inserta no artigo 134 do Código Tributário Nacional demanda reconhecer a sua natureza subsidiária, notadamente à vista da clara presença da estipulação do benefício de ordem, de modo que os notários e registradores apenas poderão ser responsabilizados, para fins tributários, pelos tributos devidos sobre os atos praticados por eles, ou perante eles, em razão do seu ofício, exclusivamente "nos casos de impossibilidade de exigência do cumprimento da obrigação" do contribuinte.

2. Da atividade notarial e registral e a realização de lançamentos tributários

Como consequência do tema trabalhado no tópico imediatamente anterior, percebe-se que, muito frequentemente, a imputação de vínculo obrigacional de responsabilização aos delegatários (notários e registradores) tem decorrido do obtuso entendimento, por parte das fiscalizações, de que aqueles deveriam não só conferir, mas também garantir o correto recolhimento dos tributos em relação aos atos que são praticados nas serventias pelos contribuintes.

Tendo em vista que a regulamentação da atividade notarial e registral foi delegada à legislação nacional, por força da previsão do artigo 236, § 1º, da Constituição Federal, é de se assentar que a implementação desse dispositivo constitucional foi efetivada com a Lei dos Cartórios (Lei Federal nº 8.935/1994).

Entre os vários dispositivos que carrega em seu texto legislado, é possível encontrar as atribuições dos notários (artigos 6º e 7º) e dos registradores (artigos 12 e 13), sendo as desses últimos complementadas pelas disposições da Lei Federal nº 6.015/1973 – a Lei de Registros Públicos.

> *"Art. 6º Aos notários compete:*
>
> *I – formalizar juridicamente a vontade das partes;*
>
> *II – intervir nos atos e negócios jurídicos a que as partes devam ou queiram dar forma legal ou autenticidade, autorizando a redação ou redigindo os instrumentos adequados, conservando os originais e expedindo cópias fidedignas de seu conteúdo;*
>
> *III – autenticar fatos.*
>
> *Art. 7º Aos tabeliães de notas compete com exclusividade:*
>
> *I – lavrar escrituras e procurações, públicas;*
>
> *II – lavrar testamentos públicos e aprovar os cerrados;*
>
> *III – lavrar atas notariais;*
>
> *IV – reconhecer firmas;*
>
> *V – autenticar cópias.*

Parágrafo único. É facultado aos tabeliães de notas realizar todas as gestões e diligências necessárias ou convenientes ao preparo dos atos notariais, requerendo o que couber, sem ônus maiores que os emolumentos devidos pelo ato.

Art. 12. Aos oficiais de registro de imóveis, de títulos e documentos e civis das pessoas jurídicas, civis das pessoas naturais e de interdições e tutelas compete a prática dos atos relacionados na legislação pertinente aos registros públicos, de que são incumbidos, independentemente de prévia distribuição, mas sujeitos os oficiais de registro de imóveis e civis das pessoas naturais às normas que definirem as circunscrições geográficas.

Art. 13. Aos oficiais de registro de distribuição compete privativamente:

I – quando previamente exigida, proceder à distribuição eqüitativa pelos serviços da mesma natureza, registrando os atos praticados; em caso contrário, registrar as comunicações recebidas dos órgãos e serviços competentes;

II – efetuar as averbações e os cancelamentos de sua competência;

III – expedir certidões de atos e documentos que constem de seus registros e papéis."

Perceba-se que no campo de competência da atividade notarial e registral, não está compreendida a atividade de fiscal fazendário com obrigação de constituir créditos tributários, no caso de erro ou intuito sonegador do contribuinte, e tampouco de cobrar o correto recolhimento de um tributo, sob pena de responsabilidade pessoal. Aqui não se ignora que, apesar da não previsão da função fazendária, os delegatários da função pública, em prol do interesse público e da proteção do Estado, devem atuar como braço da Administração Tributária, exigindo o comprovante do recolhimento do tributo eventualmente incidente sobre a operação, postura que não os obriga, data máxima vênia, a adotarem uma postura de fiscal fazendário com o dever de questionar o lançamento procedido pelo contribuinte usuário dos seus serviços, ou seja, não compete aos notários e registradores questionar os valores atribuídos pelas partes na operação tributada e, por conseguinte, os tributos declarados e recolhidos.

O que se quer dizer com isso é que a obrigação dos notários e registradores é a de fiscalização do recolhimento do tributo incidente sobre os atos que praticarem, o que não implica a responsabilidade de autuar, lançar e cobrar o aludido tributo.

Tanto não é que o Código Tributário Nacional expressamente delimita que tal campo de competência é de exclusividade da Administração Tributária, a teor do estatuído em seu artigo 142:

"Art. 142. Compete privativamente à autoridade administrativa constituir o crédito tributário pelo lançamento, assim entendido o procedimento

> *administrativo tendente a verificar a ocorrência do fato gerador da obrigação correspondente, determinar a matéria tributável, calcular o montante do tributo devido, identificar o sujeito passivo e, sendo caso, propor a aplicação da penalidade cabível.*
>
> *Parágrafo único. A atividade administrativa de lançamento é vinculada e obrigatória, sob pena de responsabilidade funcional."*

Aliás, eventuais incorreções, incorridas pelas partes participantes da operação sujeita à tributação, devem ser objeto de revisão por parte da Autoridade Administrativa competente, desde que realizada a tempo, tal como estabelece o artigo 149 do Códex Tributário:

> *"Art. 149. O lançamento é efetuado e revisto de ofício pela autoridade administrativa nos seguintes casos:*
>
> (...);
>
> *Parágrafo único. A revisão do lançamento só pode ser iniciada enquanto não extinto o direito da Fazenda Pública."*

Com efeito, a atividade de constituição do crédito tributário, assim como a sua revisão, quando a sua formação é realizada pelo particular, é tarefa que não compete aos notários e registradores, os quais, segundo a disciplina legal que os rege, devem tão somente fiscalizar o cumprimento do recolhimento do imposto incidente sobre o ato praticado.

Ademais, tal dever de fiscalização está expresso no artigo 30, XI, da Lei Federal nº 8.935/1994, do qual não é possível formar qualquer interpretação que lhes imponha o dever de impugnar os valores declarados pelas partes ou, até mesmo, com eles não concordar e realizar a respectiva correção.

> *"Art. 30. São deveres dos notários e dos oficiais de registro:*
>
> (...);
>
> *XI – fiscalizar o recolhimento dos impostos incidentes sobre os atos que devem praticar;*
>
> (...)."

Por outro lado, se a pretensão do legislador fosse atribuir-lhes o dever de verificar a exatidão dos critérios que motivaram os valores declarados e, se em descompasso com a ordem jurídica, impugná-los, deveria ter utilizado de expressão diversa, e não apenas impor-lhes a obrigação de "fiscalizar o recolhimento", pois, uma vez recolhidos e assim reconhecido e declarado, a obrigação do notário e do registrador se encerra.

Se assim não fosse, ter-se-ia grave violação à Constituição da República, porque o constituinte reservou à lei complementar o estabelecimento de regras sobre lançamento tributário, atribuindo a esse assunto a condição de norma geral em matéria tributária, nos termos do artigo 146, III, *b*:

> *"Art. 146. Cabe à lei complementar:*
>
> *III – estabelecer normas gerais em matéria de legislação tributária, especialmente sobre:*
>
> *b) obrigação, lançamento, crédito, prescrição e decadência tributários;*
>
> *(...)."*

Com efeito, interpretando-se o conjunto de regras, chega-se, mais uma vez, à competência limitada dos notários e registradores quanto à fiscalização do recolhimento dos tributos, a qual deve se ater à existência do recolhimento e não a qualquer questionamento – valor, base de cálculo, entre outros aspectos.

Para corroborar com o quanto aqui se expõe, importante apresentarmos um esclarecedor precedente da lavra do Tribunal de Justiça de São Paulo quando do julgamento, em 26/08/2019, do Recurso de Apelação/ Reexame Necessário nº 1031132-83.2017.8.26.0577:

> *"A expressão 'fiscalizar o recolhimento' impõe ao tabelião que, antes de proceder ao registro/autenticação do documento submetido a sua apreciação, deve ele verificar se o ato jurídico documentado configura fato imponível de algum tributo e, em caso afirmativo, conferir se o correspondente conteúdo pecuniário foi efetivamente recolhido aos cofres públicos.*
>
> *Diferentemente do quanto sustentado pela Administração Pública Estadual, as legislações em comento não implicam o dever de conferir a 'exatidão' do valor do tributo; antes, apenas impõe o dever de fiscalizar o ato de recolhimento, sendo certo que em caso de incorreção do respectivo valor, restará à autoridade fazendária acionar este último com vistas à cobrança de eventual saldo remanescente (via lançamento de ofício art. 149, inciso V, do CTN).*
>
> *Reforce-se: o dever e a atuação do tabelião encontra limite na mera fiscalização da prova de recolhimento do imposto, não lhe cabendo interpretar a legislação tributária em substituição ao próprio contribuinte, a quem incumbe, no caso do ITCMD imposto sujeito à lançamento por homologação (art. 150, do CTN), apurar, por conta própria, a base de cálculo, a alíquota e os demais elementos da obrigação tributária, sob a condição de ulterior homologação ou revisão ex officio por parte da autoridade fazendária (art. 149, inciso V, do CTN)" (Apelação/Remessa Necessária nº 1031132-83.2017.8.26.0577, Rel. Des. Paulo Barcellos Gatti, 4ª Câmara de Direito Público, julgamento em 26/08/2019).*

Como se vê, não se pode atribuir ao notário e ao registrador a obrigação de chancelar ou retaliar o comportamento praticado pelos administrados no que diz respeito aos tributos devidos pelas operações praticadas, pois tal atribuição é exclusiva do Ente Tributante.

É do Estado o dever de localizar os contribuintes e cobrar o tributo, assim como é do contribuinte o dever de constituir o crédito segundo a ordem jurídica e recolhê-lo aos cofres públicos, cabendo ao tabelião e ao oficial apenas fiscalizar se o imposto foi pago, isto é, exigir a prova do pagamento e nada mais.

Idêntica compreensão foi adotada pelo Conselho Superior da Magistratura do Tribunal de Justiça de São Paulo quando do julgamento do Recurso de Apelação nº 0002604-73.2011.8.26.0025, em 25 de agosto de 2017, de Relatoria do Exmo. Des. José Renato Nalini:

> *"A falha apontada pelo Oficial envolve questão de questionamento no âmbito do direito material.*
>
> *Não foi atacada a regularidade formal do título nem mesmo a temporalidade do recolhimento ou o ato em si. Ao contrário, a exigência envolve exame substancial do montante do pagamento do imposto devido, que é atribuição dos órgãos fazendários competentes, sendo que seu questionamento mereceria a participação da Fazenda Pública, principal interessada.*
>
> *Ao Oficial cabe fiscalizar, sob pena de responsabilização pessoal, a existência da arrecadação do imposto previsto e a oportunidade em que foi efetuada. O montante, desde que não seja flagrantemente equivocado, extrapola a sua função.*
>
> *Neste sentido é o parecer da D. Procuradora de Justiça, citando precedente deste E. Conselho Superior da Magistratura"* (Apelação Cível 996-6/6, de 09/12/2008).

No mesmo sentido estão outras decisões proferidas pelo mesmo Conselho Superior[5], sendo essa compreensão chancelada pelo Superior

---

5. *"Registro de Imóveis – Decisão da Juíza Corregedora Permanente que afastou óbice para o registro de contrato social por meio do qual um dos sócios integraliza parte do capital social mediante a transferência de dois imóveis – Exigência de recolhimento de encargos moratórios relativos ao atraso no pagamento do ITBI – Apelação interposta pelo Registrador – Inteligência do artigo 202 da Lei nº 6.015/73 e do item 41.6 do Capítulo XX das Normas de Serviço – Ilegitimidade recursal – Recurso não conhecido. Apelação interposta pela Municipalidade de São Paulo – Legitimidade reconhecida – Terceira prejudicada – Discussão a respeito da incidência de encargos moratórios pelo atraso no recolhimento de ITBI – Atuação que extrapola as atribuições do Oficial – Dever de fiscalização que se limita ao recolhimento*

Tribunal de Justiça, quando do julgamento (em 27/11/2012) do Recurso Ordinário em Mandado de Segurança nº 36.966/PB, por sua Segunda Turma, sob a relatoria do Ministro Castro Meira. Ao analisar a discussão sobre a identificação da base de cálculo do Imposto sobre Transmissão Onerosa de Bens Imóveis e seus respectivos Direitos (ITBI), assentou que:

> *"Caso o imóvel seja negociado, por exemplo, a preço inferior ao que vale no mercado, nada impede a municipalidade de desconsiderar o valor indicado no contrato, para arbitrar o valor do imposto, procedimento que encontra lastro no art. 148 do CTN.*
>
> *Portanto, cabe ao município – e não ao Corregedor-Geral de Justiça e, muito menos, aos notários – aferir, em cada caso, se o valor real da operação, ou seja, aquele indicado no contrato, coincide, ou não, com o valor de mercado (venal) do imóvel negociado."*

À vista do exposto, percebe-se que a obrigação imposta aos notários e registradores, prevista o artigo 30, XI, da Lei Federal nº 8.935/1994, abrange exclusivamente a tarefa de fiscalizar a existência de documento que ateste o recolhimento do tributo incidente sobre a operação, e nada mais, sendo certo que eventuais discussões sobre o valor recolhido e respectiva base de cálculo são questionamentos de competência exclusiva da Autoridade Fazendária.

Passemos a tratar no próximo capítulo sobre algumas discussões tributárias atuais que impõem aos notários e registradores severa atenção quando do desempenho de seus misteres, notadamente, em função da obrigação legal de terem que fiscalizar o cumprimento do recolhimento do imposto incidente sobre o ato praticado perante eles, sob pena de responsabilidade tributária pessoal do delegatário.

---

do tributo – Discussão que deve ser travada em processo administrativo tributário ou em execução fiscal – Sentença de improcedência da dúvida mantida" (Apelação Cível nº 1046651-45.2015.8.26.0100, Rel. Des. Pereira Calças, julgamento em 21/06/2016).

"REGISTRO DE IMÓVEIS – Dúvida julgada procedente em primeiro grau – Formal de partilha – ITCMD tido por insuficiente pelo Registrador – Dever de fiscalização do pagamento pelo Oficial que se limita à averiguação do recolhimento do tributo devido, mas não de seu valor – Recurso provido" (Apelação nº 996-6/6, Rel. Des. Ruy Camilo, julgamento em 9/12/2008).

Capítulo 8

PONTUAIS DISCUSSÕES TRIBUTÁRIAS QUE DEMANDAM ESTRITA OBSERVÂNCIA DOS NOTÁRIOS E REGISTRADORES NO DESEMPENHO DE SUAS FUNÇÕES

1. Do momento da incidência de ITBI na transmissão de imóveis ou de direitos a eles relativos

Um assunto que tem se mostrado de extremo interesse dos notários e registradores diz respeito ao momento da incidência do Imposto sobre Transmissão Onerosa de Bens Imóveis e respectivos Direitos (ITBI).

A despeito da existência de previsão legal que imponha aos notários a obrigação de exigirem a prova do recolhimento do ITBI – ou de documento que ateste sua não incidência ou a presença de situação isentiva – para a lavratura de escrituras públicas relacionadas à transmissão de imóveis ou de direitos a eles relativos, é importante pontuar que as regras municipais que exigem estão na contramão da ordem jurídica. Explica-se.

A Constituição Federal de 1988, ao tratar do Sistema Tributário Nacional em seu Título VI, estabelece uma série de regras, ora outorgando garantia aos contribuintes, ora protegendo o Pacto Federativo, ora conferindo aos Entes Políticos (União, Estados, Distrito Federal e Municípios) competências tributárias.

A competência tributária, por sua vez, está relacionada com a prerrogativa conferida constitucionalmente para que os Atores Políticos inovem na ordem jurídica e, exercendo a competência que lhes foi atribuída com exclusividade ou de maneira comum, estabeleçam regras relacionadas com a tributação.

Nesse contexto, é salutar registrar que o artigo 156 (Constituição Federal) confere aos Municípios a competência tributária para, entre outros possíveis impostos, instituir o relacionado com a transmissão, por ato entre vivos, oneroso e a qualquer título, de bens imóveis, de direitos reais sobre imóveis e, ainda, sobre cessão de direitos com eles relacionados.

> "*Art. 156. Compete aos Municípios instituir impostos sobre:*
>
> *(...)*
>
> *II – transmissão 'inter vivos', a qualquer título, por ato oneroso, de bens imóveis, por natureza ou acessão física, e de direitos reais sobre imóveis, exceto os de garantia, bem como cessão de direitos a sua aquisição; (...).*"

Na mesma linha, o Código Tributário Nacional, efetivando o mandamento previsto no artigo 146, I, da Carta Política, estabeleceu, no que tange à incidência do ITBI, que a hipótese de sua ocorrência (fato gerador abstrato) está relacionada com o ato de transmitir.

> "*Art. 35. O imposto, de competência dos Estados, sobre a transmissão de bens imóveis e de direitos a eles relativos tem como fato gerador:*
>
> *I – a transmissão, a qualquer título, da propriedade ou do domínio útil de bens imóveis, por natureza ou por acessão física, como definidos na lei civil;*
>
> *II – a transmissão, a qualquer título, de direitos reais sobre imóveis, exceto os direitos reais de garantia;*
>
> *III – a cessão de direitos relativos às transmissões referidas nos incisos I e II. (...).*"

Com efeito, o comportamento relacionado com a hipótese de incidência tributária está voltado à prática de ato jurídico que implique a transmissão de bens imóveis e de direitos com eles relacionados, daí porque torna-se de fulcral importância compreender o momento jurídico em que se dará por perfectibilizada referida transmissão.

Ocorre que, para que seja possível encontrar-se a definição do vocábulo "transmissão", não só convém, mas é de especial importância voltar-se à ordem jurídica que vigia em 1988.

Isso porque, além de se tratar de uma imposição lógica do Sistema Constitucional Tributário, o Código Tributário Nacional, em seu artigo 110, prescreve que não é dado ao intérprete, nem mesmo ao legislador, alterar a definição, o conteúdo e o alcance de institutos, conceitos e formas de direito privado, utilizados pela Constituição Federal, ainda que de maneira implícita, para definir ou limitar competências tributárias:

> *"Art. 110. A lei tributária não pode alterar a definição, o conteúdo e o alcance de institutos, conceitos e formas de direito privado, utilizados, expressa ou implicitamente, pela Constituição Federal, pelas Constituições dos Estados, ou pelas Leis Orgânicas do Distrito Federal ou dos Municípios, para definir ou limitar competências tributárias."*

Aliás, se assim não fosse, admitir-se-ia que o legislador alterasse o texto maior mediante simples edição de lei, sem qualquer observância a todo o procedimento voltado à edição de Emendas à Constituição, tornando ineficaz a proteção constitucional conferida aos administrados – contra os atos emanados do Poder Público.

Nesse sentido, as lições de Paulo de Barros Carvalho[1]:

> *"(...) a liberdade de que desfruta o legislador tributário para disciplinar os efeitos jurídicos inerentes aos tributos encontra um obstáculo poderoso e definitivo. É-lhe vedada a possibilidade de alterar a definição, o conteúdo e o alcance de institutos, conceitos e formas de direito privado, utilizados, expressa ou implicitamente, pela Constituição Federal, pelas Constituições dos Estados, ou pelas Leis Orgânicas do Distrito Federal ou dos Municípios, para definir ou limitar competências tributárias. Assim predica o art. 110 da Lei n. 5.172/66.*
>
> *O imperativo não vem, diretamente, do preceito exarado no art. 110. É uma imposição lógica da hierarquia de nosso sistema jurídico. O empenho do constituinte cairia em solo estéril se a lei infraconstitucional pudesse ampliar, modificar ou restringir os conceitos utilizados naqueles diplomas para desenhar as faixas de competências oferecidas às pessoas políticas. A rígida discriminação de campos materiais para o exercício da atividade legislativa dos entes tributantes, tendo estatura constitucional, por si só já determina essa inalterabilidade. Em todo caso, não deixa de ser oportuna a lembrança que o art. 110 aviva."*

---

1. CARVALHO, Paulo de Barros. **Curso de direito tributário**. 24ª ed. São Paulo: Saraiva, 2012, *e-book*.

O mesmo entendimento é compartilhado por Luís Eduardo Schoueri[2], para quem:

> *"É certo que, em alguns casos, o constituinte se valeu de conceitos de direito privado, deixando pouquíssimo espaço para questionamentos quanto aos limites da competência de uma pessoa jurídica de direito público.*
>
> *Se o constituinte, na distribuição de uma competência tributária, emprega um conceito de direito privado, então já se conhecem os limites daquela competência, cabendo ao legislador instituir o imposto dentro daquela competência. Não pode ir além. Não pode 'redefinir' aquele conceito, sob pena de, com a 'redefinição', acabar por ultrapassar os limites que o próprio constituinte impôs. Acerta, neste passo, o Código Tributário Nacional, cujo artigo 110 assim dispõe: (...)."*

À vista disso, em 1988, quando vigente o Código Civil de 1916 (Código Beviláqua), a questão relacionada com a transmissão de propriedade imobiliária estava regulada por seus artigos 530, 1.676 e 860, que prescreviam que a transmissão da propriedade de certo bem imóvel, ou de direitos com ele relacionados, somente ocorreria depois da transcrição ou da inscrição do ato no Registro Imobiliário, inclusive prevendo expressamente que, enquanto não realizada a transmissão (com o registro no registro imobiliário competente), o alienante continuaria a ser considerado como dono do imóvel.

> *"**Art. 530**. Adquire-se a propriedade imóvel:*
>
> *I – Pela transcrição do título de transferência no registro do imóvel.*
>
> *(...)."*
>
> *"**Art. 676**. Os direitos reais sobre imóveis constituídos ou transmitidos por atos entre vivos só se adquirem depois da transcrição, ou da inscrição, no Registro de Imóveis, dos referidos títulos (arts. 530, I, e 856), salvo os casos expressos neste Código."*
>
> *"**Art. 860**. Se o teor do registro de imóveis não exprimir a verdade, poderá o prejudicado reclamar que se retifique.*
>
> *Parágrafo único. Enquanto se não transcrever o título de transmissão, o alienante continua a ser havido como dono do imóvel, e responde pelos seus encargos."*

---

2. SCHOUERI, Luís Eduardo. Direito tributário. 2ª ed. São Paulo: Saraiva, 2012, *e-book*.

A mesma disciplina veio reiterada no Código Civil de 2002, estabelecendo-se o seguinte:

> *"Art. 1.225. São direitos reais:*
>
> *I – a propriedade;*
>
> *(...)."*
>
> *"Art. 1.227. Os direitos reais sobre imóveis constituídos, ou transmitidos por atos entre vivos, só se adquirem com o registro no Cartório de Registro de Imóveis dos referidos títulos (arts. 1.245 a 1.247), salvo os casos expressos neste Código."*
>
> *"Art. 1.245. Transfere-se entre vivos a propriedade mediante o registro do título translativo no Registro de Imóveis.*
>
> *§ 1º Enquanto não se registrar o título translativo, o alienante continua a ser havido como dono do imóvel. (...)."*

Por esses motivos, a transmissão da propriedade de imóveis e de direitos com eles relacionados, por ato entre vivos e a título oneroso – hipótese de incidência tributária do ITBI (artigo 156, II, Constituição Federal) –, somente se perfectibiliza com o registro do ato translativo no Registro Imobiliário competente.

À vista disso, imprescindível anotar que a competência registral não está incluída no âmbito de atribuições dos notários, a quem compete, exclusivamente, a prática dos atos arrolados nos artigos 6º e 7º da Lei Federal nº 8.935/1994 – nenhum deles relacionados com a prática de atos voltados ao registro e, consequentemente, à transmissão da propriedade.

> *"Art. 6º Aos notários compete:*
>
> *I – formalizar juridicamente a vontade das partes;*
>
> *II – intervir nos atos e negócios jurídicos a que as partes devam ou queiram dar forma legal ou autenticidade, autorizando a redação ou redigindo os instrumentos adequados, conservando os originais e expedindo cópias fidedignas de seu conteúdo;*
>
> *III – autenticar fatos."*
>
> *"Art. 7º Aos tabeliães de notas compete com exclusividade:*
>
> *I – lavrar escrituras e procurações, públicas;*
>
> *II – lavrar testamentos públicos e aprovar os cerrados;*

III – lavrar atas notariais;

IV – reconhecer firmas;

V – autenticar cópias.

Parágrafo único. É facultado aos tabeliães de notas realizar todas as gestões e diligências necessárias ou convenientes ao preparo dos atos notariais, requerendo o que couber, sem ônus maiores que os emolumentos devidos pelo ato."

Por consequência disso, os Tribunais deste país vêm entendendo pela impossibilidade de se exigir a prova do recolhimento do ITBI quando da lavratura de escrituras públicas, à vista da ausência de efetiva translação da propriedade, veja-se:

– Tribunal de Justiça do Estado de São Paulo: Apelação/Remessa Necessária nº 1043284-81.2020.8.26.0053, Rel. Des. Burza Neto, 18ª Câmara de Direito Público, Julgamento em 05/03/2021; Apelação Cível nº 1004585-75.2018.8.26.0090, Rel. Des. Silva Russo, 15ª Câmara de Direito Público, Julgamento em 11/02/2021; Apelação Cível nº 1520847-77.2017.8.26.0090, Rel. Des. Silva Russo, 15ª Câmara de Direito Público, Julgamento em 06/11/2020; Apelação Cível nº 1023914-87.2018.8.26.0053, Rel. Des. João Alberto Pezarini, 14ª Câmara de Direito Público, Julgamento em 06/06/2019; Apelação Cível nº 1009190-15.2017.8.26.0053, Rel. Des. Silva Russo, 15ª Câmara de Direito Público, Julgamento em 14/03/2019; Apelação Cível nº 1003678-25.2018.8.26.0309, Rel. Des. Rodrigues de Aguiar, 15ª Câmara de Direito Público, Julgamento em 28/02/2019; Agravo de Instrumento nº 2060736-57.2017.8.26.0000, Rel. Des. Silva Russo, 15ª Câmara de Direito Público, Julgamento em 09/11/2017; Apelação Cível nº 0612230-85.2008.8.26.0053; Relª. Desª. Mônica Serrano, 14ª Câmara de Direito Público, Julgamento em 27/11/2014; entre outros.

– Superior Tribunal de Justiça: Agravo Interno no Agravo em Recurso Especial nº 794.303/RS, Rel. Min. Napoleão Nunes Maia Filho, Primeira Turma, Julgamento em 10/06/2019; Agravo em Recurso Especial nº 1.425.219/SP, Rel. Min. Francisco Falcão, Segunda Turma, Julgamento em 21/02/2019; Agravo Interno no Agravo em Recurso Especial nº 1.223.231/SP, Rel. Min. Mauro Campbell Marques, Segunda Turma, Julgamento em 19/06/2018; Recurso Especial nº 1.721.067/SP, Rel. Min. Herman Benjamin, Segunda Turma, Julgamento em 15/03/2018; Agravo Regimental no Recurso Especial nº 1.309.667/RJ, Rel. Diva Malerbi, Des. Convocada do TRF3, Segunda Turma, Julgamento em

05/04/2016; Agravo Regimental no Agravo Regimental no Recurso Especial nº 764.808/MG, Rel. Min. Luiz Fux, Primeira Turma, Julgamento em 15/03/2007; entre outros.

– Supremo Tribunal Federal: Agravo Regimental no Agravo em Recurso Extraordinário nº 934.091, Rel. Min. Roberto Barroso, Primeira Turma, Julgamento em 18/11/2016; Agravo Regimental no Agravo em Recurso Extraordinário nº 807.255, Rel. Min. Edson Fachin, Primeira Turma, Julgamento em 06/10/2015; Agravo Regimental no Agravo em Recurso Extraordinário nº 759.964, Rel. Min. Edson Fachin, Primeira Turma, Julgamento em 15/09/2015; Agravo Regimental no Agravo de Instrumento nº 764.432, Rel. Min. Dias Toffoli, Primeira Turma, Julgamento em 08/10/2013; entre outros.

Além dos sobreditos precedentes, a Corte Suprema, mais uma vez, debruçou-se sobre o assunto quando do recente (12/02/2021) julgamento do Tema nº 1.124 (Agravo em Recurso Extraordinário nº 1.294.969) e, reconhecendo a repercussão geral da matéria, reafirmou a sua jurisprudência para fixar a seguinte tese:

> *"O fato gerador do imposto sobre transmissão* inter vivos *de bens imóveis (ITBI) somente ocorre com a efetiva transferência da propriedade imobiliária, que se dá mediante o registro."*

Diante do exposto, inequívoco que a hipótese de incidência do ITBI apenas se materializa com o registro do documento que servir à translação da propriedade ou de direitos relacionados com bem imóvel, tarefa que não está inserta no rol de competência dos notários, razão pela qual as previsões que lhes impõem exigir a prova do recolhimento do tributo (ou do reconhecimento administrativo da não incidência, da imunidade ou da concessão de isenção) e os sujeitem à penalidade pecuniária em caso de desobservância, estão na contramão da ordem jurídica, como reiteradamente entendido pelo Poder Judiciário, especialmente pelo Supremo Tribunal Federal – o guardião da Constituição da República.

2. Da incidência de ITBI na divisão desigualitária de bens, sem contraprestação

Outra temática que tem se mostrado sensível aos notários – e igualmente aos registradores – diz respeito à previsão em diversas legislações municipais sobre a incidência do ITBI quando da realização de negócios jurídicos que materializem a prática de atos gratuitos, nos quais haja divisão desigual de bens sem a respectiva contraprestação.

Como exemplo, no Município de São Paulo, por força da Lei nº 11.154/1991, quando da lavratura de escrituras públicas de divórcio e inventário com partilha desigual de bens, o tabelião encontra-se obrigado a exigir a prova do recolhimento do citado tributo (ITBI), com fundamento na regra do inciso VI de seu artigo 2º, mesmo tais hipóteses não se enquadrando à materialidade eleita para a definição da hipótese de incidência do ITBI, como será explanado na sequência. Vejamos o dispositivo estampado na norma paulistana:

> *"Art. 2º – Estão compreendidos na incidência do imposto:*
>
> *(...).*
>
> *VI – o valor dos imóveis que, na divisão de patrimônio comum ou na partilha, forem atribuídos a um dos cônjuges separados ou divorciados, ao cônjuge supérstite ou a qualquer herdeiro, acima da respectiva meação ou quinhão, considerando, em conjunto, apenas os bens imóveis constantes do patrimônio comum ou monte-mor."* (g.n.).

Como trabalhado no item imediatamente anterior, no qual se tratou do critério temporal da regra-matriz de incidência do ITBI (isto é, o marco do tempo em que se autoriza a incidência do tributo – pois as regras jurídicas não incidem, são incididas por um ato humano), a Constituição Federal, ao delimitar as faixas de competência tributária aos Entes Políticos de Direito Público interno, outorgou aos Municípios a prerrogativa de instituir o relacionado com a transmissão, por ato entre vivos, oneroso e a qualquer título, de bens imóveis, de direitos reais sobre imóveis e, ainda, sobre cessão de direitos com eles relacionados, consoante pode ser visto de seu artigo 156, II.

> *"Art. 156. Compete aos Municípios instituir impostos sobre:*
>
> *(...)*
>
> *II – transmissão 'inter vivos', a qualquer título, por ato oneroso, de bens imóveis, por natureza ou acessão física, e de direitos reais sobre imóveis, exceto os de garantia, bem como cessão de direitos a sua aquisição;*
>
> *(...)."*

Como se verifica do mandamento constitucional supra identificado, existem dois requisitos, imprescindíveis e cumulativos, para que se torne possível a tributação a título de ITBI: (a) que a transmissão seja resultado da prática de um ato (ou de um negócio) entre pessoas vivas (portanto, em vida); e (b) que seja oneroso, pois, do contrário, estará o Ente Político atuando fora dos limites de sua competência tributária e, possivelmente, atingindo a esfera atribuída a outro Ente Federativo.

E é isso que certamente ocorrerá caso as municipalidades pretendam alcançar, via tributação, eventos não onerosos (gratuitos, portanto) ou que decorram da constatação da morte de uma pessoa (*causa mortis*), cujo campo de competência está circunscrito aos Estados e ao Distrito Federal, consoante pode ser visto da prescrição do inciso I do artigo 155 do Texto Magno.

> *"Art. 155. Compete aos Estados e ao Distrito Federal instituir impostos sobre:*
>
> *I – transmissão causa mortis e doação, de quaisquer bens ou direitos*
>
> *(...)."*

Com efeito, em que pese a facilidade na distinção dos atos (e negócios) praticados entre pessoas vivas daqueles que são *causa mortis*, isto é: resultado do acontecimento jurídico "morte", convém diferenciar os termos jurídicos "gratuito" e "oneroso", para fins de se delimitar o campo de incidência do ITBI, os quais, na forma do artigo 110 do Código Tributário Nacional, deverão observar a disciplina civil:

> *"Art. 110. A lei tributária não pode alterar a definição, o conteúdo e o alcance de institutos, conceitos e formas de direito privado, utilizados, expressa ou implicitamente, pela Constituição Federal, pelas Constituições dos Estados, ou pelas Leis Orgânicas do Distrito Federal ou dos Municípios, para definir ou limitar competências tributárias."*

E, nesse contexto, podem ser considerados como "gratuitos" os atos e negócios jurídicos por meio dos quais uma das partes na relação jurídica será beneficiada por todas as vantagens, ao passo que a que constar no outro polo da mesma relação absorverá, para si, todo o ônus correspondente.

> *"Quanto às vantagens patrimoniais que podem produzir, os contratos classificam-se em gratuitos e onerosos. Gratuitos ou benéficos são aqueles em que apenas uma das partes aufere benefício ou vantagem, como sucede na doação pura, no comodato, no reconhecimento de filho etc. Para a outra há*

> *só obrigação, sacrifício. Nessa modalidade, outorgam-se vantagens a uma das partes sem exigir contraprestação da outra.*"[3]

Por outro lado, são considerados "onerosos" os atos e negócios jurídicos por meio dos quais ambas as partes auferem ônus e vantagens, isto é, arcam com sacrifícios e auferem benefícios, reciprocamente.

> "*Nos contratos onerosos ambos os contraentes obtêm proveito, ao qual, porém, corresponde um sacrifício. São dessa espécie quando impõem ônus e, ao mesmo tempo, acarretam vantagens a ambas as partes, ou seja, sacrifícios e benefícios recíprocos. É o que se passa com a compra e venda, a locação e a empreitada, por exemplo.*"[4]

À vista disso, torna-se incontestável que, para se permitir a tributação a título de ITBI, faz-se imprescindível que, do ato ou negócio jurídico praticado, envolvendo bens imóveis e direitos relacionados, ambas as partes aufiram vantagens ao mesmo tempo em que arcam com os seus respectivos ônus.

Conforme esclarece o professor Kiyoshi Harada:

> "*(...) o elemento nuclear do fato gerador do ITBI é a transmissão 'inter vivos', a qualquer título, por ato oneroso, de bens imóveis por natureza ou acessão física (compra e venda, dação em pagamento, permuta, arrematação etc.), e direitos reais sobre imóveis, exceto os de garantia, assim como cessão de direitos à sua aquisição.*"[5]

Do contrário, tornar-se-á impossível a tributação a esse título (ITBI), mas sim a incidência de outro tributo – o imposto de competência dos Estados e do Distrito Federal, mais especificamente o Imposto sobre Transmissão *Causa Mortis* e Doação (ITCMD), pois esse, por sua essência, demanda única e simplesmente a ocorrência de um ato gratuito, independentemente se foi praticado em vida ou se decorre do evento jurídico "morte".

Por esses motivos, não há como negar que qualquer legislação municipal que prescreva a incidência de ITBI quando da prática de ato claramente gratuito, sem que haja qualquer demonstração de uma contraprestação

---

3. GONÇALVES, Carlos Roberto. Direito civil brasileiro, volume 3: contratos e atos unilaterais. 11ª ed. São Paulo: Saraiva, 2014, *e-Book*.
4. Idem.
5. HARADA, Kiyoshi. ITBI: doutrina e prática, São Paulo: Atlas, 2010, p. 125/126.

(por parte daquele que receber a fatia maior dos bens), adentra em uma hipótese de incidência tributária cuja competência não lhe é atribuída.

Assim, o simples fato de haver divisão desigualitária não autoriza o reconhecimento da possibilidade de tributação a título de ITBI do valor dos imóveis que, na divisão, forem atribuídos a uma pessoa em montante superior à respectiva meação ou quinhão, pois, tratando-se de ato nitidamente gratuito (sem qualquer ônus a ser assumido por aquele que receber parcela maior), a competência para a tributação não foi conferida aos Municípios.

Isso significa que toda e qualquer exigência nesse sentido é incontornavelmente inconstitucional porque, além de extrapolar campo de competência que não compete aos Municípios, usurpa competência constitucional atribuída, com exclusividade, aos Estados e ao Distrito Federal, consoante pode ser visto do inciso I do artigo 155 da Carta Política de 1988.

E, corrigindo essa distorção (utilizando-se de um eufemismo), o Tribunal de Justiça de São Paulo tem reiteradamente reconhecido que a simples divisão não igualitária de patrimônio não autoriza a tributação a título de ITBI:

> *"APELAÇÃO – DECLARATÓRIA DE INEXISTÊNCIA DE RELAÇÃO JURÍDICO – TRIBUTÁRIA – ITBI – Pretensão de recolhimento do tributo sobre a totalidade do patrimônio, objeto da partilha, com excesso de meação, em razão de divórcio consensual – Descabimento, por não se tratar na espécie sequer de fato gerador do ITBI (premissa lógica para que fosse admitida a discussão sobre a correta base de cálculo), pois não se trata de ato oneroso – Sentença que julgou improcedente o pedido mantida por seus próprios fundamentos, afastada a alegação de julgamento 'extra petita' – Recurso improvido" (TJSP, Recurso de Apelação Cível nº 1048760-82.2018.8.26.0114, Rel. Des. Rezende Silveira, 15ª Câmara de Direito Público, julgamento em 06/08/2020).*

Pelo exposto, evidente que a hipótese de incidência do ITBI exige a prática de um ato oneroso para tornar possível a sua incidência, conceito no qual não se inserem os atos de simples divisão desigual de bens sem a respectiva contrapartida, pois incontestavelmente gratuitos, razão pela qual as previsões legais que imponham aos notários e registradores a exigência da prova do recolhimento do ITBI quando da prática dos atos de sua competência nessas situações ou que lhes submetam à incidência de penalidades, em caso de desobservância, claramente contrariam a Magna Carta e são (por que assim merecem ser) rechaçadas pelo Poder Judiciário.

3. Da incidência de imposto de transmissão *causa mortis* e doação (ITCMD) nas permutas imobiliárias sem o pagamento da torna

O artigo 533, do Código Civil, dispõe o seguinte:

> *"Art. 533: Aplicam-se à troca as disposições referentes à compra e venda, com as seguintes modificações:*
>
> *I – salvo disposição em contrário, cada um dos contratantes pagará por metade as despesas com o instrumento da troca;*
>
> *II – é anulável a troca de valores desiguais entre ascendentes e descendentes, sem consentimento dos outros descendentes e do cônjuge do alienante."*

Nota-se que o referido *Codex* não definiu o negócio jurídico da permuta, se limitando apenas a atribuir a este instituto a regime jurídico da compra e venda, com algumas modificações acerca do pagamento das despesas e condições de anulabilidade.

Na prática, a compra e venda e a permuta imobiliária são sim semelhantes, já que ambas as obrigações são provenientes de contratos consensuais, bilaterais e onerosos, contudo, na permuta existe a troca de um imóvel por outro, por sua vez, na compra e venda existe um pagamento em pecúnia.

Sobre a permuta, Pontes de Miranda leciona que:

> *"Não há preço, no sentido próprio; porque um dos figurantes promete um bem, que não é dinheiro, e o outro figurante promete outro bem, que não é dinheiro. A troca não deixa de ser troca se a contraprestação, em vez de ser só outra coisa, consiste na outra coisa mais importância pecuniária, que serve à correspondência de valores."*[6]

Ou seja, apesar da semelhança, a permuta é distinta da compra e venda em relação ao objeto, pois na permuta imobiliária as partes não pactuam o recebimento de um preço, mas sim a troca de imóveis.

Na seara tributária, a Administração Pública, com a publicação da Instrução Normativa nº 107 de 1988[7], delimitou o conceito de permuta de

---

6. MIRANDA, Pontes de. Tratado De Direito Privado, tomo 38. São Paulo: Editora Bookseller, 2015 p. 379.

7. http://normas.receita.fazenda.gov.br//sijut2consulta/link.action?visao=original&idAto=14681.

imóveis como sendo "*toda e qualquer operação que tenha por objeto a troca de uma ou mais unidades imobiliárias por outra ou outras unidades, ainda que ocorra, por parte de um dos contratantes o pagamento de parcela complementar em dinheiro aqui denominada torna*".

Segundo a referida Instrução Normativa, ainda que uma das partes tenha que complementar o negócio com o pagamento de uma parcela em dinheiro, a torna, não resta desqualificada a permuta, uma vez que prevalece a troca.

Nas palavras de Tércio Sampaio Ferraz Júnior, a definição do tipo de contrato deve levar em conta a vontade das partes, vejamos:

> "*Nesse sentido, para efeitos de distinção entre permuta com torna e compra e venda com dação em pagamento, não é só o critério do valor a maior ou a menor (interesse econômico) que deve ser levado em consideração, mas a conformação jurídica do negócio. Conformação jurídica diz respeito não apenas à forma jurídica do negócio (permuta ou compra e venda), mas também à ação negocial jurídica, isto é, a produção dos efeitos jurídicos por ela previstos.*"[8]

Então, a natureza jurídica de qualquer negócio deve refletir a vontade das partes, assim, na permuta imobiliária prevalece a troca de um imóvel por outro, sendo a torna uma espécie de complemento, não podendo se caracterizar como preço, que é o objeto da compra e venda.

Ainda no âmbito tributário, importante salientar que sobre a permuta imobiliária recai o Imposto de Transmissão de Bens Imóveis (*ITBI*), cujo fato gerador é a transmissão, a qualquer título, da propriedade de bens imóveis, conforme já tratado nos tópicos anteriores.

Portanto, evidente que a permuta de imóveis gera a obrigação do pagamento de ITBI pelas partes, sendo de praxe que cada permutante pague, respectivamente, o tributo sobre o valor do respectivo imóvel permutado.

Lado outro, a legislação brasileira entende que a operação de permuta sem o pagamento de torna está excluída da incidência de imposto de renda, desde que a escritura pública correspondente seja de permuta. Por outro lado, nas permutas com o pagamento de valor a maior, o ganho de capital

8. FERRAZ JÚNIOR, Tércio Sampaio Júnior. Da Permuta no direito brasileiro. Revista De Direito Privado, vol. 62, editora Revista dos Tribunais, São Paulo, 2015, p. 5.

deverá ser apurado em relação a torna recebida, incidindo Imposto de Renda sobre o referido valor.

Vejamos o que o Decreto nº 9.580, de 2018, que regulamenta a tributação, a fiscalização, a arrecadação e a administração do Imposto sobre a Renda e Proventos de Qualquer Natureza, determina:

> "*Art. 132: Na determinação do ganho de capital, serão excluídas:*
>
> (...)
>
> *II – a permuta exclusivamente de unidades imobiliárias, objeto de escritura pública, sem recebimento de parcela complementar em dinheiro, denominada torná, exceto na hipótese de imóvel rural com benfeitorias.*
>
> (...)
>
> § 2º: Na hipótese de permuta com recebimento de torna, deverá ser apurado o ganho de capital apenas em relação à torna."

Nesse mesmo sentido, é a Instrução Normativa nº 84 de 2001[9]:

> "*Art. 29: Na determinação do ganho de capital sujeito à incidência do imposto são excluídos os ganhos de capital decorrentes de:*
>
> (...)
>
> *IV – permuta, sem torna, de unidades imobiliárias;*
>
> (...)
>
> § 4º Na hipótese do inciso IV do caput, *a exclusão aplica-se:*
>
> *I – exclusivamente, às permutas de unidade imobiliária por unidade imobiliária;*
>
> *II – às operações de permuta realizadas por contrato particular, desde que a escritura pública correspondente, quando lavrada, seja de permuta.*
>
> § 5º Na permuta de unidades imobiliárias com torna, o ganho de capital é apurado exclusivamente em relação a esta, observado o disposto no art. 23."

Sendo assim, a legislação é clara ao determinar que a permuta com torna enseja ganho de capital em relação ao montante correspondente à torna, gerando a obrigação do recolhimento do Imposto de Renda pelo

---

9. Disponível em: http://normas.receita.fazenda.gov.br/sijut2consulta/link.action?idAto=14400&visao=original. Acesso em 28/06/2021.

permutante que recebeu o valor em dinheiro. Corrobora com esse entendimento a Instrução Normativa SRF nº 107, de 1988[10]:

> "*1.5 A permutante que se beneficiar por torna deverá computá-la como receita, no ano-base ou período-base da operação, podendo deduzir dessa receita a parcela do custo da unidade dada em permuta que corresponder à torna recebida ou a receber. A parcela a deduzir será determinada mediante a aplicação, sobre o custo atualizado ou o valor contábil da unidade, na data da operação, do percentual obtido pela divisão do valor da torna pelo somatório desta com o valor do custo da unidade dada em permuta. A permutante que pagar a torna deverá computá-la no custo da unidade adquirida.*"

Em contrapartida, nas permutas sem torna, a legislação entende que não há ganho de capital, não havendo o recolhimento de imposto de renda. Nesse sentido é a Solução de Consulta COSIT nº 166, de 2019[11]:

> "*ASSUNTO: IMPOSTO SOBRE A RENDA DE PESSOA FÍSICA – IRPF. PERMUTA DE TERRENO COM CASA POR UNIDADES IMOBILIÁRIAS A SEREM NELE CONSTRUÍDAS. EXCLUSÃO NA DETERMINAÇÃO DO GANHO DE CAPITAL. A permuta exclusivamente de unidades imobiliárias, objeto de escritura pública, sem recebimento de parcela complementar em dinheiro, denominada torna, é excluída na determinação do ganho de capital da pessoa física. Considera-se custo de aquisição de imóvel adquirido por permuta com outro imóvel, o mesmo valor do imóvel dado em permuta, ou proporcionalmente, quando o permutante receber duas ou mais unidades imobiliárias. Dispositivos Legais: Regulamento do Imposto sobre a Renda aprovado pelo Decreto nº 9.580, de 22 de novembro de 2018 (RIR/2018), art. 128, § 4º, inciso II, art. 132, inciso II e § 2º, art. 134, § 3º, e art. 136, § 1º; Instrução Normativa SRF nº 84, de 11 de outubro de 2001, arts. 12 e 29, inciso IV, Instrução Normativa SRF nº 107, de 14 de julho de 1988.*"

A Receita então concluiu que "*a operação de permuta de unidades imobiliárias, sem o recebimento de valor complementar (torna), não pode, em hipótese alguma, gerar variação patrimonial; pois a somatória do valor de cada uma das unidades imobiliárias recebidas terá que ser exatamente igual ao valor do imóvel dado em permuta*".

---

10. Disponível em: http://normas.receita.fazenda.gov.br//sijut2consulta/link.action?visao=original&idAto=14681. Acesso em: 28/06/2021.

11. Disponível em: http://normas.receita.fazenda.gov.br/sijut2consulta/link.action?idAto=101302&visao=anotado. Acesso em: 28/06/2021.

Portanto, nos casos em que a permuta for realizada entre imóveis com valores diferentes, se não houver o pagamento de torna, não haverá ganho de capital e, consequentemente, não haverá o recolhimento de Imposto de Renda.

Na esfera de competência tributária dos Estados, sabe-se que os entes tributantes têm entendido que nas hipóteses em que não ocorre o pagamento da torna, resta caracterizada uma doação, surgindo a obrigação do recolhimento do Imposto de transmissão *causa mortis* e doação (ITCMD).

Nas permutas parciais em que existe a necessidade do pagamento da torna, pode acontecer da parte proprietária do imóvel de maior valor não exigir o pagamento da torna, nesses casos, os Estados têm entendido que recai o Imposto de transmissão *causa mortis* e doação (*ITCMD*) sobre o valor a maior que deveria ter sido pago, mas não foi, já que nesta hipótese estaremos diante de uma doação.

A título ilustrativo, em resposta à consulta tributária nº 21030/2019[12], o Estado de São Paulo, via SEFAZ, publicou o entendimento de que se atribui a incidência do ITCMD na permuta sem torna de imóveis com valores diferentes. Vejamos a ementa:

> *"ITCMD – Transmissão por doação de bem imóvel urbano – Permuta – Base de cálculo.*
>
> *I. A permuta envolvendo imóveis de diferentes valores, realizada sem a devida compensação financeira, caracteriza uma doação.*
>
> *II. Por regra, a base de cálculo do imposto é o valor venal do bem, que corresponde ao efetivo valor de mercado do imóvel, não podendo ser inferior ao valor fixado para efeito de lançamento do Imposto sobre a Propriedade Predial e Territorial Urbana – IPTU."*

O pedido de consulta foi feito por um tabelião, diante da seguinte situação: duas pessoas desejavam lavrar uma escritura pública de permuta de imóveis, para cada bem seria atribuído o valor de R$ 185.000,00 (*cento e oitenta e cinco mil reais*), todavia, o valor venal dos referidos imóveis, segundo a prefeitura, era de R$ 134.791,55 (*cento e trinta e quatro mil, setecentos e noventa e um reais e cinquenta e cinco centavos*) e de R$ 402.462,62 (*quatrocentos e dois mil, quatrocentos e sessenta e dois reais e sessenta e dois centavos*),

---

12. Disponível em: https://legislacao.fazenda.sp.gov.br/Paginas/RC21030_2019.aspx. Acesso em: 28/06/2021.

respectivamente, assim, o consulente resolveu apresentar o pedido de consulta para questionar se sob a diferença entre esses valores deveria haver a cobrança de ITCMD.

A SEFAZ fundamentou sua resposta no art. 2º, II e § 5º, da Lei Estadual nº 10.705, de 2000 (Lei do ITCMD), e no art. 538 do Código Civil. Vejamos os referidos dispositivos:

> "**Artigo 2º/Lei do ITCMD:** *O imposto incide sobre a transmissão de qualquer bem ou direito havido:*
>
> *(...)*
>
> ***II** - por doação*
>
> *(...)*
>
> § *5º Estão compreendidos na incidência do imposto os bens que, na divisão de patrimônio comum, na partilha ou adjudicação, forem atribuídos a um dos cônjuges, a um dos conviventes, ou a qualquer herdeiro, acima da respectiva meação ou quinhão."*
>
> **Código Civil:** "*Art. 538: Considera-se doação o contrato em que uma pessoa, por liberalidade, transfere do seu patrimônio bens ou vantagens para o de outra.*"

O primeiro dispositivo transcrito determina a incidência do ITCMD sobre o excesso de meação ou quinhão e o segundo traz o conceito do ato de doação, qual seja um contrato em que a pessoa, por meio de ato de liberalidade, transfere bens ou vantagens do seu patrimônio para o de outra.

Com fulcro nesses dispositivos, a SEFAZ-SP, partindo do princípio que em uma permuta de imóveis com valores diferentes, sem torna, uma das partes será beneficiada com quantia superior, sem qualquer compensação financeira, entendeu que tal situação se enquadra em transferência de patrimônio, por liberalidade, daquele que permuta o imóvel de maior valor por outro de valor inferior, logo, o contribuinte do imposto é o permutante que recebeu em permuta o imóvel de maior valor, sem o pagamento da torna.

O mencionado entendimento tem mostrado grande impacto nas operações de transferências imobiliárias, principalmente após a Receita Federal ter exarado o parecer de que não existe ganho de capital nas permutas sem torna, por meio da Solução de Consulta nº 166, de 2019, o que fez aumentar a realização desse tipo de negócio, diante da possibilidade do não recolhimento de Imposto de Renda.

Todavia, apesar da isenção do IR nas permutas sem torna, atualmente, sabe-se que será devido o ITCMD sobre o valor que deveria ter sido pago a título de torna, dada a caracterização da doação.

Inclusive, o Tribunal de Justiça de São Paulo entende que é dever do delegatário da função extrajudicial, ao lavar a escritura de permuta ou efetuar seu registro, zelar pelo recolhimento do ITCMD, vejamos:

> *"REGISTRO DE IMÓVEIS. Escritura pública de permuta de bens imóveis de valores venais distintos, sem torna. Acréscimo patrimonial de forma não onerosa a caracterizar doação. Ausência de comprovação de recolhimento de Imposto de Transmissão causa mortis – ITCMD. Dever do Oficial de velar pelo seu recolhimento, exigindo a apresentação das respectivas guias. Óbice mantido. Recurso desprovido"*[13] *(sem grifos no original).*

No caso em apreço, o Registrador se recusou a registrar escritura pública de permuta em razão da não apresentação de prova de quitação do ITCMD.

Consoante o TJSP, a "*permuta de bens imóveis de valores venais distintos sem haver torna ou reposição em dinheiro gera acréscimo patrimonial de forma não onerosa àquele que recebe o bem de maior valor, a caracterizar doação*", sendo dever do titular da serventia fiscalizar a incidência dos tributos incidentes, nos termos do art. 289 da Lei nº 6.015 de 1973[14].

Nesses termos, o Tribunal de Justiça de São Paulo houve por bem julgar improcedente o recurso do permutante para declarar razão ao Registrador, ao exigir a apresentação da guia de recolhimento do ITCMD sobre a diferença do valor existente entre os imóveis.

Isso porque, segundo o relator, "*a omissão do titular da delegação pode levar à sua responsabilidade solidária no pagamento do tributo, nos termos do Art. 134, VI, do Código Tributário Nacional – CTN, não se olvidando, também, de seu dever de analisar a natureza dos negócios apresentados a registro, evitando-se simulações ou até omissões culposas que tragam prejuízos ao Fisco*".

---

13. Apelação nº 1007778-97.2020.8.26.0100, Conselho Superior de Magistratura do Tribunal de Justiça, Desembargador Relator Ricardo Anafe, j. 05/06/2020.

14. *Art. 289: No exercício de suas funções, cumpre aos oficiais de registro fazer rigorosa fiscalização do pagamento dos impostos devidos por força dos atos que lhes forem apresentados em razão do ofício.*

No entanto, conforme já alertado, o Conselho Superior da Magistratura tem seguido a linha de que, pela regra, não cabe ao Oficial Registrador aferir a regularidade do valor apurado a título do referido imposto, vejamos:

> *"REGISTRO DE IMÓVEIS – DÚVIDA – FORMAL DE PARTILHA – Registro negado, ao argumento de recolhimento a menor de ITCMD – Impossibilidade – **Não pode o Sr. Oficial obstar registro por entender que o valor recolhido a título de tributo é inferior ao devido – Dúvida improcedente** – Recurso provido"* (Apelação n.º 1066691-48.2015.8.26.0100, Rel. Des. Pereira Calças).

De todo o exposto, conforme entendimento dos Estados, acompanhado pela jurisprudência, nas permutas parciais, em que as partes estipulam pelo não pagamento da torna, resta caracterizada uma doação, logo, a parte que deveria efetuar o pagamento da torna passa a ser um donatário, devendo recolher o ITCMD sobre o valor da torna, e o tabelião e/ou o registrador possui o dever de verificar se o tributo foi recolhido, sob pena de responsabilidade tributária pessoal.

4. Do enquadramento tributário dos ofícios da cidadania para fins de ISS

Ao falar em Ofício de Registro de Pessoas Naturais, primeiramente se verificam as principais atribuições previstas na Lei nº 6.015/73, tais como o registro de nascimento, casamento e óbito. Vejamos a redação do artigo 29 da referida Lei Federal:

> "*Art. 29. Serão registrados no registro civil de pessoas naturais:*
>
> *I – os nascimentos;*
>
> *II – os casamentos;*
>
> *III – os óbitos;*
>
> *IV – as emancipações;*
>
> *V – as interdições;*
>
> *VI – as sentenças declaratórias de ausência;*
>
> *VII – as opções de nacionalidade;*
>
> *VIII – as sentenças que deferirem a legitimação adotiva.*

§ 1º Serão averbados:

a) as sentenças que decidirem a nulidade ou anulação do casamento, o desquite e o restabelecimento da sociedade conjugal;

b) as sentenças que julgarem ilegítimos os filhos concebidos na constância do casamento e as que declararem a filiação legítima;

c) os casamentos de que resultar a legitimação de filhos havidos ou concebidos anteriormente;

d) os atos judiciais ou extrajudiciais de reconhecimento de filhos ilegítimos;

e) as escrituras de adoção e os atos que a dissolverem;

f) as alterações ou abreviaturas de nomes.

(...).”

Dado o seu papel fundamental para a sociedade, o registro civil de pessoas naturais é **a atividade cartorária mais próxima do cidadão, sendo a porta de entrada para o acesso da população em geral a direitos** e a garantias constitucionais fundamentais, por exemplo, a cidadania e a nacionalidade, já que, sem o registro civil, o cidadão sequer existe para o meio jurídico.

Por conseguinte, os Ofícios de Registro de Pessoas Naturais são um braço indispensável do Estado e, no exercício dessa função pública delegada (art. 236, CF/88[15]), tornam-se essencialmente próximos da população, estando presentes até nas pequenas cidades e distritos espalhados pelo país, daí a sua “capilaridade”.

Em virtude de sua grande abrangência nacional e tendo em vista sua presença em todos os municípios brasileiros, a Lei nº 13.484/2017 alterou a Lei de Registros Públicos e ampliou as atribuições e as competências dos Ofícios de Registro Civil das Pessoas Naturais, conferindo a eles o título de “Ofícios da Cidadania”, conforme podemos ver no seu artigo 1º:

“Art. 1º A Lei nº 6.015, de 31 de dezembro de 1973, passa a vigorar com as seguintes alterações:

(...)

---

15. CONSTITUIÇÃO FEDERAL:

“Art. 236. Os serviços notariais e de registro são exercidos em caráter privado, por delegação do Poder Público.”

> *Art. 29. (...)*
>
> *§ 3º Os ofícios do registro civil das pessoas naturais são considerados ofícios da cidadania e estão autorizados a prestar outros serviços remunerados, na forma prevista em convênio, em credenciamento ou em matrícula com órgãos públicos e entidades interessadas.*
>
> *§ 4º O convênio referido no § 3º deste artigo independe de homologação e será firmado pela entidade de classe dos registradores civis de pessoas naturais de mesma abrangência territorial do órgão ou da entidade interessada.*
>
> *(...)".*

Nesse sentido, foi formulado pelo Conselho Nacional de Justiça (CNJ) o Provimento nº 66/2018[16], na forma prevista do artigo 29, parágrafos 3º e 4º, da Lei nº 6.015/1973, incluídos pela Lei nº 13.484/2017, com a seguinte previsão acerca dos serviços prestados pelos Ofícios de Registro Civil das Pessoas Naturais, do qual destacamos para as considerações preambulares e os artigos 1º e 2º, *in verbis*:

> *"(...)*
>
> ***RESOLVE:***
>
> *Art. 1º Dispor sobre a prestação de serviços de registro civil das pessoas naturais do Brasil mediante convênio, credenciamento e matrícula com órgãos e entidades governamentais e privadas.*
>
> *Art. 2º As serventias de registro civil das pessoas naturais do Brasil poderão, mediante convênio, credenciamento ou matrícula com órgãos públicos, prestar serviços públicos relacionados à identificação dos cidadãos, visando auxiliar a emissão de documentos pelos órgãos responsáveis.*
>
> *Parágrafo único. Os serviços públicos referentes à identificação dos cidadãos são aqueles inerentes à atividade registral que tenham por objetivo a identificação do conjunto de atributos de uma pessoa, tais como biometria, fotografia, cadastro de pessoa física e passaporte.*
>
> *(...)."*

Como se pode observar, a Lei nº 13.484/2017 e o Provimento CNJ nº 66/2018 conferiram ao Oficial de Registro Civil das Pessoas Naturais a

---

16. https://atos.cnj.jus.br/atos/detalhar/2528. Consultado em 04/07/2021.

possibilidade de prestar mais serviços públicos relacionados com a identificação do cidadão, inerentes à atividade registral, que tenham como objetivo a identificação de atributos de uma pessoa. Ou seja, além dos tradicionais registros de nascimento, casamento e óbito, os Oficiais de Registro Civil poderão realizar serviços voltados para biometria, fotografia, cadastro de pessoa física, passaporte e outros inerentes à atividade de registro, contanto que seja mediante convênio, credenciamento ou matrícula com órgãos públicos.

A título histórico, vale dizer que a validade de tal regra atribuída aos Ofícios da Cidadania foi contestada pelo Partido Republicano Brasileiro (PRB) por meio da Ação Direta de Inconstitucionalidade nº 5855[17], questionando-se a possibilidade dos Cartórios de Registro Civil prestarem serviços por meio de convênios com órgãos públicos. O Supremo Tribunal Federal (STF), por sua vez, julgou parcialmente procedente a ADI 5855 e permitiu a prestação, pelos ofícios de registro civil de pessoas naturais, de outros serviços remunerados, desde que conexos à atividade cartorária e que tais serviços estejam previstos em convênio firmado pela entidade de classe dos registradores civis de pessoas naturais de mesma abrangência territorial do órgão ou da entidade interessada, e devidamente homologado pelo Poder Judiciário local. Para que não pairem dúvidas sobre o alcance da decisão, logo, da natureza dos serviços prestados pelos Ofícios da Cidadania, segue ementa do acórdão proferido:

> *"10/04/2019 PLENÁRIO*
>
> *AÇÃO DIRETA DE INCONSTITUCIONALIDADE 5.855 DISTRITO FEDERAL*
>
> *RELATOR: MIN. ALEXANDRE DE MORAES*
>
> *REQTE.(S): PARTIDO REPUBLICANO BRASILEIRO – PRB*
>
> *ADV.(A/S): SILVIO LUCIO DE OLIVEIRA JUNIOR*
>
> *ADV.(A/S): FERNANDA GADELHA ARAUJO LIMA ALEXANDRE*
>
> *INTDO.(A/S): PRESIDENTE DA REPÚBLICA*
>
> *PROC.(A/S)(ES): ADVOGADO-GERAL DA UNIÃO*

---

17. https://stf.jusbrasil.com.br/jurisprudencia/768176805/acao-direta-de-inconstitucionalidade-adi-5855-df-distrito-federal-0015334-9220171000000/inteiro-teor-768176815. Consultado em 04/07/2021.

INTDO.(A/S): CONGRESSO NACIONAL

PROC.(A/S)(ES): ADVOGADO-GERAL DA UNIÃO

AM. CURIAE: ASSOCIAÇÃO NACIONAL DOS REGISTRADORES DE PESSOAS NATURAIS – ARPEN BRASIL

ADV.(A/S): JULIANO RICARDO DE VASCONCELOS COSTA COUTO

EMENTA: CONSTITUCIONAL. PROCESSO LEGISLATIVO. ORGANIZAÇÃO DOS SERVIÇOS AUXILIARES DO PODER JUDICIÁRIO. MP 776. CONVERSÃO NA LEI 13.484/2017. Art. 29, §§ 3º E 4º, DA LEI DE REGISTROS PÚBLICOS. PROVIMENTO 66/2018 DA CORREGEDORIA NACIONAL DE JUSTIÇA. AUTORIZAÇÃO PARA CELEBRAÇÃO DE CONVÊNIOS POR ENTIDADES DE CLASSE DOS OFICIAIS DO REGISTRO CIVIL DAS PESSOAS NATURAIS. CONTROLE PRÉVIO PELAS CORREGEDORIAS DOS TRIBUNAIS DE JUSTIÇA. INCONSTITUCIONALIDADE PARCIAL.

1. O acréscimo dos parágrafos 3º e 4º ao art. 29 da Lei de Registros Públicos, por emenda à MP 776, não se qualifica como contrabando legislativo, na medida em que há correlação temática com o objeto da proposição original.

2. É válida a atribuição aos Ofícios de Registro Civil das Pessoas Naturais de prestação de outros serviços remunerados, conexos aos seus serviços típicos, mediante convênio devidamente homologado pelo Poder Judiciário local, em credenciamento ou em matrícula com órgãos públicos e entidades interessadas, podendo o referido convênio ser firmado pela entidade de classe dos Registradores Civis das Pessoas Naturais de mesma abrangência territorial do órgão da entidade interessada.

3. O exercício de serviços remunerados pelos Ofícios de Registro Civil das Pessoas Naturais, mediante celebração de convênios, depende de prévia homologação pelo Poder Judiciário, conforme o art. 96, II, alínea 'b', e art. 236, § 1º, da CF.

4. Medida cautelar parcialmente confirmada e Ação Direta julgada parcialmente procedente para conferir interpretação conforme ao § 3º do art. 29, declarar nulidade parcial com redução de texto da expressão 'independe de homologação', constante do § 4º do referido art. 29 da Lei 6.015/1973, na redação dada pela Lei 13.484/2017, e declarar a constitucionalidade do Provimento 66/2018 da Corregedoria Nacional do Conselho Nacional de Justiça."

Conforme se infere, por expressa previsão legal e por força da jurisprudência do STF, os Oficiais de Registro Civil de Pessoas Naturais poderão firmar convênios com órgãos e entidades governamentais e privadas para os serviços oriundos da função de Ofícios da Cidadania, assim compreendidos, de modo geral, todos os serviços relacionados à identificação dos cidadãos e inerente à atividade de registro, como emissão de documentos para outros órgãos, regularização de cadastros, biometria, fotografia, cadastro de pessoas físicas, emissão de passaporte, entre outros dessa natureza.

Portanto, na atual conjuntura, convênios podem ser firmados com os Ofícios de Registro Civil das Pessoas Naturais, como entre os Detrans, para a prática de determinados atos, como emissão de Certificados Veiculares, ou com a Secretaria de Segurança Pública, para emissão de RGs ou, ainda, com a Justiça Eleitoral, para a emissão de Títulos de Eleitor, sendo as possibilidades de aplicação da Lei nº 13.484/2017 e do Provimento CNJ nº 66/2018 ilimitadas.

Pois bem, delimitada a abrangência das atividades desempenhadas pelos Ofícios da Cidadania, importante relembrarmos que, conforme disposto no art. 156, inciso III, da Constituição Federal[18], "compete aos Municípios instituir impostos sobre: (...) III – serviços de qualquer natureza, não compreendidos no art. 155, II, definidos em lei complementar".

Em decorrência dessa previsão, conforme já pontuado alhures, no dia 31 de julho de 2003, a Lei Complementar nº 116 (*com alterações trazidas pela Lei Complementar nº 157/2016*) criou a disciplina do Imposto Sobre Serviços de Qualquer Natureza (ISS), trazendo uma lista anexa de serviços sujeitos ao imposto municipal, que enumera os fatos geradores deste imposto, entre os quais se incluem os "*serviços de registros públicos, cartorários e notariais*" (item 21 do anexo da Lei Complementar).

Ademais, prevê a referida Lei Complementar nº 116/03 que o recolhimento do ISS somente é feito ao Município onde o serviço é ou foi prestado, e que sua alíquota sempre varia de um Município para o outro. A alíquota é dividida entre alíquota mínima, que é de 2% (dois por cento), conforme o artigo 88 do Ato das Disposições Constitucionais Transitórias

---

18. CONSTITUIÇÃO FEDERAL:

Art. 156. Compete aos Municípios instituir impostos sobre:

(...)

III – serviços de qualquer natureza, não compreendidos no art. 155, II, definidos em lei complementar.

(...).

da Constituição Federal, e artigo 8º-A da Lei Complementar 116, de 2003; e a alíquota máxima de incidência, que foi fixada em 5% (cinco por cento) pelo artigo 8º, II, da Lei Complementar 116, de 2003. Vejamos os dispositivos normativos citados:

> *"Ato das Disposições Constitucionais Transitórias, da Constituição Federal*
>
> *Art. 88. Enquanto lei complementar não disciplinar o disposto nos incisos I e III do § 3º do art. 156 da Constituição Federal, o imposto a que se refere o inciso III do caput do mesmo artigo:*
>
> *I – terá alíquota mínima de dois por cento, exceto para os serviços a que se referem os itens 32, 33 e 34 da Lista de Serviços anexa ao Decreto-Lei nº 406, de 31 de dezembro de 1968;*
>
> *II – não será objeto de concessão de isenções, incentivos e benefícios fiscais, que resulte, direta ou indiretamente, na redução da alíquota mínima estabelecida no inciso I."*
>
> *"Lei Complementar 116, de 2003*
>
> *Art. 8º As alíquotas máximas do Imposto Sobre Serviços de Qualquer Natureza são as seguintes:*
>
> *I – (Vetado.)*
>
> *II – demais serviços, 5% (cinco por cento).*
>
> *Art. 8o-A. A alíquota mínima do Imposto sobre Serviços de Qualquer Natureza é de 2% (dois por cento). (Incluído pela Lei Complementar nº 157, de 2016)*
>
> *§ 1º O imposto não será objeto de concessão de isenções, incentivos ou benefícios tributários ou financeiros, inclusive de redução de base de cálculo ou de crédito presumido ou outorgado, ou sob qualquer outra forma que resulte, direta ou indiretamente, em carga tributária menor que a decorrente da aplicação da alíquota mínima estabelecida no* caput, *exceto para os serviços a que se referem os subitens 7.02, 7.05 e 16.01 da lista anexa a esta Lei Complementar. (Incluído pela Lei Complementar nº 157, de 2016)*
>
> § 2º É nula a lei ou o ato do Município ou do Distrito Federal que não respeite as disposições relativas à alíquota mínima previstas neste artigo no caso de serviço prestado a tomador ou intermediário localizado em Município diverso daquele onde está localizado o prestador do serviço. *(Incluído pela Lei Complementar nº 157, de 2016)*
>
> § 3º *A nulidade a que se refere o § 2o deste artigo gera, para o prestador do serviço, perante o Município ou o Distrito Federal que não respeitar as*

> *disposições deste artigo, o direito à restituição do valor efetivamente pago do Imposto sobre Serviços de Qualquer Natureza calculado sob a égide da lei nula. (Incluído pela Lei Complementar nº 157, de 2016)"*

Ainda no campo de reafirmações, importante esclarecer que a referida Lei Complementar nº 116/2003 foi declarada constitucional pelo Supremo Tribunal Federal – STF, ao julgar a ADI 3089[19], no que tange à incidência sobre *serviços de registros públicos, cartorários e notariais* (item 21.01 do anexo da Lei Complementar), entretanto, para que os municípios possam cobrar o ISS com base na referida norma, ficou estabelecido que é necessário criar uma Lei Municipal própria com uma lista de serviços e seus fatos geradores. Vejamos ementa do aludido julgado:

> *"AÇÃO DIRETA DE INCONSTITUCIONALIDADE. CONSTITUCIONAL. TRIBUTÁRIO. ITENS 21 E 21.1. DA LISTA ANEXA À LEI COMPLEMENTAR 116/2003. INCIDÊNCIA DO IMPOSTO SOBRE SERVIÇOS DE QUALQUER NATUREZA – ISSQN SOBRE SERVIÇOS DE REGISTROS PÚBLICOS, CARTORÁRIOS E NOTARIAIS. CONSTITUCIONALIDADE. Ação Direta de Inconstitucionalidade ajuizada contra os itens 21 e 21.1 da Lista Anexa à Lei Complementar 116/2003, que permitem a tributação dos serviços de registros públicos, cartorários e notariais pelo Imposto sobre Serviços de Qualquer Natureza – ISSQN.* Ação Direta de Inconstitucionalidade ajuizada contra os itens 21 e 21.1 da Lista Anexa à Lei Complementar 116/2003, que permitem a tributação dos serviços de registros públicos, cartorários e notariais pelo Imposto sobre Serviços de Qualquer Natureza – *ISSQN. Alegada violação dos arts. 145, II, 156, III, e 236, caput, da Constituição, porquanto a matriz constitucional do Imposto sobre Serviços de Qualquer Natureza permitiria a incidência do tributo tão-somente sobre a prestação de serviços de índole privada. Ademais, a tributação da prestação dos serviços notariais também ofenderia o art. 150, VI, a e §§ 2º e 3º da Constituição, na medida em que tais serviços públicos são imunes à tributação recíproca pelos entes federados. As pessoas que exercem atividade notarial não são imunes à tributação, porquanto a circunstância de desenvolverem os respectivos serviços com intuito lucrativo invoca a exceção prevista no art. 150, § 3º da Constituição. O recebimento*

19. https://stf.jusbrasil.com.br/jurisprudencia/14723714/acao-direta-de-inconstitucionalidade-adi-3089-df/inteiro-teor-103111226. Consultado em 06/07/2021.

de remuneração pela prestação dos serviços confirma, ainda, capacidade contributiva. A imunidade recíproca é uma garantia ou prerrogativa imediata de entidades políticas federativas, e não de particulares que executem, com inequívoco intuito lucrativo, serviços públicos mediante concessão ou delegação, devidamente remunerados. Não há diferenciação que justifique a tributação dos serviços públicos concedidos e a não-tributação das atividades delegadas. Ação Direta de Inconstitucionalidade conhecida, mas julgada improcedente."

(STF – ADI: 3089 DF, Relator: Min. CARLOS BRITTO, Data de Julgamento: 13/02/2008, Tribunal Pleno, Data de Publicação: DJe-142 DIVULG 31-07-2008 PUBLIC 01-08-2008 EMENT VOL-02326-02 PP-00265 LEXSTF v. 30, n. 357, 2008, p. 25-58).

Superada a discussão sobre a constitucionalidade da incidência do ISS sobre os serviços notariais e de registro, a **título ilustrativo**, no âmbito do Município de São Paulo, a Lei nº 13.701, de 24 de dezembro de 2003, foi a norma responsável por alterar a legislação do Imposto sobre Serviços de Qualquer Natureza – ISSQN e adequá-la ao entendimento e à referida Lei Complementar nº 116/03. Trouxe, a Lei paulistana, que o imposto tem como fato gerador a prestação de serviços, ainda que não constitua a atividade preponderante, do prestador. Além disso, a norma transportou consigo uma extensa lista anexa de atividades sujeitas à cobrança do ISSQN, enquadrando, em seus itens 21 e 21.01, os "*serviços de registros públicos, cartorários e notariais*".

Ainda no âmbito do Município onde está sediada a capital do Estado de São Paulo, em 18 de julho de 2011, foi publicada a Instrução Normativa SF/SUREM 08, que estabeleceu uma Tabela de Códigos de Serviço, Cálculo, Livro, Declaração e Documentos Fiscais do Imposto Sobre Serviço de Qualquer Natureza – ISS. Por meio dessa tabela de Códigos de Serviços, o contribuinte identifica o código de serviço, sua natureza, a base de cálculo, o período de apuração e o valor do ISS a ser pago.

No caso em específico, para as atividades prestadas pelos delegatários do serviço notarial e de registro, a lista da Instrução Normativa nº 08/2011, com alteração trazida pela Instrução Normativa nº 10/2013, restringe a três opções de códigos (3877, 3878 e 6816), cujo enquadramento varia de acordo com a natureza e a complexidade do serviço. Vejamos abaixo a tabela com os códigos de serviço acima descritos e passemos a analisá-los:

Código de Serviço	Item da Lei 13.701/03	Descrição	Natureza	Alíquota	Base de Cálculo	Período de Apuração
03877	21.01	Serviços de registros públicos, cartorários, e notariais exceto autenticação de documentos, reconhecimento de firmas e prestação de informações por qualquer forma ou meio quando o interessado dispensar a certidão correspondente.	PJ	2%	Preço do Serviço	Mensal
03878	21.01	Autenticação de documentos, reconhecimento de firmas e prestação de informações por qualquer forma ou meio quando o interessado dispensar a certidão correspondente, prestados por notários, oficiais de registro ou seus prepostos.	PJ	2%	Preço do Serviço	Mensal
06816	13.03	Reprografia, microfilmagem e digitalização, prestados por notários, oficiais de registro ou seus prepostos.	PF	5%	Preço do Serviço	Mensal

Como se observa acima, aplica-se o Código 3877 aos serviços de registros públicos, cartorários e notariais, exceto autenticação de documentos, reconhecimento de firmas e prestação de informações por qualquer forma ou meio quando o interessado dispensar a certidão correspondente, e prevê uma alíquota de 2% (dois por cento) sobre o preço do serviço.

Em contrapartida, aplica-se o Código 3878 aos serviços de autenticação de documentos, reconhecimento de firmas e prestação de informações por qualquer forma ou meio, quando o interessado dispensar a certidão correspondente, prestados por notários, oficiais de registro ou seus prepostos, prevendo, igualmente, uma alíquota de 2% (dois por cento) sobre o preço do serviço.

Por sua vez, aplica-se o Código 6816 sobre os serviços de reprografia, microfilmagem e digitalização, prestados por notários, oficiais de registro ou seus prepostos, e prevê uma alíquota máxima de 5% (cinco por cento) sobre o preço do serviço.

Apesar de a lista da Instrução Normativa nº 8/2011 trazer determinados códigos para enquadramento das atividades realizadas pelos notários e registrados, em certos casos, o serviço não está previsto expressamente no rol.

Aqui, cabe esclarecer que muito se discutiu sobre a eventual abrangência irrestrita e ilimitada do termo "*serviços de qualquer natureza*". Questionava-se se a incidência alcançaria ou não serviços que não estivessem previstos expressamente na lista, por exemplo, o caso dos serviços prestados na qualidade de Ofícios da Cidadania.

Como não poderia ser diferente, a discussão chegou ao Supremo Tribunal Federal, que fixou a tese no RE 784.439[20], com repercussão geral

20. https://stf.jusbrasil.com.br/jurisprudencia/927521585/recurso-extraordinario-re-784439-df. Consultado em 04/07/2021.

reconhecida, no sentido de que "**é taxativa** *a lista de serviços sujeitos ao ISS a que se refere o art. 156, III, da Constituição Federal, admitindo-se, contudo, a incidência do tributo sobre as atividades inerentes aos serviços elencados em lei em razão da interpretação extensiva*".

O enunciado teve sete votos favoráveis. No voto vencedor, a Relatora Ministra Rosa Weber argumentou que a própria legislação do ISS emprega termos mais abrangentes ao listar os serviços, a exemplo de "congêneres", "outros" e "assemelhados", não existindo, portanto, obstáculo constitucional contra técnica legislativa da interpretação extensiva. Vejamos a ementa:

> *"RECURSO EXTRAORDINÁRIO COM REPERCUSSÃO GERAL. TRIBUTÁRIO. IMPOSTO SOBRE SERVIÇOS DE QUALQUER NATUREZA – ISS. Art. 156, III, DA CARTA POLÍTICA. OPÇÃO CONSTITUCIONAL PELA LIMITAÇÃO DA CAPACIDADE TRIBUTÁRIA DOS MUNICÍPIOS POR MEIO DA ATRIBUIÇÃO À LEI COMPLEMENTAR DA FUNÇÃO DE DEFINIR OS SERVIÇOS TRIBUTÁVEIS PELO ISS. LISTAS DE SERVIÇOS ANEXAS AO DECRETO-LEI 406/1968 E LEI COMPLEMENTAR 116/2003. CARÁTER TAXATIVO COMPATÍVEL COM A CONSTITUIÇÃO DA REPÚBLICA. 1. Recursos extraordinários interpostos contra acórdãos do Tribunal de Justiça de Alagoas e do Superior Tribunal de Justiça relativos à exigência do ISS sobre determinadas atividades realizadas por instituição financeira. Processo selecionado, em caráter substitutivo, para dirimir a controvérsia constitucional definida no Tema 296 da repercussão geral. 2. O recurso extraordinário interposto contra o acórdão proferido pelo Superior Tribunal de Justiça é inadmissível, porquanto as alegadas violações da Constituição Federal não se referem ao decidido neste acórdão, mas sim no julgamento efetuado pelo Tribunal de Justiça de Alagoas. 3. O argumento de suposta afronta ao art. 5º, LV, da Constituição Federal, ou seja, a pretensão de reconhecimento da violação dos direitos fundamentais processuais ao contraditório e à ampla defesa por não ter sido realizada prova pericial requerida não tem pertinência jurídica no caso. O acórdão do Tribunal de Justiça do Estado do Alagoas decidiu que os documentos juntados foram suficientes para a valoração adequado dos fatos arguidos, bastante, portanto, para a formação do convencimento judicial. Entendimento contrário ao certificado no acórdão do Tribunal de Justiça local demandaria reexame da prova dos autos. Aplicação da Súmula 279/STF que afirma o não cabimento de recurso extraordinário quando necessária nova valoração das provas. 4. O acórdão recorrido excluiu parte da autuação fiscal por dizer respeito à atividades já tributadas pelo IOF. Fê-lo com exame apenas de dispositivos do Decreto 6.306/2007, não tendo havido exame do*

tratamento constitucional deste imposto da União. Ausente o prequestionamento do art. 153, III, da Constituição Federal, o recurso não pode ser conhecido quanto ao ponto. 5. Ao determinar que compete à lei complementar definir os serviços tributáveis pelo ISS, a Constituição fez escolha pragmática para evitar que, a todo momento, houvesse dúvida se determinada operação econômica seria tributada como prestação de serviços ou de circulação de mercadorias, especialmente tendo em conta o caráter economicamente misto de muitas operações. 6. Os precedentes judiciais formados por este Supremo Tribunal definiram interpretação jurídica no sentido do caráter taxativo das listas de serviços. Nesse sentido: RE 361.829, Rel. Ministro Carlos Velloso, Segunda Turma, DJ de 24.2.2006; RE 464.844 AgR, Rel. Ministro Eros Grau, Segunda Turma, DJe de 09.5.2008; RE 450.342 AgR, Rel. Ministro Celso de Mello, Segunda Turma, DJ 03.8.2007. 7. As listas de serviços preveem ser irrelevante a nomenclatura dada ao serviço e trazem expressões para permitir a interpretação extensiva de alguns de seus itens, notadamente se socorrendo da fórmula 'e congêneres'. Não existe obstáculo constitucional contra esta sistemática legislativa. Excessos interpretativos que venham a ocorrer serão dirimíveis pelo Poder Judiciário. 8. Embora a lei complementar não tenha plena liberdade de qualificar como serviços tudo aquilo que queira, a jurisprudência do Supremo Tribunal Federal não exige que ela inclua apenas aquelas atividades que o Direito Privado qualificaria como tais. Precedentes nesse sentido julgados em regime de repercussão geral, a saber: RE 592.905, Rel. Ministro Eros Grau, e RE 651.703, Rel. Ministro Luiz Fux, em que examinadas as incidências do ISS, respectivamente, sobre as operações de arrendamento mercantil e sobre aquelas das empresas de planos privados de assistência à saúde. 9. O enquadramento feito pelo Tribunal local de determinadas atividades em itens da lista anexa ao DL 406/1968 não pode ser revisto pelo Supremo Tribunal Federal. Eventual violação da Constituição Federal apresenta-se como ofensa reflexa e a análise do recurso extraordinário demanda a revaloração das provas produzidas no processo. 10. Recurso extraordinário interposto contra o acórdão proferido pelo Superior Tribunal de Justiça não conhecido. Recurso extraordinário contra o acórdão do Tribunal de Justiça de Alagoas parcialmente conhecido e, no mérito, não provido. 11. Tese de repercussão geral: 'É taxativa a lista de serviços sujeitos ao ISS a que se refere o art. 156, III, da Constituição Federal, admitindo-se, contudo, a incidência do tributo sobre as atividades inerentes aos serviços elencados em lei em razão da interpretação extensiva'."

(STF – RE: 784439 DF, Relator: ROSA WEBER, Data de Julgamento: 29/06/2020, Tribunal Pleno, Data de Publicação: 15/09/2020).

Assim, a partir do entendimento fixado pela Corte Suprema, no sentido da taxatividade, mas da possibilidade da interpretação extensiva, em situações de lacuna, coube aos delegatários (contribuintes), por meio interpretativo, enquadrar as atividades semelhantes que praticam em algum dos serviços com previsão normativa, no caso do Município de São Paulo, notadamente, em um dos códigos a seguir: 3877, 3878 ou 6816.

Esse posicionamento, obviamente, gera grandes dúvidas acerca da correta aplicação da legislação tributária, pois que os serviços prestados na qualidade de Ofício da Cidadania ainda não possuem Código específico positivado em diversos Municípios e assim acontece no Município de São Paulo, inexistindo a previsão desse serviço na lista anexa da Instrução Normativa nº 8/2011, demandando, com isso, interpretação extensiva na forma acima descrita.

Ocorre que, no caso em específico, diante da aparente insegurança da ausência de previsão expressa, ao consultar o órgão municipal de São Paulo/SP para confirmar qual dos três códigos acima elencados caberia a intepretação extensiva para efeito de incidência de ISS sobre as atividades prestadas como Ofícios da Cidadania, a Associação dos Registradores de Pessoas Naturais do Estado de São Paulo – ARPEN/SP foi surpreendida com a Solução de Consulta SF/DEJUG nº 38/2020[21], complementada pela Solução de Consulta SF/DEJUG nº 7/2021[22], enquadrando tais serviços em código totalmente alheio aos serviços notariais e de registro, e fatalmente contrário aos dispositivos legais vigentes. Vejamos os entendimentos adotados na Consulta Formal Tributária formulada:

> *"SOLUÇÃO DE CONSULTA SF/DEJUG nº 38, de 16 de dezembro de 2020*
>
> *ISS. Ofícios da cidadania. Enquadramento de acordo com a natureza do serviço prestado.*
>
> *O DIRETOR DO DEPARTAMENTO DE TRIBUTAÇÃO E JULGAMENTO, no uso de suas atribuições legais, em especial à vista dos artigos 73 a 78 da Lei nº 14.107, de 12 de dezembro de 2005, e em conformidade com o que consta nos autos do processo administrativo; ESCLARECE:*

---

21. https://www.prefeitura.sp.gov.br/cidade/upload/sc_38-2020_1612296757.pdf. Consultado em 06/07/2021.

22. https://www.prefeitura.sp.gov.br/cidade/upload/sc_07-2021_1619466552.pdf. Consultado em 06/07/2021.

1. Trata-se de Consulta Tributária formulada por entidade representativa da categoria dos Registradores de Pessoas Naturais.

2. Alega a consulente que não há previsão de código de serviço específico relativo aos serviços prestados pelos ofícios da cidadania, incluídos na Lei Federal nº 6.015, de 31 de dezembro de 1973, pela Lei Federal nº 13.484, de 26 de setembro de 2017.

3. A consulente solicita confirmação de seu entendimento de que as atividades dos referidos ofícios, por interpretação extensiva, devem ser enquadradas no código de serviço 03877, previsto pelo Anexo 1 da Instrução Normativa SF/SUREM nº 08, de 18 de julho de 2011, e descrito como 'serviços de registros públicos, cartorários e notariais, exceto autenticação de documentos, reconhecimento de firmas e prestação de informações por qualquer forma ou meio quando o interessado dispensar a certidão correspondente'.

4. Os ofícios da cidadania estão autorizados a prestar, mediante convênio com outras entidades, serviços remunerados que ultrapassam as atividades originais dos ofícios do registro civil das pessoas naturais.

5. A análise dos dois convênios exemplificados pela consulente permite concluir que, para esses dois casos específicos, os ofícios da cidadania assumem o papel de intermediários, de modo que o serviço prestado se classifica no código de serviço 06298, previsto pelo Anexo 1 da Instrução Normativa SF/SUREM nº 08, de 2011, e descrito como 'agenciamento, corretagem ou intermediação de bens móveis, não abrangidos em outros itens ou subitens, por quaisquer meios'.

6. Para eventuais outros convênios que os ofícios da cidadania venham a celebrar, o enquadramento da atividade far-se-á de acordo com a natureza do serviço prestado.

7. Comunique-se o teor desta solução de consulta à consulente e, após as providências de praxe, arquive-se."

"SOLUÇÃO DE CONSULTA SF/DEJUG nº 7, de 16 de abril de 2021 Retirratificação da Solução de Consulta SF/DEJUG nº 38/2020.

ISS – Ofícios da cidadania. Enquadramento de acordo com a natureza do serviço prestado.

O DIRETOR DO DEPARTAMENTO DE TRIBUTAÇÃO E JULGAMENTO, no uso de suas atribuições legais, em especial à vista dos artigos 73 a 78 da Lei nº 14.107, de 12 de dezembro de 2005, e em conformidade com o que consta nos autos do processo administrativo. ESCLARECE:

1. Fica determinada a retirratificação da Solução de Consulta SF/DEJUG nº 38, de 16 de dezembro de 2020, uma vez que a matéria foi objeto de reexame, nos termos abaixo.

2. Os itens 4, 5 e 6 da Solução de Consulta SF/DEJUG nº 38/2020, passam a vigorar acrescidos dos subitens 4.1, 5.1, 5.2 e 6.1, respectivamente, com a seguinte redação:

'4. ... 4.1 De acordo com o artigo 25 da Lei Federal nº 8.935, de 1994, o exercício da atividade notarial e de registro é incompatível com o da advocacia, o da intermediação de seus serviços ou o de qualquer cargo, emprego ou função públicos, ainda que em comissão. Observe-se que a expressão 'o [exercício] da intermediação de seus serviços' diz respeito aos serviços do próprio notário, não vedando a intermediação, pelo notário, de serviços de terceiros.

5. ... 5.1 A consulente não presta diretamente os serviços objeto da Consulta, uma vez que os convênios apresentados demonstram que ela nada pode fazer sem se valer de acesso a sistemas ou informações cujo domínio não lhe pertence. 5.2 Tais serviços não se constituem em atos notariais e de registro, motivo pelo qual os valores recebidos não fazem parte da somatória da receita final da unidade e não se obriga a geração de selo digital para a intermediação dos serviços que forem prestados pelos Ofícios de Registro Civil das Pessoas Naturais, conforme definido pela Corregedoria-Geral de Justiça do Estado de São Paulo (CGJ/SP).

6. ... 6.1 A Administração Tributária não pode prever o enquadramento tributário de quaisquer 'serviços em geral' prestados pelos Ofícios da Cidadania com fundamento apenas em sua qualidade de 'Ofícios da Cidadania', uma vez que a referida condição é insuficiente para a correta classificação do serviços prestados.

Para cada serviço prestado poderá haver uma classificação diferente para efeito de incidência do Imposto Sobre Serviços de Qualquer Natureza – ISS, uma vez que essa classificação decorre da natureza da utilidade prestada ao tomador.

Recomenda-se à consulente, portanto, que apresente novas Consultas Tributárias caso seus associados prestem, ou venham a prestar, outros serviços enquanto Ofícios da Cidadania.'

3. Mantenham-se como estão os demais itens da Solução de Consulta SF/DEJUG nº 38, de 2020. 4. Notifique-se a consulente do teor desta Solução de Consulta e, após as providências de praxe, arquive-se."

Em que pese o teor das soluções de consultas exaradas e transcritas acima, depreende-se de todo o contexto apresentado que a atividade realizada pelos Oficiais de Registro Civil das Pessoas Naturais na qualidade de Ofícios da Cidadania nada mais é que uma extensão dos tradicionais serviços de registro relacionados à identificação do cidadão (certidão de óbito, nascimento e casamento) para novos serviços inerentes à atividade registral e, também, voltados à identificação do cidadão. Ou seja, é basicamente o mesmo serviço público de natureza registral para identificação do cidadão.

Contudo, ao apresentar esse cenário para o Município de São Paulo, foi proferida orientação, salvo melhor entendimento, conflitante aos ditames legais que norteiam a atividade registral, vez que a autoridade fiscal, ao proferir a Solução de Consulta SF/DEJUG nº 38/2020, complementada pela Solução de Consulta SF/DEJUG nº 7/2021, firmou o entendimento de que os serviços prestados pelos Oficiais de Registro Civil das Pessoas Naturais na qualidade de Ofícios da Cidadania seriam enquadrados no Código de Serviço 06298, previsto pelo Anexo 1 da Instrução Normativa SF/SUREM nº 08, de 2011, descrito como "*agenciamento, corretagem ou intermediação de bens móveis, não abrangidos em outros itens ou subitens, por quaisquer meios*".

Para justificar o entendimento, a autoridade fiscal responsável pelo solução apresentada argumentou que, de acordo com o artigo 25 da Lei Federal nº 8.935, de 1994, o exercício da atividade notarial e de registro é incompatível com o da advocacia, o da intermediação de seus serviços ou o de qualquer cargo, emprego ou função públicos, e que a expressão "o [exercício] da intermediação de seus serviços" diria respeito aos serviços do próprio notário, não vedando a intermediação, pelo notário, de serviços de terceiros.

E, para complementar o seu posicionamento, a autoridade consultada alegou que os Oficiais do Registro Civil das Pessoas Naturais não estariam prestando os serviços objeto da consulta, uma vez que o fazer autorizados por convênios, acrescentando que tais serviços, no seu entendimento, não se constituem em atos notariais e de registro, motivo pelo qual os valores recebidos não fariam parte da somatória da receita final da unidade e não se obrigariam a geração de selo digital.

A existência do convênio visa apenas autorizar a serventia a prestar o serviço, em atendimento ao que determina a lei. Contudo, isso não afasta o fato de que o serviço é prestado diretamente pelo "cartório", ou seja, não há intermediação nenhuma aqui. Ora, justamente em razão desses serviços serem prestados diretamente pela serventia que a regra foi contestada pelo Partido Republicano Brasileiro (PRB), por meio da Ação Direta de Inconstitucionalidade nº 5855.

Houve, com respeito a posicionamento contrário, um erro no enquadramento na Solução de Consulta, visto que o Município de São Paulo classificou os serviços de registro voltado à identificação dos cidadãos, prestados pelos Oficiais de Registro Civil das Pessoas Naturais, como agenciamento, corretagem e intermediação de bens móveis, que, como se nota mediante simples leitura, não guarda relação nenhuma com a atividade registral desempenhada.

O enquadramento na forma sugerida pela autoridade fiscal, inclusive, é contrário à própria Lei que instituiu os Ofícios da Cidadania, que somente autoriza a prestação de serviços inerentes à atividade registral e, também, contrário à Lei dos Cartórios, que veda expressamente aos delegatários do serviço de registro a intermediação de seus serviços ou o de qualquer cargo, emprego ou função públicos, ainda que em comissão.

Vale ressaltar, apesar da argumentação da autoridade fiscal, que os serviços de intermediação são expressamente vedados por lei, conforme preceitua o artigo 25 da Lei nº 8.935/94 (Lei dos Cartórios):

> *"Art. 25. O exercício da atividade notarial e de registro é incompatível com o da advocacia, o da intermediação de seus serviços ou o de qualquer cargo, emprego ou função públicos, ainda que em comissão."*

Esse é, também, o entendimento do c. Superior Tribunal de Justiça, conforme precedente emanado no Recurso Ordinário em Mandado de Segurança nº 56.308[23]. Vejamos:

> *"RECURSO EM MANDADO DE SEGURANÇA Nº 56.308 – BA (2018/0006069-0) RELATORA: MINISTRA ASSUSETE MAGALHÃES RECORRENTE: RODRIGO SANTOS MEIRA ADVOGADOS: ANDRE LUIS SANTOS MEIRA – DF025297 CLESTER ANDRADE FONTES FILHO – BA030236 RECORRIDO: ESTADO DA BAHIA PROCURADOR: LORENA MIRANDA SANTOS E OUTRO (S) – BA017124 DECISÃO Trata-se de Recurso Ordinário em Mandado de Segurança, interposto por*

23. https://stj.jusbrasil.com.br/jurisprudencia/882038626/recurso-em-mandado-de-seguranca-rms-56308-ba-2018-0006069-0. Consultado em 07/07/2021.

RODRIGO SANTOS MEIRA, em 12/09/2017, com fundamento no art. 105, II, b, da Constituição Federal, contra acórdão do Tribunal de Justiça do Estado da Bahia, que denegou a segurança postulada pela parte ora recorrente, nos termos da seguinte ementa: 'MANDADO DE SEGURANÇA. DELEGAÇÃO DE SERVENTIA EXTRAJUDICIAL. INCOMPATIBILIDADE COM CARGO PÚBLICO. INTELIGÊNCIA DO Art. 25 DA LEI N. 8.935/94. PRECEDENTES DOS TRIBUNAIS SUPERIORES. AUSÊNCIA DE DIREITO LÍQUIDO E CERTO. SEGURANÇA DENEGADA. –

Consulte a decisão aqui

No caso em tela, por autorização via convênio, os Oficiais de Registro Civil de Pessoas Naturais podem praticar diretamente as atividades, sem que isso configure intermediação, como sugere a Solução de Consulta, razão pela qual recebem o título de Ofícios da Cidadania.

Conforme já pontuado, é fato que as atribuições retroapresentadas (serviços praticados pelos Ofícios da Cidadania) acabam gerando dúvidas em relação à sua classificação para efeito de incidência de Imposto Sobre Serviço, inclusive, sobre a necessidade ou não de levar à tributação. Contudo, de maneira alguma os serviços dos Ofícios da Cidadania poderiam ser confundidos com as atividades descritas no código 06298, de agenciamento, corretagem ou intermediação de bens móveis, conforme decidido pelo Município de São Paulo.

No caso analisado do Município de São Paulo, se os serviços prestados na qualidade de Ofícios da Cidadania se enquadram em algum item previsto, seria tão somente naqueles relacionados às atividades notariais e de registro, quais sejam: 3877, 3878 ou 6816.

Contudo, entre os três códigos possíveis acima citados, é mais correto que os serviços prestados sejam enquadrados na previsão ampla da atividade de "serviços de registros públicos e cartorários", sujeitando-se ao Código 3877, tendo em vista ser inquestionável que os serviços possuem maior complexidade e abrangência do que a mera reprografia, microfilmagem e digitalização (Código 6816) de documentos.

Vejamos:

Código de Serviço	Item da Lei 13.701/03	Descrição	Natureza	Alíquota	Base de Cálculo	Período de Apuração
03877	21.01	Serviços de registros públicos, cartorários e notariais, exceto autenticação de documentos, reconhecimento de firmas e prestação de informações por qualquer forma ou meio quando o interessado dispensar a certidão correspondente.	PJ	2%	Preço do Serviço	Mensal

O serviço prestado por força da função de Ofício da Cidadania é, deveras, muito mais amplo e complexo, sendo sustentável que, por força de interpretação extensiva, no caso do Município de São Paulo, o serviço disponibilizado pelos Ofícios da Cidadania possui melhor enquadramento na previsão de "serviços de registros públicos e cartorários" (Código 3877).

Diante de todo o exposto, em função da natureza e da complexidade dos serviços prestados por força da Lei nº 13.484/2017 e do Provimento nº 66/2018 da Corregedoria Nacional de Justiça, em conformidade com o entendimento do c. STF, a taxatividade elencada na legislação de ISS, com aplicação de interpretação extensiva, implicará no correto enquadramento dos serviços praticados pelos Ofícios da Cidadania como "serviços de registros públicos e cartorários" e não em outras categorias de serviços, estranhos a natureza notarial e de registro, como o fez o Município de São Paulo através da questionável Solução de Consulta.

5. Da exigência de escrituração contábil de todo e qualquer valor que circula na conta bancária do delegatário do serviço notarial e de registro

Tomando por base os ensinamentos do artigo 236 da Carta Magna[24], já transcrito e reiteradamente comentado na presente obra, os particulares

24. Art. 236. Os serviços notariais e de registro são exercidos em caráter privado, por delegação do Poder Público.

§ 1º Lei regulará as atividades, disciplinará a responsabilidade civil e criminal dos notários, dos oficiais de registro e de seus prepostos, e definirá a fiscalização de seus atos pelo Poder Judiciário.

§ 2º Lei federal estabelecerá normas gerais para fixação de emolumentos relativos aos atos praticados pelos serviços notariais e de registro.

§ 3º O ingresso na atividade notarial e de registro depende de concurso público de provas e títulos, não se permitindo que qualquer serventia fique vaga, sem abertura de concurso de provimento ou de remoção, por mais de seis meses.

delegatários dos serviços notariais e de registro possuem direito à percepção de emolumentos.

Os delegatários da função extrajudicial, na condição de pessoas físicas, estão sujeitos ao regime de livro-caixa para apuração mensal e recolhimento antecipado do Imposto de Renda. Nesse regime, conforme já citado alhures, prevê o Regulamento do Imposto sobre a Renda, aprovado pelo artigo 1º do Decreto nº 9.580, de 22 de novembro de 2018 (RIR, de 2018)[25], que a totalidade da receita deve ser escriturada em livro-caixa, de modo que toda a despesa que se enquadre no art. 68, incisos I a III, do RIR, de 2018[26], deve ser lançada como dedutível.

Nesse cenário, é de incumbência das Corregedorias de Justiça dos Tribunais de Justiça Estaduais, em cumprimento ao disposto no artigo 236 da Constituição da República Federativa do Brasil, e artigos 37 e 38 da Lei nº 8.935/94[27], por intermédio de sua Coordenadoria de Correição e

---

25. Art. 1º Fica aprovado o Regulamento do Imposto sobre a Renda e Proventos de Qualquer Natureza, anexo a este Decreto.

26. Art. 68. O contribuinte que perceber rendimentos do trabalho não assalariado, inclusive os titulares dos serviços notariais e de registro, a que se refere o art. 236 da Constituição, e os leiloeiros, poderão deduzir da receita decorrente do exercício da atividade (Lei nº 8.134, de 1990, art. 6º; e Lei nº 9.250, de 1995, art. 4º, *caput* , inciso I): I – a remuneração paga a terceiros, desde que haja vínculo empregatício, e os encargos trabalhistas e previdenciários correspondentes; II – os emolumentos pagos a terceiros; e III – as despesas de custeio pagas, necessárias à percepção da receita e à manutenção da fonte produtora.

27. Art. 37. A fiscalização judiciária dos atos notariais e de registro, mencionados nos arts. 6º a 13, será exercida pelo juízo competente, assim definido na órbita estadual e do Distrito Federal, sempre que necessário, ou mediante representação de qualquer interessado, quando da inobservância de obrigação legal por parte de notário ou de oficial de registro, ou de seus prepostos. Parágrafo único. Quando, em autos ou papéis de que conhecer, o Juiz verificar a existência de crime de ação pública, remeterá ao Ministério Público as cópias e os documentos necessários ao oferecimento da denúncia.

    Art. 38. O juízo competente zelará para que os serviços notariais e de registro sejam prestados com rapidez, qualidade satisfatória e de modo eficiente, podendo sugerir à autoridade competente a elaboração de planos de adequada e melhor prestação desses serviços, observados, também, critérios populacionais e sócio-econômicos, publicados regularmente pela Fundação Instituto Brasileiro de Geografia e Estatística.

Inspeção Extrajudicial, realizar correições anuais em todos os cartórios extrajudiciais dos Estados e, entre suas atribuições, encontram-se a análise dos livros-caixa dos fiscalizados.

Diante dessa obrigação, a fim de solucionar dúvidas a respeito da aplicação da legislação tributária relativa a receitas e despesas de tabeliães e oficiais de registro, uma Corregedoria de Justiça Estadual protocolou na Receita Federal do Brasil um procedimento administrativo de Consulta Formal Tributária, que ganhou, quando da publicação de sua resposta, a numeração de Solução de Consulta COSIT nº 94/2020[28], levantando os seguintes questionamentos:

> *"(...)*
>
> *18.1. Os valores referentes ao FCRC, incluídos no total dos emolumentos, e que somente serão repassados à entidade gestora no final do mês seguinte, que ingressaram no caixa das serventias extrajudiciais em razão do desempenho da atividade delegada, deverão ser contabilizadas em livro-caixa como receita tributável? Em caso positivo, os valores repassados poderão ser contabilizados como despesas dedutíveis devido ao seu caráter obrigacional?*
>
> *18.2. Os valores referentes ao percentual de (...)% (...) dos emolumentos de registro/averbação de títulos, que ingressaram no caixa dos Cartórios de Registro de Imóveis em razão do desempenho da atividade delegada, deverão ser contabilizados em livro-caixa como receita tributável? Em caso positivo, as devoluções de emolumentos aos usuários, ocorridas em razão da impossibilidade da prestação do serviço solicitado, poderão ser contabilizados como despesas dedutíveis devido ao seu caráter obrigacional?*
>
> *18.3. Os valores referentes às certidões de outras serventias que ingressam no caixa dos Cartórios de Registro de Imóveis ou Cartórios de Registro Civil, em razão do desempenho da atividade delegada, e em decorrência da participação em convênios, deverão ser contabilizados em livro-caixa, como receita tributável? Em caso positivo, os possíveis repasses para a Central de Certidões de Imóveis do (...) e os depósitos na 'conta virtual' da Central de Registro Civil poderão ser contabilizados como despesas dedutíveis devido ao seu caráter obrigacional?*

---

28. http://normas.receita.fazenda.gov.br/sijut2consulta/link.action?visao=anotado&idAto=111583. Consultada em 07/07/2021.

18.4. Os valores referentes ao ressarcimento de despesas (tais como correios, taxas bancárias e outras), que ingressaram no caixa das serventias extrajudiciais em razão do desempenho da atividade delegada, deverão ser contabilizados em livro-caixa como receita tributável? Em caso positivo, os valores repassados posteriormente para os prestadores de serviços poderão ser contabilizados como despesas dedutíveis devido ao seu caráter obrigacional?

18.5. Os valores referentes aos emolumentos ou valores de dívidas, que ingressaram no caixa das serventias extrajudiciais em razão do desempenho da atividade delegada, deverão ser contabilizados em livro-caixa como receita tributável? Em caso positivo, os valores repassados poderão ser contabilizados como despesas dedutíveis devido ao seu caráter obrigacional?

18.6. O livro-caixa poderá ser substituído pelo livro administrativo denominado Livro Diário Auxiliar da Receita e da Despesa em que o lançamento da receita deverá ocorrer de acordo com o regime de competência?

(...)".

Depreende-se, em apertada síntese, que foi questionado se todo e qualquer valor que ingressa na conta bancária do delegatário, em razão do desempenho da atividade delegada, mesmo que não lhe pertença, ou seja, valores recebidos em nome de terceiros, deve ser registrado no livro caixa como receita tributável. Mais especificamente, foi questionado se devem ser escriturados como rendimentos tributáveis no livro Caixa dos Notários e dos Registradores, os seguintes valores:

a) Parcelas recebidas e que são destinadas ao Fundo de Custeio do Registro Civil;
b) Depósitos Prévios recebidos pelo Oficial Registrador de Imóveis por ocasião da apresentação do título;
c) Recebimentos destinados ao pagamento de certidões de Registro de Imóveis e Registro Civis, solicitadas por meio das Centrais de Certidões;
d) Recebimento de valores referentes ao ressarcimento de despesas, tais como correios, taxas bancárias e outros;
e) Recebimento de valores referentes às notificações de devedores em contrato de alienação fiduciária recebidos pelo Oficial de Registro de Imóveis e que são destinados aos Oficiais de Registro de Títulos e Documentos; e
f) Recebimento de valores de dívidas recebidos e que são repassados aos credores.

No mais, foi questionado se, caso essas verbas forem escrituradas como receita tributável, podem ser lançadas no livro-caixa como despesas dedutíveis por ocasião dos efetivos repasses aos seus destinatários.

Por fim, questionou-se se o livro-caixa poderia ser substituído pelo livro administrativo a que se refere o Provimento nº 45 do CNJ, denominado "Livro Diário Auxiliar da Receita e da Despesa".

Em análise à consulta, a Receita Federal do Brasil, por intermédio da Coordenação-Geral da Cosit, trouxe as seguintes respostas às perguntas formuladas:

> *"(...)*
>
> *32. Em sua primeira pergunta, o interessado indaga se '[o]s valores referentes ao FCRC,* ***incluídos no total dos emolumentos****, (...) deverão ser contabilizados em livro-caixa como receita tributável' (grifos não constam do original).*
>
> *33. Os arts. (...) da Lei (...), e o art. 38 do RIR, de 2018, preveem:*
>
> *(...)*
>
> *RIR, de 2018*
>
> *'Art. 38. São tributáveis os rendimentos do trabalho não assalariado, tais como (Lei nº 5.172, de 1966 – Código Tributário Nacional, art. 43, § 1º; e Lei nº 7.713, de 1988, art. 3º, § 4º):*
>
> *I – (...)*
>
> *(...)*
>
> ***IV – emolumentos e custas dos serventuários da Justiça****, como tabeliães, notários, oficiais públicos e outros, quando não forem remunerados exclusivamente pelo erário;'*
>
> *V – (...)*
>
> *(...)' (grifos não constam do original)*
>
> *34. Os emolumentos são rendimentos tributáveis do trabalho não assalariado, devidos pelos atos praticados pelos serviços notariais e de registro. O montante correspondente ao FCRC, a ser repassado à (...), está incluso no total dos emolumentos constante das Tabelas de Custas, conforme informado na inicial. Dessa forma, o notário e o registrador recebem emolumentos, como remuneração pelos atos praticados, e, em momento posterior, repassam um percentual daqueles a essa associação. O montante quando*

> *recebido, ainda que posteriormente venha a ser repassado, é rendimento tributável, na forma do art. 38, inciso IV, do RIR, de 2018, sujeito ao recolhimento mensal, conforme previsto no art. 118, e deve ser Cópia autenticada administrativamente escriturado em livro-caixa como receita, em atenção ao art. 69, § 3º, ambos do mesmo regulamento.*
>
> *35. Em sua segunda pergunta, o interessado questiona se os valores repassados para o FCRC, poderão ser escriturados como despesas dedutíveis, devido ao seu caráter obrigacional.*
>
> *36. A Solução de Consulta nº 210 – Cosit, de 22 de novembro de 2018, analisa caso semelhante, que serve para auxiliar na solução da presente consulta. Esta não pode ser vinculada àquela, já que ambas não têm o mesmo objeto, como exige o art. 22 da IN RFB nº 1.396, de 2013. Realmente, a interpretação de uma norma jurídica é a compreensão de seu sentido e alcance. Norma jurídica não é o artigo de uma lei ou instrução normativa, mas o resultado da interpretação. O ponto de partida é o dispositivo da legislação e o fato determinado. A Solução de Consulta nº 210 – Cosit, de 2018, refere-se a fato diverso do da presente consulta, logo não tem o mesmo objeto desta última. São transcritos, a seguir, trechos daquela solução de consulta, necessários à elucidação da questão:*
>
> *(...).*"

Consulte a decisão aqui

Após a longa reflexão contida nas respostas supratranscritas, a Solução de Consulta em análise firmou o seguinte entendimento:

> "*(...)*
>
> *CONCLUSÃO*
>
> *58. Com base no exposto, conclui-se que os rendimentos do trabalho não assalariado dos serventuários de justiça, ainda que parcela deles tenha que ser, futuramente, repassada à entidade gestora do FCRF; a usuário, por impossibilidade da prestação do serviço; à Central de Certidões de Imóveis; a prestadores de serviços; a cartório de Registro de Títulos e Documentos; ou a credor, ou, ainda, depositada na 'conta virtual' da Central de Registro Civil, são rendimentos tributáveis, sujeitos ao recolhimento mensal, e devem ser escriturados como receita em livro-caixa.*
>
> *59. As despesas de custeio pagas, necessárias à percepção da receita e à manutenção da fonte produtora, tais como os repassasses à entidade gestora do FCRF; a usuário, por impossibilidade da prestação do serviço; à Central*

de Certidões de Imóveis; a prestadores de serviços; a cartório de Registro de Títulos e Documentos; ou a credor, ou, ainda, os depósitos na 'conta virtual' da Central de Registro Civil, são dedutíveis e devem ser escriturados como despesa em livro-caixa.

60. O livro-caixa é de escrituração obrigatória, não havendo previsão, na legislação tributária, de sua substituição pelo livro diário auxiliar da receita e da despesa. As receitas devem ser reconhecidas pelo regime de caixa.

61. A veracidade das receitas e das despesas escrituradas em livro-caixa deverão ser comprovadas por meio de documentação idônea, mantida em poder do contribuinte, à disposição da fiscalização, enquanto não ocorrer a prescrição ou a decadência.

(...)."

Conforme se infere, a Solução de Consulta ofertou respostas positivas para todas as perguntas formuladas, com exceção da pergunta que se referiu à substituição do livro Caixa pelo livro Diário Auxiliar de Receitas e Despesas.

Em suma, firmou-se o entendimento de que todas as verbas constantes na consulta formulada deveriam ser escrituradas como receitas tributáveis no livro-caixa, e que somente poderiam ser deduzidas como despesas quando houvesse o efetivo repasse para os destinatários, credores ou usuários, contanto que devidamente escrituradas tais despesas no livro-caixa, não sendo aceito o livro diário auxiliar de receitas e despesas.

Vale dizer que o resultado da Solução de Consulta nº 94/2020 possui efeito vinculante no âmbito da Receita Federal do Brasil, de modo que a Delegacia da Receita Federal do Brasil teve ciência inequívoca desse entendimento quando de sua publicação no Diário Oficial (07 de agosto de 2020[29]), ao passo que o referido entendimento passou a ser aplicado de imediato pelos Auditores Fiscais da Receita Federal nos procedimentos de verificação fiscal em andamento ou que venham a ser instaurados.

Cumpre-nos, antes de tratar especificamente sobre a Solução de Consulta apresentada, relembrar o regime tributário a que se sujeitam os notários e os registradores para fins de Imposto de Renda, tendo em vista que, ao entender a forma de apuração do aludido tributo, poderemos avançar para a definição de renda e demonstrar que inexiste margem jurídica para

29. Publicado(a) no DOU de 07/08/2020, seção 1, página 22.

classificação como receita tributável das verbas que circulam provisoriamente nas contas dos tabeliães e registradores.

De acordo com o artigo 236 da Carta Magna, já transcrito e analisado em diversas passagens desta obra, os delegatários dos serviços notariais e de registro possuem direito à percepção de emolumentos pagos pelos usuários, que têm por finalidade custear os gastos incorridos pelos titulares da serventia e, ainda, remunerar os serviços prestados, consoante dispõe o art. 1º, parágrafo único, da Lei nº 10.169, de 29 de dezembro de 2000[30].

Nesse sentido, preceituam os artigos 38 e 118 do Regulamento do Imposto de Renda, de 2018, aprovado pelo Decreto nº 9.580/2018, que:

> "*Art. 38. São tributáveis os rendimentos do trabalho não assalariado, tais como (Lei nº 5.172, de 1966 –* ***Código Tributário Nacional, art. 43,*** *§ 1º; e* ***Lei nº 7.713, de 1988, art. 3º****, § 4º):*
>
> (...)
>
> *IV – emolumentos e custas dos serventuários da Justiça, como tabeliães, notários, oficiais públicos e outros, quando não forem remunerados exclusivamente pelo erário;*
>
> (...)
>
> *Art. 118. Fica sujeita ao pagamento mensal do imposto sobre a renda a pessoa física que receber de outra pessoa física, ou de fontes situadas no exterior, rendimentos que não tenham sido tributados na fonte, no País, tais como (Lei nº 7.713, de 1988, art. 2º, art. 3º, § 1º, art. 8º e art. 9º; e Lei nº 9.430, de 1996, art. 24, § 2º, inciso IV):*
>
> *I – os emolumentos e as custas dos serventuários da Justiça, como tabeliães, notários, oficiais públicos, entre outros, quando não forem remunerados exclusivamente pelo erário;*
>
> (...)."

---

30. *Art. 1º Os Estados e o Distrito Federal fixarão o valor dos emolumentos relativos aos atos praticados pelos respectivos serviços notariais e de registro, observadas as normas desta Lei.*

Parágrafo único. O valor fixado para os emolumentos deverá corresponder ao efetivo custo e à adequada e suficiente remuneração dos serviços prestados.

Em complemento às previsões normativas supra indicadas, estabelecem o artigo 8º da Lei nº 7.713/88[31] e os artigos 68 e 69 do Regulamento de Imposto de Renda de 2018[32], que os notários e registradores estão sujeitos ao recolhimento do Imposto sobre a Renda em relação aos rendimentos oriundos de emolumentos e custas dos serventuários da justiça, mediante carnê-leão mensal, pelo regime de caixa, conforme exaustivamente apresentado no capítulo desta obra atinente ao Imposto de Renda. Sobre o assunto, a Receita Federal, via Solução de Consulta nº 42, de 08 de junho de

---

31. *"Art. 8º Fica sujeito ao pagamento do imposto de renda, calculado de acordo com o disposto no art. 25 desta Lei [mensal], a pessoa física que receber de outra pessoa física, ou de fontes situadas no exterior, rendimentos e ganhos de capital que não tenham sido tributados na fonte, no País.*

    § 1º O disposto neste artigo se aplica, também, aos emolumentos e custas dos serventuários da justiça, como tabeliães, notários, oficiais públicos e outros, quando não forem remunerados exclusivamente pelos cofres públicos.

    (...)."

32. *"Art. 68. O contribuinte que perceber rendimentos do trabalho não assalariado, inclusive os titulares dos serviços notariais e de registro, a que se refere o art. 236 da Constituição, e os leiloeiros, poderão deduzir da receita decorrente do exercício da atividade (Lei nº 8.134, de 1990, art. 6º; e Lei nº 9.250, de 1995, art. 4º, caput, inciso I):*

    I – a remuneração paga a terceiros, desde que haja vínculo empregatício, e os encargos trabalhistas e previdenciários correspondentes;

    II – os emolumentos pagos a terceiros; e

    III – as despesas de custeio pagas, necessárias à percepção da receita e à manutenção da fonte produtora.

    (...)

    Art. 69. As deduções de que trata o art. 68 não poderão exceder à receita mensal da atividade, permitido o cômputo do excesso de deduções nos meses seguintes, até dezembro do mesmo ano-calendário (Lei nº 8.134, de 1990, art. 6º, § 3º).

    § 1º O excesso de deduções porventura existente no final do ano-calendário não será transposto para o ano seguinte (Lei nº 8.134, de 1990, art. 6º, § 3º).

    § 2º O contribuinte deverá escriturar as receitas e as despesas em livro-caixa e comprovar a sua veracidade por meio de documentação idônea, mantida em seu poder, à disposição da fiscalização, enquanto não ocorrer a prescrição ou a decadência (Lei nº 8.134, de 1990, art. 6º, § 2º)."

2011[33], muito bem sintetizou o tratamento tributário dos notários e dos registradores para fins de Imposto de Renda.

Como se nota, os rendimentos oriundos dos atos de serviço praticados pelos delegatários devem ser tributados sob a forma dos artigos 38, 68, 69 e 118 do Regulamento do Imposto de Renda de 2018, não podendo se confundir, entretanto, a definição constitucional de renda com a denominação de emolumentos e custas. Explicamos.

O artigo 153, inciso IV, da Constituição Federal de 1988, e o artigo 43 do Código Tributário Nacional trazem a definição de renda para fins de tributação e o fato gerador do Imposto sobre a Renda, vejamos:

> *Constituição da República Federativa do Brasil*
>
> *"Art. 153. Compete à União instituir impostos sobre:*
>
> *III – renda e proventos de qualquer natureza;*
>
> *(...)".*
>
> *Código Tributário Nacional*
>
> *"Art. 43. O imposto, de competência da União, sobre a renda e proventos de qualquer natureza, tem como fato gerador a aquisição da disponibilidade econômica ou jurídica:*

---

33. *MINISTÉRIO DA FAZENDA – SECRETARIA DA RECEITA FEDERAL. SOLUÇÃO DE CONSULTA Nº 42 de 08 de Junho de 2011. ASSUNTO: Imposto sobre a Renda de Pessoa Física – IRPF. EMENTA: IRPF. DEDUÇÃO. LIVRO-CAIXA. Os rendimentos oriundos dos serviços notariais e cartoriais serão tributados mensalmente pelo imposto de renda na pessoa física do titular do cartório, sujeitando-se ao recolhimento do carnê-leão na forma da legislação em vigor. A tributação dos rendimentos auferidos pelos notários e oficiais de registro opera-se na pessoa física do titular ainda que o cartório esteja obrigado à inscrição no CNPJ. Os contribuintes que comprovadamente perceberem rendimentos do trabalho não-assalariado, inclusive os titulares dos serviços notariais e de registro, uma vez cumpridos os requisitos legais, somente poderão deduzir da receita decorrente do exercício da respectiva atividade a remuneração paga a terceiros com vínculo empregatício, os encargos trabalhistas e previdenciários, os emolumentos pagos a terceiros e as despesas de custeio necessárias à percepção da receita e à manutenção da fonte produtora. A veracidade das receitas e das despesas deverão ser comprovadas, mediante documentação hábil e idônea, escrituradas em livro-caixa, que serão mantidos em poder do contribuinte, à disposição da fiscalização, enquanto não ocorrer a prescrição ou a decadência.*

I – de renda, assim entendido o produto do capital, do trabalho ou da combinação de ambos;

II – de proventos de qualquer natureza, assim entendidos os acréscimos patrimoniais não compreendidos no inciso anterior.

§ 1º A incidência do imposto independe da denominação da receita ou do rendimento, da localização, condição jurídica ou nacionalidade da fonte, da origem e da forma de percepção. (Incluído pela LCP nº 104, de 2001)

§ 2º Na hipótese de receita ou de rendimento oriundos do exterior, a lei estabelecerá as condições e o momento em que se dará sua disponibilidade, para fins de incidência do imposto referido neste artigo. (Incluído pela LCP nº 104, de 2001)."

No antecedente normativo da regra-matriz do artigo 43 do Código Tributário Nacional, encontra-se aquilo que, na terminologia do referido Código, é o fato gerador do Imposto sobre a Renda: a situação definida em lei como necessária e suficiente à ocorrência da "obrigação tributária principal" (art. 114 do CTN).

Mediante análise do texto do artigo 43 do Código Tributário Nacional, percebe-se que o elemento chave para identificar se a situação concreta se subsome à hipótese de incidência do Imposto sobre a Renda é a ocorrência da aquisição da disponibilidade jurídica ou econômica do produto do trabalho ou do provento de qualquer natureza.

Segundo as lições de José Eduardo Soares de Melo[34]:

"(...) a disponibilidade jurídica consiste no direito de usar a renda, ou os proventos, definitivamente constituídos na forma da lei, alcançando os atos e operações colhidos pelo direito, como é o caso de salários, honorários, vencimentos etc. (resultantes do trabalho); e dos juros, aluguéis e lucro nas operações imobiliárias etc. (decorrentes de aplicação de capital). A disponibilidade econômica concerne a uma situação de fato irrelevante ao direito (ganhos de jogos), ou até mesmo de atividade ilícita (contrabando, juros Usurários). Embora a disponibilidade jurídica seja sempre econômica (implicadora de uma situação patrimonial), a disponibilidade econômica nem sempre será jurídica, tendo em vista a própria distinção traçada no CTN.

(...)

---

34. MELO, José Eduardo Soares de. Curso de Direito Tributário. 10. ed. São Paulo: Dialética, 2012. p. 471.

> *A disponibilidade financeira corresponde ao ingresso de dinheiro no patrimônio particular, que nem sempre constitui fato gerador do imposto, uma vez que não se coaduna com os regimes de apuração de resultados (...).*"

Sobre esse aspecto, ganha evidência jurídica que é essencial para a ocorrência do fato gerador do Imposto sobre a Renda que a receita provinda do trabalho, no caso não assalariado, ingresse na esfera de disponibilidade do contribuinte, de modo que consiste em acréscimo patrimonial do qual possa dispor livremente.

Vale trazer à lume os ensinamentos do sempre assertivo doutrinador Hugo de Brito Machado[35]:

> "*Quando afirmamos que o conceito de renda envolve acréscimo patrimonial, como o conceito de proventos também envolve acréscimo patrimonial, não queremos dizer que escape à tributação a renda consumida. O que não se admite é a tributação de algo que na verdade em momento algum ingressou no patrimônio, implicando incremento do valor líquido deste. Como acréscimo se há de entender o que foi auferido, menos parcelas que a lei, expressa ou implicitamente, e sem violência ã natureza das coisas, admite sejam diminuídas na determinação desse acréscimo.*
>
> (...)
>
> *Para uma adequada compreensão do sentido da expressão "disponibilidade jurídica", todavia, deve ser esclarecido que o crédito capaz de configurar essa disponibilidade e somente aquele que esteja efetivamente à disposição do contribuinte, vale dizer, o crédito do qual este possa lançar mão sem qualquer obstáculo, de fato ou de direito. Para que se considere consumado o fato gerador do imposto de renda é necessário que exista a efetiva disponibilidade da renda ou dos proventos.*
>
> (...)
>
> *A renda não se confunde com sua disponibilidade. Pode haver renda, mas esta não ser disponível para seu titular. O fato gerador do imposto de que se cuida não é a renda mas a aquisição da disponibilidade da renda, ou dos proventos de qualquer natureza. Assim, não basta, para ser devedor desse imposto, o auferir renda, ou proventos. E preciso que se tenha adquirido a disponibilidade (...).*"

---

35. MACHADO, Hugo de Brito. Curso de Direito Tributário. 29.ª ed. rev. atual. São Paulo: Malheiros, 2008. p. 315.

A jurisprudência acompanha o entendimento da doutrina, com podemos observar nos acórdãos abaixo:

> *"(...) 8. Os depósitos bancários apenas porque transitem por conta de pessoa física ou jurídica não representa,* (omissis), *disponibilidade jurídica ou econômica de rendimentos, pois o fato gerador do imposto de renda não é apenas a movimentação bancária. (...)" (TRF-3 AC: 0006246-73.2012.4.03.6110, Relator Des. Federal Carlos Muta, Data de Julgamento 17/12/2015, Terceira Turma, Data de Publicação: 14/01/2016).*

> *"(...) 2. A teor do disposto no art. 43 do CTN, o aspecto material da regra matriz de incidência tributária do Imposto de Renda é a aquisição de disponibilidade econômica ou jurídica de renda ou proventos de qualquer natureza, sendo certo que o conceito de renda envolve o produto do capital, do trabalho ou da combinação de ambos.*

> *3. Logo, renda, para fins de incidência tributária, pressupõe acréscimo patrimonial ao longo de determinado período, ou seja, riqueza nova agregada ao patrimônio do contribuinte. Consoante jurisprudência firmada nesta Corte Superior, o imposto sobre a renda incide sobre o produto da atividade de auferir renda ou proventos de qualquer natureza, que constitua riqueza nova agregada ao patrimônio do contribuinte, e deve se pautar pelos princípios da progressividade, generalidade, universalidade e capacidade contributiva, nos termos dos artigos 153, III, § 2º, I, e 145, § 1º. da Constituição da República Federativa do Brasil de 1988. Sob o viés da matriz constitucional, foi recepcionado o conceito do artigo 43 do CTN, de renda e proventos, que contém em si uma conotação de contraprestação pela atividade exercida pelo contribuinte (EREsp. 1.057.912 / SP, Rel. Min. LUIZ FUX, DJe 26.4.2011)". (STJ – REsp: 1606234 RJ 2016/0156470-7, Relator: Ministro NAPOLEÃO NUNES MAIA FILHO, Data de Julgamento: 05/12/2019, T1 – PRIMEIRA TURMA, Data de Publicação: DJe 10/12/2019).*

Depreende-se da doutrina e da jurisprudência acima colacionadas que a mera circulação da receita (do dinheiro) na conta do responsável pela serventia extrajudicial não é fato gerador do Imposto sobre a Renda. É necessário que a verba gere um efetivo acréscimo ao patrimônio disponível do contribuinte, de modo que esse possa utilizá-lo livremente sem que isso implique qualquer obstáculo, de fato ou de direito.

Vale dizer que, a teor do previsto no parágrafo 1º do artigo 43 do Código Tributário Nacional, a incidência do imposto independe da denominação da receita ou do rendimento, da localização, condição jurídica ou nacionalidade da fonte, da origem e da forma de percepção. No caso dos delegatários dos serviços notariais e de registro, embora a nomenclatura conferida a todos os valores que circulam por suas contas bancárias seja "*emolumentos*" ou "*custas*", importante que se faça uma análise se toda a verba se subsome à hipótese de incidência do Imposto sobre a Renda, ou seja, necessário identificar se houve aquisição da disponibilidade da renda.

Essa questão semântica é decisiva para a incidência ou não do Imposto sobre a Renda. Nesse caso, segundo Paulo de Barros Carvalho[36], "*diremos que houve a subsunção, quando o fato (fato jurídico tributário constituído pela linguagem prescrita pelo direito positivo) guardar absoluta identidade com o desenho normativo da hipótese (hipótese tributária)*".

Em se tratando de delegatário da função extrajudicial, sua renda tributável consiste apenas na remuneração pelos serviços públicos notariais e de registro acrescentada ao seu patrimônio disponível, assim, excluídos quaisquer valores que apenas transitem pela serventia e não remunerem os seus serviços.

Podemos citar como exemplo de valores que compõem os denominados emolumentos, mas não constituem renda tributável, os repasses previstos no artigo 19 da Lei Estadual nº 11.331/2002, do Estado de São Paulo. Vejamos:

> "*Artigo 19 – Os emolumentos correspondem aos custos dos serviços notariais e de registro na seguinte conformidade:*
>
> *I – relativamente aos atos de Notas, de Registro de Imóveis, de Registro de Títulos e Documentos e Registro Civil das Pessoas Jurídicas e de Protesto de Títulos e Outros Documentos de Dívidas:*
>
> *a) 62,5% (sessenta e dois inteiros e meio por cento) são receitas dos notários e registradores;*
>
> *b) 17,763160% (dezessete inteiros, setecentos e sessenta e três mil, cento e sessenta centésimos e milésimos percentuais) são receita do Estado, em decorrência do processamento da arrecadação e respectiva fiscalização;*
>
> *c) 9,157894% (nove inteiros, cento e cinquenta e sete mil, oitocentos e noventa e quatro centésimos de milésimos percentuais) são contribuição à Secretaria da Fazenda; (NR)*

---

36. CARVALHO, Paulo de Barros. *Curso de direito tributário*. São Paulo: Saraiva, 2011. p. 316.

> *d) 3,289473% (três inteiros, duzentos e oitenta e nove mil, quatrocentos e setenta e três centésimos de milésimos percentuais) são destinados à compensação dos atos gratuitos do registro civil das pessoas naturais e à complementação da receita mínima das serventias deficitárias;*
>
> *e) 4,289473% (quatro inteiros, duzentos e oitenta e nove mil, quatrocentos e setenta e três centésimos de milésimos percentuais) são destinados ao Fundo Especial de Despesa do Tribunal de Justiça, em decorrência da fiscalização dos serviços; (NR)*
>
> *f) 3% (três por cento) são destinados ao Fundo Especial de Despesa do Ministério Público do Estado de São Paulo, em decorrência da fiscalização dos serviços; (NR)*
>
> *II – relativamente aos atos privativos do Registro Civil das Pessoas Naturais:*
>
> *a) 83,3333% (oitenta e três inteiros, três mil e trezentos e trinta e três centésimos de milésimos percentuais) são receitas dos oficiais registradores;*
>
> *b) 16,6667% (dezesseis inteiros, seis mil seiscentos e sessenta e sete centésimos de milésimos percentuais) são contribuição* **à Secretaria da Fazenda**;
>
> *(...).*"

No caso do exemplo acima mencionado, apesar da denominação dada aos valores que circulam nas contas dos delegatários, pelo conceito legal do Imposto de Renda, apenas uma parte é receita tributável. Sobre essa questão, muito já foi discutido perante os Tribunais de Justiça e a jurisprudência apresentou entendimento no sentido de que é inconstitucional a incidência de imposto sobre valores pertencentes a terceiros. Vejamos o que foi decidido no precedente do Tribunal de Justiça do Estado de São Paulo:

> "*(...) Todavia, é possível o acolhimento em parte do pleito, isto porque a alíquota, na redação nova, é fixada sobre verbas pertencentes ao Poder Público (Estado, IPESP, Fundo do Tribunal de Justiça), as quais não podem sofrer a incidência da alíquota, haja vista que o registrador age como mero intermediário.*
>
> *Sendo assim, a inconstitucionalidade existente é apenas parcial, de sorte a ser necessária a abstração das custas devidas ao Estado.*
>
> *(...)*
>
> *No mesmo sentido: TJSP, 15ª Câm. Dir. Púb., Ac. 752.357.5/6-00, j. 29.5.2008, v.u., rel. Des. Rodrigues de Aguiar; 15ª Câm. Dir. Púb., Ap. 486.913.6/0-00,*

j. 8.5.2008, v.u., rel. Des. Erbetta Filho; 15ª Câm. Dir. Púb., Ap. 541.362.5/7-00, j. 14.2.2008, v.u., rel. Des. Eutálio Porto." (TJ-SP AC: 0016575-12.2009.8.26.0053, Relator Rodrigo Enout, Data de Julgamento 23 de agosto de 2012, 14 Câmara de Direito Público, Data da Publicação: 04/09/2012).

Assim, os valores que não representam efetiva riqueza nova para o contribuinte, não constituem fato gerador do Imposto de Renda, pois não consistem em acréscimo de patrimônio do qual possua disponibilidade econômica ou jurídica. De fato, os valores repassados ao Estado e a terceiros, a estes pertencem, de modo que os delegatários não podem dispor dessas verbas sem sofrer as consequências de uma responsabilização e penalidade jurídica prevista em lei.

Repisa-se: o fato gerador do imposto de que se cuida não é a entrada de valores em conta bancária, mas a aquisição da disponibilidade da renda, ou dos proventos de qualquer natureza, razão pela qual, a despeito da nomenclatura dada aos valores que circulam nas serventias ("*emolumentos*" ou "*custas*"), somente sobre os valores que representem nova riqueza disponível, jurídica ou economicamente, ao contribuinte incidirá Imposto sobre a Renda.

São inúmeros os exemplos em que valores apenas transitam pelas contas dos responsáveis pelas serventias para serem repassados aos destinatários da riqueza, como no caso do recebimento dos títulos protestados e recebidos pelos tabeliães de protesto, que posteriormente são repassados aos credores e apresentantes dos títulos saldados, conforme previsão legal; os valores depositados pelos usuários dos serviços extrajudiciais para viabilizar que o tabelião ou o registrador recolha o tributo devido pela operação que é realizada perante ele; o recebimento, pelos registradores de imóveis, dos valores referentes à intimação de devedor fiduciante, os quais deverão ser repassados aos cartórios de registro de títulos e documentos, e, também, o valor da dívida, recebido pelo registrador e repassado ao credor[37], entre muitas outras

---

37. Lei n. 9.514, de 20 de novembro de 1997

Art. 26. Vencida e não paga, no todo ou em parte, a dívida e constituído em mora o fiduciante, consolidar-se-á, nos termos deste artigo, a propriedade do imóvel em nome do fiduciário.

§ 1º Para os fins do disposto neste artigo, o fiduciante, ou seu representante legal ou procurador regularmente constituído, será intimado, a requerimento do fiduciário, pelo oficial do competente Registro de Imóveis, a satisfazer, no prazo de 15 (quinze)

hipóteses de mera circulação de valores de terceiros, sem contudo que tais valores integrem o patrimônio dos delegatários da função extrajudicial.

Portanto, com respeito às opiniões diversas, não se pode admitir a tributação de algo que na verdade em momento algum ingressou no patrimônio do contribuinte, mas apenas transitou precariamente em sua posse, uma vez que, nos termos do artigo 153, inciso III, da Constituição da República Federativa do Brasil e do artigo 43, incisos I e II e § 1º, do Código Tributário Nacional, para que se considere consumado o fato gerador do Imposto de Renda é necessário que exista a efetiva disponibilidade da renda ou dos proventos, ao passo que a verba capaz de configurar essa disponibilidade é somente aquela que esteja efetivamente à disposição do contribuinte, vale dizer, o crédito do qual este possa lançar mão sem qualquer obstáculo, de fato ou de direito.

Se não bastasse, não é demais esclarecer que a escrituração de tais receitas em livro-caixa são lançadas somente no mês seguinte como despesas dedutíveis, desencaixe temporal que poderá trazer um prejuízo incontornável para os tabeliães e registradores, ferindo inclusive o princípio constitucional do não confisco e da capacidade contributiva, logo, contaminando de inconstitucionalidade toda e qualquer norma que reconheça como renda algo que não atende o seu conceito jurídico. Explicamos.

De acordo com o artigo 69 do Regulamento do Imposto de Renda de 2018, as despesas escrituradas em livro-caixa não poderão exceder à receita mensal de atividade, sendo permitido o cômputo do excesso nos meses seguintes, até o limite temporal do mês de dezembro do mesmo ano. Vejamos:

> *"Art. 69. As deduções de que trata o art. 68 não poderão exceder à receita mensal da atividade, permitido o cômputo do excesso de deduções nos meses*

---

dias, a prestação vencida e as que se vencerem até a data do pagamento, os juros convencionais, as penalidades e os demais encargos contratuais, os encargos legais, inclusive tributos, as contribuições condominiais imputáveis ao imóvel, além das despesas de cobrança e de intimação.

§ 2º O contrato definirá o prazo de carência após o qual será expedida a intimação.

§ 3º A intimação far-se-á pessoalmente ao fiduciante, ou ao seu representante legal ou ao procurador regularmente constituído, podendo ser promovida, por solicitação do oficial do Registro de Imóveis, por oficial de Registro de Títulos e Documentos da comarca da situação do imóvel ou do domicílio de quem deva recebê-la, ou pelo correio, com aviso de recebimento.

> *seguintes, até dezembro do mesmo ano-calendário (Lei nº 8.134, de 1990, art. 6º, § 3º).*
>
> *§ 1º O excesso de deduções porventura existente no final do ano-calendário não será transposto para o ano seguinte (Lei nº 8.134, de 1990, art. 6º, § 3º).*
>
> *§ 2º O contribuinte deverá escriturar as receitas e as despesas em livro-caixa e comprovar a sua veracidade por meio de documentação idônea, mantida em seu poder, à disposição da fiscalização, enquanto não ocorrer a prescrição ou a decadência (Lei nº 8.134, de 1990, art. 6º, § 2º).*
>
> *§ 3º O livro-caixa de que trata o § 2º independerá de registro."*

Acontece que, não raras vezes, as verbas que circulam nas contas dos responsáveis pelas serventias somente são repassadas ao seu destinatário após o fechamento da apuração do Imposto de Renda Mensal, fazendo com que, nos casos em que se verifique o excesso no mês, ou, então, quando encerrado o exercício antes da escrituração da saída da despesa, o direito à dedução seja subtraído dos delegatários, implicando, com isso, na necessidade do recolhimento do Imposto de Renda sobre quantias que não se sujeitam à incidência de tal exação tributária.

Como exemplo clássico ao quanto aventado, no que tange ao registro/averbação de títulos (Cartório de Registro de Imóveis), para os procedimentos de registro ou averbação em matrícula de imóvel, aos Cartórios de Registro de Imóveis é facultado receber do usuário, na data da solicitação do serviço, o valor integral dos emolumentos constantes da tabela de custas ou apenas um percentual do valor. Vejamos o quanto disciplinado na Lei nº 6.015/73:

> *"Art. 14. Pelos atos que praticarem, em decorrência desta Lei, os Oficiais do Registro terão direito, a título de remuneração, aos emolumentos fixados nos Regimentos de Custas do Distrito Federal, dos Estados e dos Territórios, os quais serão pagos, pelo interessado que os requerer, no ato de requerimento ou no da apresentação do título.*
>
> *Parágrafo único. O valor correspondente às custas de escrituras, certidões, buscas, averbações, registros de qualquer natureza, emolumentos e despesas legais constará, obrigatoriamente, do próprio documento, independentemente da expedição do recibo, quando solicitado.*
>
> *(...)*

Art. 188. Protocolizado o título, proceder-se-á ao registro, dentro do prazo de 30 (trinta) dias, salvo nos casos previstos nos artigos seguintes.

(...)

Art. 206. Se o documento, uma vez prenotado, não puder ser registrado, ou o apresentante desistir do seu registro, a importância relativa às despesas previstas no art. 14 será restituída, deduzida a quantia correspondente às buscas e a prenotação.

(...)

Art. 280. Se o oficial considerar irregular o pedido ou a documentação, poderá conceder o prazo de 30 (trinta) dias para que o interessado os regularize. Se o requerente não estiver de acordo com a exigência do oficial, este suscitará dúvida."

Como se nota dos dispositivos supratranscritos, o prazo de análise da documentação apresentada é de 30 (trinta) dias, e o usuário tem mais 30 (trinta) dias para cumprir eventual exigência para formalização do ato.

Dessa forma, no caso em que se recebam valores adiantados, o que ocorre na maior parte destes serviços, não havendo o registro ou a averbação, a devolução ocorre, mesmo havendo o ingresso desses recursos no caixa do responsável pela serventia, constituindo tal ingresso uma mera circulação de valores, sem que constituam renda, nos termos do artigo 43 do Código Tributário Nacional e artigo 150, inciso III, da Constituição da República.

Lado outro, os valores circulados pelas serventias dos delegatários dos serviços notariais e de registro, por exemplo, a) parcelas recebidas e que são destinadas ao Fundo de Custeio do Registro Civil; b) depósitos Prévios recebidos pelo Oficial Registrador de Imóveis por ocasião da apresentação do título; c) recebimentos destinados ao pagamento de certidões de Registro de Imóveis e Registro Civis, solicitadas por meio das Centrais de Certidões; d) recebimento de valores referentes ao ressarcimento de despesas, tais como correios, taxas bancárias e outros; e) recebimento de valores referentes às notificações de devedores em contrato de alienação fiduciária recebidos pelo Oficial de Registro de Imóveis e que são destinados aos Oficiais de Registro de Títulos e Documentos e; f) recebimento de valores de dívidas recebidos e que são repassados aos credores, a despeito do entendimento exarado pela Solução de Consulta nº 94/2020, não devem ser escriturados em livro-caixa, sob a forma dos artigos 38, 68, 69 e 118 do Regulamento do Imposto de Renda de 2018, pois, além de sufragar o direito ao cômputo de despesas, não se subsomem à definição constitucional de renda, apesar da Receita Federal do Brasil lhes conferir a terminologia de emolumentos e custas.

No que diz respeito ao Fundo de Custeio do Registro Civil – FCRC, os tabeliães e registradores contribuem para a formação desse fundo, conforme estabelece o art. 8º, *caput*, da Lei nº 10.169, de 29 de dezembro de 2000, o qual autorizou os Estados e o Distrito Federal a estabelecerem formas de compensação aos registradores civis das pessoas naturais pelos atos gratuitos por eles fabricados.

Nesse caso em específico, parcela dos emolumentos recebidos pelos delegatários é repassada à entidade ou ao órgão competente para a gestão do fundo, de modo que não configura riqueza nova para os mesmos. Em verdade, não podem dispor desta quantia, sendo, inclusive, devidamente identificado no demonstrativo de valores arrecadados na prestação do serviço público o percentual que é pago pelo usuário do serviço extrajudicial ao FCRC. O valor apenas transita pela conta bancária do titular da serventia, mas possui uma destinação específica, identificada e previamente segregada, o que a torna inquestionavelmente estranha à disponibilidade de quem arrecada este numerário.

Trata-se de uma obrigação legal, a qual os delegatários estão vinculados e obrigados a cumprir, sob pena de responsabilização pessoal, nos termos dos artigos 31, 32 e 33 da Lei nº 8.935/1994:

> "*Art. 31. São infrações disciplinares que sujeitam os notários e os oficiais de registro às penalidades previstas nesta lei:*
>
> *I – a inobservância das prescrições legais ou normativas;*
>
> *II – a conduta atentatória às instituições notariais e de registro;*
>
> *III – a cobrança indevida ou excessiva de emolumentos, ainda que sob a alegação de urgência;*
>
> *IV – a violação do sigilo profissional;*
>
> *V – o descumprimento de quaisquer dos deveres descritos no art. 30.*
>
> *Art. 32. Os notários e os oficiais de registro estão sujeitos, pelas infrações que praticarem, assegurado amplo direito de defesa, às seguintes penas:*
>
> *I – repreensão;*
>
> *II – multa;*

III – suspensão por 90 (noventa) dias, prorrogável por mais 30 (trinta);

IV – perda da delegação.

Art. 33. As penas serão aplicadas:

I – a de repreensão, no caso de falta leve;

II – a de multa, em caso de reincidência ou de infração que não configure falta mais grave;

III – a de suspensão, em caso de reiterado descumprimento dos deveres ou de falta grave."

Assim, pelos conceitos e dispositivos legais analisados, não nos parece leviana a conclusão de que a circulação dessas quantias não se subsome à hipótese de incidência prevista no artigo 43, incisos I e II, do Código Tributário Nacional, até porque a referida verba não possui natureza jurídica de renda tributável, conforme o mesmo artigo do Código Tributário Nacional e, também, nos termos do artigo 153, inciso III, da Constituição da República.

Portanto, os valores que ingressam na serventia e são repassadas ao Fundo de Custeio do Registro Civil – FCRC, conforme determinam os artigos 38, 68 e 118 do RIR/2018, não deveriam, salvo melhor entendimento, ser escriturados em livro-caixa, apesar da Solução de Consulta nº 94/2020 tratar de forma diversa.

No que se relaciona ao ressarcimento de despesas, além dos emolumentos, transitam pelo caixa dos delegatários, outros valores cobrados dos usuários para o ressarcimento de despesas diversas, tais como correios, taxas bancárias e outras, sendo algumas delas necessárias à produção do ato cartorário. Em um primeiro momento, ingressam no caixa dos cartórios e, posteriormente, são repassados aos prestadores dos serviços.

Nesse caso, os valores são pagos pelos usuários, transitam pelo caixa pelo responsável da serventia, e são repassados aos prestadores de serviço para a conclusão do ato praticado pelos serviços de registro ou notariais. Como se nota, não remuneram a prestação de serviço dos delegatários, mas de terceiros. Os valores, em momento algum, pertenceram aos delegatários; ou os valores eram repassados ao destinatário, ou deveriam ser reembolsados os usuários.

Do exposto, em que pese o teor do resultado Solução de Consulta nº 94/2020 Portanto, conclusão diversa não poderia ser obtida a não ser que tais hipóteses elencadas por essa não se subsomem à hipótese de incidência prevista no artigo 43, incisos I e II, do Código Tributário Nacional, pois não configuram acrescimento patrimonial disponível jurídico ou economicamente, conforme o mesmo artigo do Código Tributário Nacional e, também, nos termos do artigo 153, inciso III, da Constituição da República, não devem ser escriturados em livro-caixa como receita tributável, conforme determinam os artigos 38, 68 e 118 do RIR/2018.

CONCLUSÃO

A prestação do serviço notarial e de registro estará sempre submetida ao regime de direito público, sendo o serviço notarial e de registro uma espécie do gênero função administrativa do Estado.

O artigo 236 da Constituição Federal afirma que o serviço notarial e de registro será regulado por lei (art. 236, § 1º). Trata-se, portanto, de um típico serviço de titularidade estatal, exercido como forma de execução direta da lei.

Ao dizer que o Poder Público deve delegar o serviço notarial e de registro, a nossa Constituição estabeleceu, de forma inquestionável, que é o Estado o seu titular, e que estas atividades deverão sempre ser realizadas por um delegado que faça as suas vezes, sendo que tal transferência de titularidade na prestação do serviço não pode se confundir com a titularidade do serviço, que permanece com o Ente delegante.

Mediante as reflexões pontuadas no decorrer da obra, podemos afirmar que a delegação do serviço notarial e de registro apenas pode ser firmada em favor de pessoas físicas que, em natureza dessa mesma delegação, assumirão a condição jurídica de agentes públicos.

A delegação da atividade notarial e registral, eminentemente de titularidade estatal, figura-se *sui generis*, concedida somente à pessoa natural, por habilitação em concurso público de provas e títulos.

Pelos atos praticados no desempenho dos serviços notariais e de registro, os particulares delegatários, a título de contraprestação, fazem jus a emolumentos, devidamente fixados por lei. Os emolumentos têm natureza jurídica de taxa, que é um tributo vinculado à utilização, efetiva ou potencial, de um serviço público específico e divisível, como é o caso dos serviços notarias e de registro.

Apesar dos emolumentos se enquadrarem no conceito tributário de taxa, as pessoas que exercem a atividade notarial e registral e recebem parte desses emolumentos como contraprestação do serviço prestado não são imunes à tributação, sendo que a imunidade recíproca, normatizada por meio do artigo 150 da Constituição Federal, é uma prerrogativa dos entes federados, não se aplicando a particulares que executem serviços públicos mediante delegação.

Para identificação do contribuinte, concluiu-se que a serventia extrajudicial ("o cartório") não detém personalidade jurídica, sendo a responsabilidade pessoal do delegatário o recolhimento dos tributos decorrentes do exercício de suas funções junto da serventia extrajudicial.

Como principais tributos incidentes diretamente sobre a atividade notarial e registral, foram elencados o Imposto de Renda Pessoa Física (IRPF), o Imposto Sobre Serviços de Qualquer Natureza (ISSQN) e a Contribuição Previdenciária Patronal, sendo expostas diversas peculiaridades e controvérsias atinentes a cada um deles.

Sobre os tributos indicados, diante da forma de apuração e arrecadação, parte da doutrina defende que os delegatários da função notarial e de registros, ora são tributados como pessoas físicas, como no caso do Imposto de Renda, ora são semelhantemente tributados como pessoas jurídicas, como é o caso do Imposto Sobre Serviços de Qualquer Natureza, especialmente em função da vedação de se apurar esse imposto conforme preceitua o artigo 9º, § 1º, do Decreto-lei n.º 406/68.

Aliás, muitos são os defensores de que, em um cenário ideal às pequenas serventias, cuja receita bruta anual seja inferior ao teto previsto, deveriam poder se enquadrar no Simples Nacional e gozar de seus benefícios, inclusive, se o legislador não perceber a semelhança dos cartórios com uma empresa, tal benefício deve ocorrer com fulcro na atividade prestada, como no caso dos advogados que conseguiram, por meio de alteração legislativa, tal benefício.

Isso porque há que se lembrar que as serventias extrajudiciais, assim como os advogados, que podem optar pela tributação nas regras do Simples Nacional, prestam serviços de direito, outrossim, muito se assemelham com uma sociedade unipessoal de advogado, na qual a atividade está vinculada ao seu ao titular.

Quando os advogados entraram no rol de optantes do regime simplificado, o legislador levou em conta tão somente a atividade prestada e não a forma societária. Assim, partindo do princípio de que os cartórios prestam serviços jurídicos, independentemente de serem empresas ou não, poderiam usufruir dos benefícios do Simples Nacional, com fundamento no princípio da isonomia tributária.

Feitas as ponderações sobre os tributos incidentes sobre a atividade notarial e registral, ressaltou-se na obra que os delegatários da função pública, perante os atos que no desempenho do seu mister são executados, possuem responsabilidade tributária subsidiária, e não solidária, ao contribuinte do imposto. Desse modo, os notários e registradores apenas poderão ser responsabilizados, para fins tributários, pelos tributos devidos sobre os atos praticados por eles, ou perante eles, em razão do seu ofício, exclusivamente nos casos de impossibilidade de exigência do cumprimento da obrigação do contribuinte.

Não menos importante, ainda no campo da responsabilidade, a obrigação imposta aos notários e registradores pelo artigo 30, XI, da Lei Federal nº 8.935/1994, abrange exclusivamente a função de fiscalizar a existência de documento que ateste o recolhimento do tributo incidente sobre a operação, e nada mais, sendo certo que eventuais discussões sobre o valor recolhido e respectiva base de cálculo são questionamentos de competência exclusiva da Autoridade Fazendária. Desse modo, não se pode responsabilizar um notário ou registrador pelo recolhimento controverso de determinado tributo.

Por fim, foram abordados algumas discussões atuais que refletem apreensões e imprecisões sobre a correta aplicação da legislação tributária quando do exercício da função pública extrajudicial por parte dos notários e registradores, cenário que, não raras vezes, implicam em cobrança de tributos por responsabilidade direta ou subsidiária / solidária, colocando esses às mais severas e deletérias cobranças tributárias, quase sempre corrigidas no judiciário, por não observarem os dispositivos constitucionais e legais aplicáveis às atividades e serviços extrajudiciais.

Era o que cabia pontuar.

BIBLIOGRAFIA

ATALIBA, Geraldo. Hipótese de Incidência Tributária, 6ª ed., 7ª Tiragem. São Paulo: Malheiros, 2005.

BALEEIRO, Aliomar. Direito Tributário brasileiro. 8ª edição, editora Forense, 1976.

BARRETO, Aires F. *ISS na Constituição e na lei*. 3. Ed. São Paulo: Dialética, 2009.

BARROSO, Luís Roberto. Fundamentos Teóricos e Filosóficos do Novo Direito Constitucional Brasileiro: Pós-modernidade, teoria crítica e pós-positivismo. Revista da EMERJ, Rio de Janeiro, v. 4, n. 15, jan. de 2001.

CARVALHO, Paulo de Barros. Curso de direito tributário. 19ª ed. São Paulo: Saraiva, 2007.

CARVALHO, Paulo de Barros. Curso de Direito Tributário. 24ª ed. São Paulo: Saraiva, 2012, *e-book*.

CENEVIVA, Walter. Lei dos Registros Públicos Comentada, 17ª edição, editora Saraiva, São Paulo, 2006.

CENEVIVA, Walter. *Lei dos Notários e dos Registradores Comentada (Lei nº. 8.935/94)*. São Paulo. Saraiva. 2000.

CHULVI, Cristina Pauner. *El déber constitucional de contribuir al sostenimiento de los gastos públicos*. Madrid: Centro de Estudios Políticos y Constitucionales, 2001.

DELGADO, Maurício Godinho. Curso de Direito do Trabalho. 11ª ed. São Paulo: LTr, 2012.

FERRAZ JÚNIOR, Tércio Sampaio Júnior. Da Permuta no direito brasileiro in Revista De Direito Privado vol. 62, editora Revista dos Tribunais, São Paulo, 2015.

GASPARINI, Diogenes. Direito Administrativo, 4ª edição, editora Saraiva, São Paulo, 1995.

GRECO, Marco Aurélio. *Planejamento Tributário*. 2ª edição. São Paulo: Dialética. 2008.

GONÇALVES, Carlos Roberto. Direito Civil brasileiro, volume 3: contratos e atos unilaterais. 11ª ed. São Paulo: Saraiva, 2014, *eBook*.

HARADA, Kiyoshi. ITBI: doutrina e prática, São Paulo: Atlas, 2010.

MACHADO, Hugo de Brito. Curso de Direito Tributário. 23ª ed., São Paulo: Malheiros, 2003.

MACHADO, Hugo de Brito. Curso de Direito Tributário. 29.ª ed. rev. atual. São Paulo: Malheiros, 2008.

MELO, José Eduardo Soares de. Curso de Direito Tributário. 10. ed. São Paulo: Dialética, 2012.

MELLO, Celso Antônio Bandeira de. Curso de direito administrativo, 17ª edição, editora Malheiros, São Paulo, 2004.

MIRANDA, Pontes de. Tratado De Direito Privado, tomo 38, Editora Bookseller, São Paulo, 2015.

NALINI, José Renato. Se há interesse coletivo, a responsabilidade em remunerar os serviços é do Estado. São Paulo: Revista Anoreg SP, 2009, v. 1.

NASCIMENTO, Theodoro. Tratado de Direito Tributário brasileiro, vol. 7, editora Forense, 1977.

ORLANDI NETO, Narciso. Introdução ao Direito Notarial e Registral, editora Sergio Antonio Fabris Editor – safE, Porto Alegre, 2004.

PERES ALVES, Sonia Marilda. *Responsabilidade civil de notários e registradores: a aplicação do Código de Defesa do Consumidor em suas atividades e a sucessão trabalhista na delegação. In Revista de Direito Imobiliário*, n. 53, Ano 25, jul-dez/2002.

SABBAG, Eduardo. Manual de Direito Tributário. 1ª ed. São Paulo: Saraiva, 2009.

SCHOUERI, Luís Eduardo. Direito tributário. 2ª ed. São Paulo: Saraiva, 2012, *e-book*.

SILVA, De Plácido e. Dicionário do Advogado, Revisão e atualização Nagib Slaibi Filho e Gláucia Carvalho, 25ª edição, editora Forense, Rio de Janeiro, 2004.

SOARES DE MELLO, José Eduardo. *Aspectos Teóricos e Práticos do ISS*. 2. ed. São Paulo: Dialética, 2001.
